Idealização
Lucedile Antunes

Coordenação editorial
Lucedile Antunes e Beatriz Montenegro

© LITERARE BOOKS INTERNATIONAL LTDA, 2023.
Todos os direitos desta edição são reservados à Literare Books International Ltda.

PRESIDENTE
Mauricio Sita

VICE-PRESIDENTE
Alessandra Ksenhuck

DIRETORA EXECUTIVA
Julyana Rosa

DIRETORA COMERCIAL
Claudia Pires

DIRETORA DE PROJETOS
Gleide Santos

EDITOR
Enrico Giglio de Oliveira

EDITOR JÚNIOR
Luis Gustavo da Silva Barboza

ASSISTENTE EDITORIAL
Felipe de Camargo Benedito

REVISORES
Sergio Ricardo do Nascimento e Ivani Rezende

CAPA E DESIGN EDITORIAL
Lucas Yamauchi

ILUSTRAÇÕES
Marcio Reiff

IMPRESSÃO
Trust

Dados Internacionais de Catalogação na Publicação (CIP)
(eDOC BRASIL, Belo Horizonte/MG)

S681 Soft Skills Teens: como compreender essa nova geração e desenvolver as habilidades necessárias para o seu futuro / Lucedile Antunes, Beatriz Montenegro. – São Paulo, SP: Literare Books International, 2023.
352 p. : il. ; 16 x 23 cm

Inclui bibliografia
ISBN 978-65-5922-668-9

1. Jovens – Atitudes. 2. Relações entre gerações. 3. Profissões – Desenvolvimento. I. Antunes, Lucedile. II. Montenegro, Beatriz.
CDD 305.209

Elaborado por Maurício Amormino Júnior – CRB6/2422

LITERARE BOOKS INTERNATIONAL LTDA.
Rua Alameda dos Guatás, 102
Vila da Saúde — São Paulo, SP. CEP 04053-040
+55 11 2659-0968 | www.literarebooks.com.br
contato@literarebooks.com.br

Os conteúdos aqui publicados são da inteira responsabilidade de seus autores. A Literare Books International não se responsabiliza por esses conteúdos nem por ações que advenham dos mesmos. As opiniões emitidas pelos autores são de sua total responsabilidade e não representam a opinião da Literare Books International, de seus gestores ou dos coordenadores editoriais da obra.

SUMÁRIO

7   PREFÁCIO
       Ivana Moreira

9   INTRODUÇÃO
       Lucedile Antunes e Maristela Francener

19   CONTEXTO
       Aurélia Picoli e Ana Amélia De Cesaro

29   **COMUNICAÇÃO E INTELIGÊNCIA EMOCIONAL**

31   COMUNICAÇÃO
       Janaina M. Deus Nakahara

39   INTELIGÊNCIA EMOCIONAL
       Roberta A. M. Bittencourt Ocaña

47   **AUTONOMIA E AUTENTICIDADE**

51   AUTONOMIA
       Gabriela Cristina Jurado Servilla e Reynaldo Thiago da Silva Rocha

59   AUTENTICIDADE
       Beatriz Montenegro

67   **AUTODESENVOLVIMENTO E TOMADA DE DECISÃO**

69   AUTODESENVOLVIMENTO
       Adriana M. Cunha

79   TOMADA DE DECISÃO
       Flávia Moraes

87   **ATITUDE DE CRESCIMENTO E CORAGEM**

91   ATITUDE DE CRESCIMENTO
       Carolina Lopes

99	CORAGEM Cíntia Pimentel Sayd	

109 AUTOESTIMA E AUTOCONFIANÇA

113	AUTOESTIMA Andrea Quijo e Fabiana Domingues
121	AUTOCONFIANÇA Andrea Quijo e Fabiana Domingues

129 HUMOR E ENTUSIASMO

133	HUMOR Virgínia Lemos Leal Newton
143	ENTUSIASMO Aurélia Picoli e Ana Amélia De Cesaro

153 RESILIÊNCIA E SENSIBILIDADE

155	RESILIÊNCIA Maria Thereza Macedo Valadares
163	SENSIBILIDADE Thaís Tallo

171 ORGANIZAÇÃO E FLEXIBILIDADE

173	ORGANIZAÇÃO Viviana Boccardi Palou
183	FLEXIBILIDADE Ricardo Gaspar

193 LIDERANÇA ALTRUÍSTA E COMPAIXÃO

195	LIDERANÇA ALTRUÍSTA Jusley Valle
205	COMPAIXÃO Maria Teresa Casamassima

213 ESCOLHA GENUÍNA E EQUILÍBRIO

215	ESCOLHA GENUÍNA Ricardo Lima

223 EQUILÍBRIO
Maria Juliana Audi

231 **EMPATIA E ATITUDE ASSERTIVA**

233 EMPATIA
Julianna Costa Lima

241 ATITUDE ASSERTIVA
Caroline Leal e Roberta Guimarães Bonamigo

249 **AUTOCONTROLE E AUTORRESPONSABILIDADE**

251 AUTOCONTROLE
Paulo Cesar Pio

261 AUTORRESPONSABILIDADE
Rejane Villas Boas

271 **ESCUTA E PRESENÇA**

273 ESCUTA
Cacá Pediatra

281 PRESENÇA
Bettyna Beni

289 CARTA AOS ADOLESCENTES
Maria Fernanda Masetto Montenegro

301 CARTAS AOS PAIS
305 JULIA MENDES ANTUNES
313 ANA CLARA BERTOLINO LEPSCH
319 BRUNO NAPOLITANO GIUDICE
325 VITÓRIA TITO DE PAULA

333 VAMOS PRATICAR?
Lucedile Antunes

347 EPÍLOGO
Lucedile Antunes e Jusley Valle

PREFÁCIO

O combustível das transformações

Sou mãe de dois adolescentes. Este fato já seria o bastante para me fazer celebrar o lançamento de uma obra tão rica quanto *Soft skills teens*. Mas sou também educadora parental, dedico a maior parte do meu tempo à escuta das angústias de pais e mães na missão de educar filhos. Não há etapa mais desafiadora para eles do que a adolescência.

Esse momento da vida, em que meninos e meninas começam a se afastar dos pais e buscar companhias fora de casa – um processo natural da construção psíquica de todo ser humano –, sempre assustou os pais. Já era assim no passado, para a geração de nossos pais e dos nossos avós. Nos dias atuais, porém, os temores foram potencializados pelo contexto da vida moderna, pautada pelas tecnologias digitais.

Baixa autoestima, irritabilidade, ansiedade, pânico, depressão, autolesão, suicídio. Estes têm sido temas absurdamente frequentes quando falamos sobre a adolescência. Sim, os jovens de hoje estão sofrendo. Em uma edição recente, a pesquisa Kids Online mostrou que 38% dos adolescentes buscam a internet para procurar ajuda emocional. Faltam a eles ferramentas e estratégias para lidar com os desafios e as frustrações da vida. E a maior parte deles tem tido grande dificuldade de interlocução com suas próprias famílias.

Pais e educadores precisam ser a ponte para o desenvolvimento das habilidades socioemocionais que permitirão aos adolescentes se tornarem adultos emocionalmente saudáveis, capazes tanto de cuidar deles próprios quanto de contribuir para a coletividade, vivendo em sociedade de maneira harmoniosa.

Nas próximas páginas, respeitados especialistas compartilham informações claras e precisas sobre o processo de desenvolvimento das chamadas *soft skills* em adolescentes. Trata-se de um tesouro valioso. São 26 *soft skills* que vão desde a comunicação e a inteligência emocional até a capacidade de escuta e presença. Todas as habilidades que ajudarão adolescentes a viverem uma vida plena são tratadas com maestria.

O espírito transgressor que brota na adolescência é o combustível das transformações sociais. A adolescência não é, nem de longe, a fase da "aborrescência". Pelo contrário. A adolescência é um momento da vida definido por características muito específicas, mas marcado pela potência e pela criatividade.

Os adolescentes de hoje é que vão movimentar a nação e construir o futuro. Com os recursos apresentados a seguir, não há dúvida de que eles conseguirão fazer do mundo um lugar melhor para todos.

Ivana Moreira

Jornalista e educadora parental. Diretora de conteúdo no Grupo Bandeirantes de Comunicação e fundadora da plataforma Canguru News. Organizadora dos eventos Congresso Internacional de Educação Parental e Seminário Internacional de Mães. Coordenadora editorial de coletâneas sobre educação parental, como *Manual da infância* e *Desenvolvendo pais, fortalecendo filhos*.

INTRODUÇÃO

Vossos filhos não são vossos filhos.
São os filhos e as filhas da ânsia da vida por si mesma.
Vêm através de vós, mas não de vós.
E embora vivam convosco, não vos pertencem.
Podeis outorgar-lhes vosso amor, mas não vossos pensamentos,
Porque eles têm seus próprios pensamentos.
Podeis abrigar seus corpos, mas não suas almas;
Pois suas almas moram na mansão do amanhã,
Que vós não podeis visitar nem mesmo em sonho.
Podeis esforçar-vos por ser como eles, mas não procureis fazê-los como vós,
Porque a vida não anda para trás e não se demora com os dias passados.
Vós sois os arcos dos quais vossos filhos são arremessados como flechas vivas.
O arqueiro mira o alvo na senda do infinito e vos estica com toda a sua força
Para que suas flechas se projetem, rápidas e para longe.
Que vosso encurvamento na mão do arqueiro seja vossa alegria:
Pois assim como ele ama a flecha que voa,
Ama também o arco que permanece estável.

(KHALIL GIBRAN)

Lucedile Antunes

Sua essência é visionária e seu maior propósito é ter influência na construção de um futuro, provocando, nas pessoas, a busca pelo autoconhecimento e a expansão de consciência, para obterem melhores resultados. As pessoas a consideram um ser humano com uma energia contagiante. Curiosa e apaixonada pelo aprendizado contínuo, todos dizem que ela nunca para! Mãe da Julia e do Raphael, filhos maravilhosos que ensinam a cada dia o que é a amorosidade e a flexibilidade para lidar com os desafios da vida. Uma das referências no Brasil no desenvolvimento de *soft skills*. Palestrante, fundadora da L. Antunes Consultoria & Coaching, mentora e *coach* reconhecida internacionalmente pela International Coach Federation (ICF), autora de mais de dez livros e diversos artigos sobre o tema "pessoas e organizações". Idealizadora da série *Soft skills*, reconhecida em 2020 e 2021 como best-seller pela revista *Veja*.

www.lantunesconsultoria.com.br
lucedile@lantunesconsultoria.com.br
LinkedIn: Lucedile Antunes
Instagram: @lucedileantunes
11 98424 9669

Maristela Francener

Mãe da Joana, apaixonada pela biografia humana e sua abordagem dentro dos conteúdos da antroposofia; pelas histórias de vida das pessoas, suas dinâmicas, suas crises e chances de desenvolvimento. Médica, ginecologista-obstetra e clínica geral, com atividade ampliada pela antroposofia, e atuação em consultório particular e no SUS. Aconselhadora biográfica formada na Artemísia – Centro de Desenvolvimento Humano, em São Paulo, segunda turma do Brasil. Coordenadora de *workshops* biográficos em suas diversas temáticas. Docente da Associação Brasileira de Medicina Antroposófica e do Curso de Terapia Artística da Associação Sagres. Palestrante nos temas da Biografia Humana, Desenvolvimento Humano e Metodologia Científica segundo Goethe, pelo Goethean Science, tendo recebido treinamento na Grã-Bretanha. Cofundadora do curso Biografia e Caminho Iniciático (formação biográfica de Florianópolis/SC).

mafrancener@gmail.com
Instagram: @mfrancener
48 99935 3836

Por que os adolescentes precisam desenvolver *soft skills*?

Soft skills são nossas habilidades humanas, também nomeadas como *human skills*. Desenvolvê-las traz inúmeros benefícios para a vida adulta e também para a adolescência, pois essas habilidades socioemocionais, que estão em transformação, têm um impacto significativo em diversas áreas da vida. Aqui estão alguns dos benefícios que os adolescentes podem obter ao desenvolver *soft skills* abordadas neste livro:

- **Comunicação eficaz:** o desenvolvimento das habilidades de comunicação ajuda os adolescentes para que possam expressar com assertividade seus pensamentos e ideias de maneira clara e articulada. Isso melhora a capacidade de se relacionar com os outros e fortalece os relacionamentos interpessoais.
- **Trabalho em equipe:** as *soft skills* relacionadas ao trabalho em equipe auxiliam os adolescentes a aprender como trabalhar de maneira colaborativa. Eles aprendem a ouvir os outros, a contribuir com suas habilidades individuais e a alcançar objetivos coletivos. Isso os ajudará no ambiente escolar, social e, futuramente, profissional.
- **Liderança:** as *soft skills* relacionadas a este tema habilitam os adolescentes para o exercício de uma liderança eficaz, inspiradora e que seja capaz de compartilhar responsabilidades. Essa *soft skill* também está relacionada à capacidade de tomar decisões bem

fundamentadas e de encontrar soluções criativas para potenciais problemas. Essas habilidades de liderança serão valiosas em várias situações ao longo de suas vidas.

- **Resolução de problemas:** desenvolver habilidades de resolução de problemas, tanto no âmbito pessoal quanto no escolar, é de fundamental importância. Com elas, os adolescentes aprenderão a observar as situações, escutar os outros e encontrar soluções de maneira empática.
- **Adaptabilidade:** a capacidade de se adaptar a diferentes situações e lidar com mudanças é uma habilidade crucial nos tempos atuais, habilidade essa que muitas vezes é natural para os jovens. O desenvolvimento de *soft skills* relacionadas à adaptabilidade ajuda os adolescentes a se utilizarem da curiosidade e da flexibilidade, já características da idade, para lidarem com os desafios que aparecerão no futuro.
- **Autoconsciência e inteligência emocional:** com essas *soft skills*, os adolescentes aprenderão a reconhecer e expressar as próprias emoções; a desenvolver escuta e a construir relacionamentos saudáveis. Isso irá ajudá-los a construir autoconfiança e lidar com suas emoções e relacionamentos.
- **Pensamento crítico e criatividade:** as *soft skills* relacionadas ao pensamento crítico e à criatividade encorajam os adolescentes a canalizar seu senso crítico e seu senso criativo, que são naturais da idade. Eles aprendem a se utilizar de seus questionamentos para analisar informações, resolver problemas complexos e propor ideias novas. Essas habilidades serão muito úteis no futuro âmbito acadêmico, profissional e pessoal.

Está convencido de que desenvolver *soft skills* é importante?

Para ampliar sua visão sobre a adolescência, convidei a doutora Maristela Francener, médica e especialista em Antroposofia e Biografia Humana, para que nos explique sobre um dos ritmos da biografia, os ciclos de sete anos, chamados setênios. Ela abordará especialmente o período de desenvolvimento de 12 a 21 anos, ancorada em saberes científicos que vem estudando, desenvolvendo e lecionando ao longo de sua brilhante carreira. Passo-lhe a palavra nesta introdução.

Os setênios e a antroposofia

Na Grécia pré-socrática, já se falava em dividir a vida em ritmos de sete anos. Rudolf Steiner, filósofo e pedagogo austríaco, resgatou a questão dos setênios, tendo elaborado e ampliado sua dinâmica em inúmeras palestras sobre Pedagogia e Antroposofia. A vida se transforma ao longo do tempo e os setênios marcam passagens importantes no decorrer desse percurso.

A cada seis ou sete anos realmente mudamos, como se trocássemos de pele, passando, assim, a uma nova fase. Esse intervalo possui diversas correspondências com o ritmo do desenvolvimento.

Vamos falar sobre adolescência?

Dos 12 aos 21 anos

Aos 12 anos, o impulso do desenvolvimento vai para os membros, sinalizando a proximidade da adolescência. Essa será uma época de grandes mudanças e desafios, como a despedida da infância e a transição para a vida adulta. Costumo dizer que esta é uma fase "ingrata", pois o adolescente não é mais uma criança, tampouco já é um adulto. Então, para lavar a louça, ele já é "grandinho", mas, para sair à noite, ainda é "pequeno".

Nesse tempo de crises e maturação, a personalidade do indivíduo começa a se desenvolver e vai se tornando cada vez mais visível; assim como a necessidade de ele se separar dos adultos à sua volta, sejam eles pais ou responsáveis. E essa separação – tão necessária quanto saudável – ele(a) o faz de diversas maneiras: seja divergindo em opiniões, confrontando as atitudes, criticando determinada situação, transgredindo na roupa ou naquele corte de cabelo bem diferente, por exemplo. "Não sei ainda que opinião tenho, mas sei que sou contra." O adolescente se rebela contra o sistema, contra os pais, contra a ordem estabelecida, contra a intelectualidade de sua época, contra o convencional; enfim, "contra a fixidez de sua própria cabeça em meio a uma sociedade dominada por ideias, pensamentos e razoabilidades" (CROTTOGINI, 1997).

Está chegando cada vez mais em seu corpo e também "na terra" e traz consigo a imagem ideal do ser humano. Busca esse ser humano ideal nos adultos à sua volta e, muitas vezes, não o encontra. Então vai buscá-lo em ídolos, e aí cada geração terá seus ícones, desde Elvis Presley e Che Guevara, passando por Beatles, Rolling Stones e Simone de Beauvoir, até Raul Seixas e Ayrton Senna, para falar de alguns. Muitas vezes também busca esse ideal em "ismos", por exemplo, comunismo, budismo, marxismo-leninismo, cristianismo etc.

"Que mundo é esse? Quero conhecê-lo e dominá-lo!" São questões bastante presentes – e vividas de modo não muito consciente – nesses anos de transição.

As mudanças no corpo, que já vinham acontecendo desde a puberdade, têm agora seu apogeu com o desenvolvimento e pleno funcionamento dos órgãos genitais; e este novo momento inaugura mudanças de ordem psíquica e social. Ainda sobre o corpo físico, percebe-se uma mudança desde o cunho harmonioso que possuía a criança de 10 a 11 anos para uma forma bem diferente nessa nova fase: os membros se alongam, braços compridos pendurados nos ombros, as pernas longas e pés que se arrastam pelo chão com alguma indolência; certa cifose dorsal e a cabeça baixa, essas últimas características, atualmente, agravadas pelo uso permanente do celular, mesmo ao atravessar a rua.

Em torno de 13 a 14 anos começamos a nos liberar da vida de sentimentos familiar para abrirmo-nos, cada vez mais, à vida de sentimentos própria. O despertar da sexualidade pode se acompanhar do despertar do Eros, entendido aqui como amor romântico, a busca do "eu no tu", por assim dizer. Aquilo que aparece como desejo sexual é a parte física do amor e algumas dessas forças sexuais podem se transformar em amor anímico; porém, antes de se desenvolver o amor por algo, é necessário despertar o interesse. E aqui, no terceiro setênio, a educação pode exercer um papel superimportante, que é despertar nos jovens o interesse pelo mundo circundante.

Entre 14 e 21 anos observa-se, no desenvolvimento saudável, um incremento na atividade do pensar. O pensamento que começou a se desenvolver, no primeiro setênio, com a percepção, e no segundo, com a representação, agora no terceiro período formativo evolui para o pensar abstrato-conceitual. Adolescentes são inteligentes, sagazes e astutos. Falta-lhes, contudo, a experiência, que virá mais tarde, com o passar dos anos.

A vida psíquica do jovem está impregnada também de desejos e sensações – não só os sexuais. Em minhas palestras sobre essa fase da vida, costumo falar que o jovem adolescente vive em um "cabo de guerra", um conflito entre o pensar que se desenvolve e os próprios instintos; entre a imagem ideal do ser humano e um mar de desejos que às vezes o afoga. Ainda sobre a vida anímica do jovem de 14 a 21 anos, poderíamos trazer a imagem de um barco em meio a um mar agitado, em um dia de vento forte. O timoneiro não está presente; e o barco, em muitos momentos, fica à deriva, acontecendo de, eventualmente, os adultos à volta precisarem jogar uma âncora ou um bote salva-vidas. O timoneiro é o Eu que já se encontra "bem perto", em torno dos 18 anos, mas que finalmente chegará por volta dos 21.

A partir desta idade, o ser humano já pode ser considerado responsável por si mesmo e a educação, tanto familiar quanto escolar, poderá ser substituída pela autoeducação. Referimo-nos, aqui, à educação como etapa do desenvolvimento e não à educação formal, das escolas.

Antes dessa idade, o jovem ainda está à mercê de muitas situações de insegurança interna – no sentido de ainda possuir uma autoimagem frágil e necessitar afirmar-se em turmas, "bandos" ou gangues; e externa, no sentido de busca de limites no mundo externo, podendo cometer transgressões em vários âmbitos. Nesse sentido também mencionamos aqui as mais variadas situações de risco a que o adolescente está sujeito, agravadas pela distância de um Eu que está para chegar, mas não está disponível para reger minimamente o chamado mar de desejos e sensações tão presentes nessa época. Estamos nos referindo ao tema das substâncias entorpecentes leves ou pesadas, do álcool, das paixões desenfreadas, do anseio por altas velocidades etc.

Por outro lado, também convém nos lembrarmos de que o adolescente pode se recusar ou evadir-se de fazer a transição para a vida adulta, ou seja, "recusar-se" a adolescer, a chegar na terra. E pode fazê-lo de diversas maneiras. Por exemplo, ficando deprimido ao ponto de trancar-se no quarto por vários dias, recusando-se a comer até desenvolver algum transtorno alimentar, participando de grupos extremistas on-line, o que pode levar a atos de violência e/ou automutilação, etc.

No terceiro setênio o jovem vive paulatinamente o binômio liberdade/responsabilidade e essa última vai se desenvolvendo à medida que ele vai tendo que responder pelas consequências de suas escolhas. Quanto à primeira, faz-se necessário que o adolescente tenha alguns espaços de liberdade física, anímica e também de escolhas. O primeiro diz respeito a ele poder ter algum espaço físico em casa, que possa ser somente dele. O segundo se refere a poder ter os amigos, namorados, companhias que queira ter. E, finalmente, o último tem a ver com a liberdade da escolha profissional. Sobre esse tema relevante, já se sabe ser muito precoce uma escolha de profissão entre os 15 e 18 anos. O resultado nós já conhecemos: trocas frequentes de cursos, uma evasão grande das universidades ou mesmo, após a formatura, uma desistência de exercer a profissão escolhida precocemente – isso para falar sobre os que têm a chance de entrar em faculdades. Grande parcela da população jovem precisa sair da escola durante ou logo após o ensino médio e entrar para o mercado de trabalho. Grande parte desses últimos nunca mais voltarão a estudar.

Quanto a aprender a ajuizar (ou julgar), o adolescente corre atrás de seus desejos e tem sensações a partir das próprias experiências. Contudo, o julgamento ainda se dá por "simpatia ou antipatia", ou seja, "aquilo de que gosto está correto e aquilo de que não gosto está errado". Ainda não possui um Eu presente que seja capaz de colher aprendizados a partir das situações vivenciadas.

Uma palavra sobre os adultos que lidam com adolescentes: esses somente terão ascendência sobre os mais jovens se forem dignos de confiança e disponíveis ao diálogo. Adolescentes têm uma necessidade imperiosa da verdade; escancaram quaisquer situações de farsa, mentira ou hipocrisia. Caso perceba que os adultos estão faltando com a verdade, o adolescente vai expor a questão e confrontar, por exemplo. Precisamos oferecer um mundo verdadeiro aos jovens.

Quanto à comunicação entre adultos e jovens do terceiro setênio, ela deve ser "atualizada" para essa nova fase. Aqui as palavras mágicas são negociação e diálogo. Adolescentes não aceitam ordens.

Lembrando dos dois primeiros setênios, recordamos que tivemos a primeira consciência do Eu em torno dos 3 anos e a vivência ou sentimento do Eu entre 9 e 10 anos. Agora, nessa fase, teremos a realização do Eu entre 18 e 19 anos. Este é um momento muito especial da biografia, pois aqui o jovem dará a expressão de seus ideais ao mundo, seja em um estágio, em uma viagem, em um trabalho voluntário, em um curso etc. Para muitos, pode ser o momento de escolha da profissão.

Ao redor dos 21 anos, terminado o desenvolvimento do corpo físico, libera-se o Eu que, a partir dessa idade, irá inaugurar o desenvolvimento psíquico.

Como estruturamos este livro?

Após esta introdução, temos o capítulo de contexto, contando um pouco sobre os desafios da adolescência e trazendo alguns dados pautados em pesquisas. Na sequência, você encontrará um conjunto de *soft skills* que elencamos como importantes e fundamentais para que o adolescente se desenvolva e esteja preparado para os desafios da fase adulta. Em seguida, temos a carta para os adolescentes, convidando-os a algumas reflexões. Depois, convidamos quatro adolescentes de classes sociais e etnias diferentes a compartilharem seus desafios e sucessos na construção de relações sólidas e de conexão com os pais.

Ao final, trago, no meu capítulo, os próximos passos para que pais, educadores e adolescentes possam construir um plano de ação de desenvolvimento das *soft skills* com ferramentas práticas que uso nos meus atendimentos de *coaching*. Terminamos com o epílogo, que recapitula e faz um desfecho da obra.

Desejo uma excelente leitura a você!

Com carinho,

Lucedile Antunes

CONTEXTO

Neste capítulo conheceremos um pouco sobre o cenário dos jovens brasileiros, entendendo quem são suas influências, o que esperam das pessoas que amam e como buscam se autoconhecer.

**AURÉLIA PICOLI E
ANA AMÉLIA DE CESARO**

Aurélia Picoli e Ana Amélia De Cesaro

Contatos Aurélia
aurelia@letsplay.com.br
LinkedIn: Aurelia Picoli

Contatos Ana Amélia
ana@letsplay.com.br
LinkedIn: Ana Amélia De Cesaro
www.letsplay.com.br

Curiosas por natureza, viajar as alimenta. Uma é da caipirinha; a outra, do vinho. Uma é gremista; a outra, colorada. Uma é mais analítica; a outra é mais política. Uma é morena; e a outra é loira. Dessa dualidade nasce um pedido que Aurélia fez para Ana Amélia, que disse sim, e lá se vão quase duas décadas de parceria. Como dupla sertaneja? Não, como dupla de pesquisadoras, apaixonadas por pessoas, por seus comportamentos, seus desejos, anseios e suas preferências. Do convite, nasce a Play Pesquisa e Conteúdo Inteligente. Lá, trabalham com projetos que vão desde inovação em produtos até o entendimento de novos comportamentos e hábitos, atendendo a grandes empresas nacionais e internacionais, aprendendo todos os dias algo novo, conectando e repassando esse conhecimento. Aurélia é formada pela Fundação Getulio Vargas (FGV), em Marketing, com especialização em Psicologia do Consumo pela Escola Superior de Propaganda e Marketing (ESPM), mãe do Pedro, do Luiz e, agora, de dois adolescentes, Ana Julia e Felipe. Ana Amélia é publicitária de formação, pela Unisinos (RS), com especialização em Psicologia do Consumo pela ESPM; mãe da Manuella, sua borboletinha.

O convite para escrever sobre o contexto de jovens que mudam diariamente, se não a cada hora, foi "desafiador" e ao mesmo tempo nos proporcionou gratas surpresas e descobertas que esperamos compartilhar da melhor forma possível.

Entender os jovens, desde a fase dos nossos pais, foi tarefa aparentemente difícil; afinal, quem não se lembra dos pais reclamando ou falando "no meu tempo, não era assim" ou "a cada hora, você quer uma coisa diferente".

Será que os jovens mudaram? Será que nós pais, mentores, familiares mudamos?

Vamos começar de onde tudo começa, **a família**. Na década de 1970 cada mulher, segundo o IBGE, tinha em torno de 5,8 filhos. Obviamente, numa configuração familiar em que você tem mais 4 ou 5 irmãos, ganhar atenção se torna um "mimo". Atualmente este número mudou consideravelmente, e a mesma entidade já menciona 1,7 filhos por mulher. Ou seja, é a primeira vez que nos encaminhamos para uma geração de filhos únicos. Mas na prática, para nós pais, familiares, mentores, o que isso significa?

Vamos olhar atentamente para a linha do tempo.

			Tabela 1				
1960	1970	1980	1990	2000	2010	2020	2030-2050*
6,3	5,8	4,4	2,9	2,4	1,87	1,56	1,5

Elaborada a partir de dados do IBGE. Séries Históricas e Estatísticas. População e Demografia.

*De acordo com o Observatório Nacional da Família, divulgado pela Secretaria Nacional da Família e pelo Ministério da Mulher, da Família e dos Direitos Humanos, estima-se que a fecundidade cairá para 1,5 filhos por mulher em 2030.

A criança de 1960 e parte de 1970 "dividia" a atenção dos pais e familiares com um número razoável de irmãos, o que muitas vezes fazia com que o irmão mais velho fizesse o papel de escuta atenta e aconselhamento, já que em alguns casos o mais velho agia como mãe ou pai "substituto", o "estagiário" dentro do contexto família. Logo, neste cenário, os pais tinham um papel de prover financeiramente, sendo a mãe muitas vezes a responsável pela manutenção da casa e dos filhos, enquanto o pai tinha o "dever" de financiar as necessidades da família.

Essa criança, que se tornou um jovem, aprendeu sobre a hierarquia "imposta", aquela que, quando os pais falam, o filho escuta e não contraria – novamente, o tempo era escasso e dialogar com cada um dos filhos se tornaria um desafio quase impraticável para esses pais.

A criança de 1990 e 2000 dividia a atenção com 1 ou 2 irmãos no máximo, sendo em boa parte filhos únicos. Nessa nova dinâmica familiar, tivemos o **boom** dos pets, que, velozmente, tornaram-se os "novos irmãos". O tema foi tão discutido que, em 2016, foi lançado pela Universal Pictures o filme animado "Pets – a vida secreta dos bichos", cuja história mencionava a substituição dos filhos por pets. Mas os pets não falam, e os pais foram convidados para participar não apenas das brincadeiras, mas também dos diálogos, precisaram assumir um papel duplo – pais e amigos. Essa criança, agora um jovem, passou a entender que o diálogo é uma possibilidade e bons argumentos possibilitam pequenas e grandes conquistas. Os pais, mesmo com uma rotina atribulada, conseguiram começar a dialogar com os filhos, e estes passaram a ver nos seus pais conselheiros valiosos. No entanto, ainda temos muito a ser feito.

Se olharmos com atenção, veremos que boa parte dos jovens esperam que seus pais escutem e conversem abertamente sobre assuntos variados, sem tabus ou pré-julgamentos, pensando em como encontrar o melhor caminho, de maneira conjunta, sem brigas, mas com muito diálogo.

Quem são as pessoas mais importantes na sua vida e o que você espera de cada uma delas (RM) (Tabela 2)?

92% mãe
68% pais
31% irmãos
31% avós

Tabela 2		
O que os jovens esperam das pessoas que amam:		
Pais	Irmãos	Avós
61% – Alguém para sempre confiar	51% – Alguém para sempre confiar	65% – Amor
59% Amor	50% – Converse abertamente	59% – Carinho
57% – Que esteja sempre presente	46% – Que escute	50% – Que escute
54% – Conselhos para melhor caminho	44% – Amor	49% – Alguém para sempre confiar
54% – Que escute	39% – Carinho	46% – Conselhos para melhor caminho
52% – Converse abertamente	38% – Compreensão	45% – Incentivo/ encorajamento

Fonte: Pesquisa quantitativa de comportamento do jovem, executada pela Play Pesquisa e Conteúdo Inteligente Ltda. com 3.500 jovens de 13 a 24 anos, no território do Brasil.

Veremos mais sobre esses tópicos no decorrer deste livro.

Os meios de aprendizado

Vamos voltar no tempo. Convido-os para pensar na fase que tinham 15 anos. Quais eram os meios que tínhamos para obter informações? Uma fase de tantas primeiras vezes, com inúmeras descobertas e sentimentos para compartilhar. Agora, vamos pensar nos nossos 18 anos, idade tão emblemática, fase de tantas transformações, que acompanhavam algumas incertezas, inseguranças. Por último, chegaremos nos nossos saudosos 21 anos, quando as expectativas não cabiam nas duas mãos.

Os meios de aprendizado nada mais são do que as ferramentas que utilizamos para nos autoconhecer. Essa é uma fase de descobertas, como já falamos, e muitos dos jovens nos indicam que são influenciados por 2 ou 3 pessoas, sendo mãe, pai e mentores as principais influências.

Imagine que nossos jovens, aqueles que participam de uma nova dinâmica familiar, também chegaram a um mundo onde os meios de aprendizado mudaram, foram praticamente ressignificados.

Se antes tínhamos as entidades de ensino como escola e universidade como principais fontes de aprendizado, hoje temos, segundo os jovens, as redes sociais. Isso não significa que as entidades deixaram de ser relevantes, muito pelo contrário, dado que nelas os jovens confiam a informação de valor agregado, filtrada. No entanto, é importante entendermos quais são os novos meios para que possamos orientá-los com relação à confiabilidade de cada um desses pontos de contato.

Qual ou quais das ferramentas você utiliza para adquirir conhecimento sobre diferentes assuntos? (RM) (Tabela 3).

Tabela 3				
60%	54%	49%	48%	41%
YouTube	Redes sociais	Escola	Família	Livros
38%	34%	29%	27%	21%
Amigos	Plataformas de streaming	Cursos on-line	Artigos on-line	Canais de TV

Fonte: Pesquisa quantitativa de comportamento do jovem, executada pela Play Pesquisa e Conteúdo Inteligente Ltda. com 3.500 jovens de 13 a 24 anos, no território do Brasil.

Observando a tabela, percebemos que boa parte dos nossos jovens buscam conhecimento nas redes sociais. Parte entende que as redes sociais entregam informações de maneira instantânea, o que para eles têm valor, já que a espera lhes custa algo que ainda estão adquirindo: a paciência. Parte acredita que nas redes sociais o conhecimento é variado, dado que oferecem fontes diversas sobre o mesmo conteúdo, nem sempre confiáveis, mas muitas vezes possíveis de serem verificados.

A escola e a família também compõem os meios de aprendizado; no entanto, com demandas diferentes. Se a expetativa é que as redes sociais ofereçam uma grande quantidade de informação de modo rápido e nem sempre qualificada, cabe à escola e à família endereçar conteúdos qualificados de maneira objetiva e assertiva. Assim, fiquemos felizes ao saber que cabe a nós, pais e mentores, abastecer nossos jovens de informações confiáveis e úteis, de preferência usando uma linguagem de fácil entendimento a eles, de modo contado. Sim, como se estivéssemos contando uma história, na qual é possível envolvê-los.

O desejo por autonomia e as frustrações

Por muitos anos, cientistas acreditaram que o cérebro adolescente era essencialmente como o de um adulto, apenas com menos experiência. Na última década, porém, neurologia e neurociência revelaram que nos anos da adolescência acontecem estágios vitais de desenvolvimento do cérebro.

Noventa e nove por cento dos jovens deseja autonomia porque associa diretamente à independência, e independência da forma mais ampla, que vai da financeira à emocional, aquela que liberta da dependência dos outros.

Tentando entender o que é autonomia na visão deles, perguntamos: Para que é importante ter autonomia na sua idade? (RM) (Tabela 4).

Tabela 4				
62%	44%	24%	23%	20%
Sentimento de independência	Poder fazer coisas sem depender dos outros	Sentir-se adulto	Não depender dos pais	Não ter que dar explicação

Fonte: Pesquisa quantitativa de comportamento do jovem, executada pela Play Pesquisa e Conteúdo Inteligente Ltda. com 3.500 jovens de 13 a 24 anos, no território do Brasil.

Vamos avaliar alguns dos pontos apresentados na tabela.

"Poder fazer coisas sem depender dos outros" e "não depender dos pais" está relacionado a ter condição financeira para fazer o que deseja, bem como ter mobilidade, ir e vir sem que precisem ser "levados" e "buscados". Aqui vale um parêntese: para muitos pais, a mobilidade está relacionada à aquisição da carteira de motorista, já que passamos anos aprendendo que ter um carro era sinônimo deste ir e vir sem preocupação. Ocorre que os jovens têm tirado a carteira de motorista cada vez mais tarde, muitos chegam aos 24 anos sem ter feito o teste.

Por quê? Podemos pensar, será que eles de fato querem liberdade de ir e vir?

Sim! Eles querem ir e vir, mas o objeto carro não representa essa mobilidade. Para eles, a mobilidade está ligada a ir de modo livre, sem preocupar-se se terão onde deixar o carro, se o carro está seguro; assim, a jornada é mais encantadora do que o objeto.

"Sentir-se adulto" é uma aspiração, por vezes associada a uma pseudoilusão de que ao crescerem poderão fazer tudo o que desejarem sem dar satisfação a ninguém.

Esta é uma parte importante! Como pais, familiares ou mentores, nos esquecemos de explicar e demonstrar que somos seres "culturais", desenvolvemos hábitos que são praticados no decorrer das nossas vidas, influenciados por pessoas próximas e até por aquelas que nem sequer conhecemos, e que este simples fato torna essa autonomia ou independência inviável. Por quê? Porque temos e seguimos regras, vivemos em sociedade e – nas variadas relações que desenvolvemos no decorrer da vida – somos convidados a mudar de opinião, a modificar o caminho.

Pensemos no que aconteceu no dia 20/04/2023, o dia em que as escolas do Brasil temeram pela segurança dos seus alunos. Quantos de nós, mesmo tendo a autonomia de decidir se os filhos iriam ou não para as escolas, nos sentimos impotentes, submissos a um grupo de pessoas maldosas? Nesse sentido, os jovens têm plena consciência de que o tempo será um aliado. Veja na Tabela 5 o que respondem quando perguntamos: "O que te ajudaria a estar preparado para viver determinadas situações?" (RM).

Tabela 5				
42%	40%	37%	31%	20%
A preparação virá com o tempo, conforme eu fique mais velho(a)	Passar por mais experiências de vida	Vou me sentir mais preparado(a) somente depois de passar pela situação	Conversar com os pais	Acredito que nunca estarei preparado(a)

Fonte: Pesquisa quantitativa de comportamento do jovem, executada pela Play Pesquisa e Conteúdo Inteligente Ltda. com 3.500 jovens de 13 a 24 anos, no território do Brasil.

Notemos que o estar preparado passa por viver aquela situação e conversar, seja com os pais, amigos ou terapeutas. Nossos jovens estão abertos ao diálogo, o diálogo que constrói e inspira.

Os pais foram promovidos a mentores, mencionados como fonte de inspiração. Assim, sejamos boas inspirações, entendendo e respeitando cada vez mais essa construção chamada jovem, nossa constante obra de arte interativa e imersiva.

Referências

BRIGGS, D. C. *A autoestima do seu filho*. São Paulo: Martins Fontes, 2002.

PLAY PESQUISA E CONTEÚDO INTELIGENTE. *Pesquisa quantitativa de comportamento do jovem, executada pela Play Pesquisa e Conteúdo Inteligente com 3.500 jovens de 13 a 24 anos*. São Paulo: 2023.

COMUNICAÇÃO E INTELIGÊNCIA EMOCIONAL

 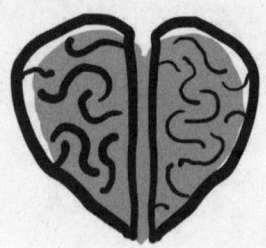

Comunicação é a arte de usar as palavras, os gestos, o corpo e o olhar assertivamente, ou seja, ter uma intenção e se comunicar de modo coerente com eles. Observamos em nosso dia a dia que essa assertividade acontece muito pouco. Quantos discursos poderiam ser feitos de maneira mais sábia e quantos desentendimentos poderiam ser evitados?

Quando pensamos em comunicação e nos "estragos" que sua imprecisão podem ocasionar, logo pensamos na ausência da *soft skill* inteligência emocional. Conseguir reconhecer o que sente, dar um direcionamento para isso sem ferir, atacar ou prejudicar alguém é parte dessa habilidade. Além disso, a forma como eu me expresso sobre meu mundo interior, meus incômodos, minhas irritações, meus sonhos e desejos também me conta sobre essa habilidade.

Adolescentes e jovens são frutos de uma vivência anterior. Na primeira e na segunda infâncias, experimentam a vida e aprendem sobre como comunicar o que sentem e pensam. Caso isso não tenha acontecido, ou não tenha sido permitido, comportamentos desafiadores, opositores ou de enfrentamento, além de discursos carregados de raiva e ódio, vão aparecer diante das situações do dia a dia. Assim, nos próximos dois capítulos, a Janaina Nakahara e a Roberta Ocaña vão trazer formas de utilizarmos essas duas *soft skills* em nossas relações diárias. Elas apresentarão caminhos que apontam maneiras de lidar com nossos adolescentes e jovens, favorecendo o desenvolvimento das capacidades de comunicação e inteligência emocional.

Lucedile Antunes e Beatriz Montenegro

1

COMUNICAÇÃO

Comunicar é tornar possível o que habita em mim fazer morada em ti. E respeitando as diferenças, permitir a unicidade do entendimento. Bem-vindos ao universo tão desafiador dos adolescentes, que tanto querem falar, pouco aceitam ouvir, e muito ainda têm de aprender para, enfim, comunicar.

JANAINA M. DEUS NAKAHARA

Janaina M. Deus Nakahara

Contatos
janainamdeus@uol.com.br
Instagram: @psiJanaNakahara
11 99989 0389

Psicóloga formada pela Pontifícia Universidade Católica de São Paulo (PUC-SP) em 2002, com especialização em Psicologia da Saúde/Hospital Geral no Hospital das Clínicas da Faculdade de Medicina da Universidade de São Paulo (HC-FMUSP) em 2004. Iniciou sua trajetória em clínicas, ONGs e escolas. Atuou por 10 anos na saúde pública, em equipe multidisciplinar do Núcleo de Apoio à Saúde da Família (NASF) na Prefeitura de Guarulhos/SP – uma experiência absurdamente enriquecedora sobre tantas possibilidades de relações e tantas manobras que um ser humano pode fazer em torno de suas limitações, reencontrando-se com suas potências. Paralelamente, mantinha a prática clínica junguiana, na qual as crianças foram chegando; foi estudando e entendeu que era ali o seu lugar – e lá se vão 20 anos de psicoterapia infantil. Fez um trabalho voluntário acolhendo crianças e orientando famílias na Escola de Moral Cristã por 15 anos. Hoje, dedicada majoritariamente ao consultório particular, atende principalmente adolescentes (diz que suas crianças cresceram... rs) e realiza orientação parental e familiar. Integra o projeto Escola para Pais. Mãe de dois meninos igualmente brilhantes, de maneiras absolutamente distintas, que logo irão "adolescer".

Bem, lá vou eu começar tudo de novo

Vocês nunca saberiam, mas eu já tinha finalizado meu capítulo, faltava só revisar. Aí... fui surpreendida por uma situação com meu filho de quase 9 anos que preciso compartilhar.

Ué, mas não é um capítulo sobre adolescentes? Sim, é. Porém, eles acabaram de sair da infância, uns ainda estão saindo, outros disfarçam quando nem querem sair, e alguns nunca quiseram nem estar lá. Enfim, e ao contrário do que eles costumam dizer, a adolescência não vem "do mais absoluto nada".

Domingo, sem correria, terminamos o café da manhã, estávamos ajeitando as coisas para seguir o dia. Porque, mesmo aos domingos, o básico precisa ser feito: escovar os dentes, tirar e dobrar o pijama, escolher e vestir uma roupa adequada ao clima, arrumar a cama... Assim, penso eu. E fui direcionando, pedindo, ou seja, comunicando as minhas necessidades. Só que, ao contrário dos outros dias, justo hoje, o pequenino de 4 anos fez tudo rapidinho, dobrou seu pijaminha, vestiu-se e escolheu seus adereços – espada e boné. E o mais velho brincava, corria, enrolava, jogava pijama no chão, fazia de qualquer jeito – na minha concepção. Começou um "que saco" pra cá, "que chata" pra lá... E eu: "Filho, só estou pedindo", "faz rapidinho e pronto". A respiração se alterou, passamos a nos estranhar, irritados. Até que falei firme: "Só faz direito!". Surpreendentemente, ele respondeu: "Direito pra você, né?". Saí do quarto, respirei, voltei e ele ainda estava com raiva. Falei que também estava chateada e que achava que era melhor a gente conversar para entender o que aconteceu. Ele disse: "Ainda não". Respeitei.

Um tempo e um turbilhão de pensamentos e emoções depois, conversamos. Resumidamente, expliquei que estava querendo cuidar dele, ensinar a ele as coisas do jeito que eu achava melhor. Ele disse que o que parecia é que eu queria que ele fosse igual a mim, que fizesse tudo do meu jeito. Após uma longa conversa, choro e abraço, entendi que amava ter filhos e a missão de educar e cuidar, mas que, de fato, às vezes, atropelava o caminho dele, por conhecer uma maneira mais prática. E mais: que ele precisava da minha ajuda, queria que eu falasse o que achava melhor, mas que também queria poder fazer do jeito e no tempo dele.

Ciente de meu perfil organizado, disciplinado e até controlador, reconheci que tinha invadido o espaço do meu filho. E, conhecendo o perfil dele, sensível, generoso, meio desatento e brincalhão, percebi que vinha aceitando ser direcionado, mas discordando do modo.

Ele, reconhecendo seus limites e suas necessidades, percebeu que estava contrariado, precisou manifestar seu espaço. E, sabendo como é a mãe dele, estava certo de que ela só queria cuidar e ensinar tudo o que pudesse para que ele crescesse confiante e feliz, mas como é muito organizada, acaba sempre achando um "jeito melhor" de fazer isso.

E, assim, vivemos uma experiência incrível na nossa relação e na forma como nos comunicamos e que, espero, se estenda à adolescência, à vida adulta e a toda a nossa jornada juntos. Nessa família, eu, meu marido e nossos dois filhos buscamos a relação segura, coerente, com espaço de fala e escuta sempre abertos, com equilíbrio entre a razão e a emoção, em que todos estejam disponíveis ao aprendizado real na troca com o outro, para que uma verdadeira comunicação aconteça. Mas, assim como em todas as casas, às vezes falhamos.

Comunicação é uma palavra derivada do termo latino *communicare*, que significa "partilhar, participar algo, tornar comum".

Ao comunicar, expressamos nossos sentimentos e pensamentos, e temos respostas, ou seja, nos relacionamos. Acredita-se que comunicar é só falar. Em grande parte, sim. Mas o calar também "diz sobre algo"; assim como um olhar, um sorriso, uma expressão facial, corporal, um choro, um suspiro, um bocejo... E entrando no mundo adolescente, um bufar ou revirar de olhos também são formas de partilhar o que tem no Eu, com o Outro.

Na adolescência, saberemos se cumprimos nosso trabalho na infância. É o bom desenvolvimento da autoestima, o consistente suporte para autoconfiança e uma relação segura que permite autoconhecimento. E apenas um bom conhecedor de si saberá se posicionar assertivamente. Uma criança que cresceu em um ambiente familiar de respeito, empatia, coerência e encorajamento aprendeu a identificar suas emoções, elaborar seus conflitos e enfrentar seus medos, de modo a arriscar-se em um mundo adolescente, com tantas expectativas e exigências.

Cientes de que a comunicação começa na intenção, ela será mais efetiva se eu souber o que penso, sinto e quero, me conhecendo; isso ao mesmo tempo que tiver empatia, reconhecendo o outro e de que maneira ele me receberá. Nesse sentido, em uma relação entre pais e filhos em que foram construídas defesas, inseguranças ou até certas ambiguidades, um filho adolescente não saberá se expressar ou nem tentará se manifestar, pois facilmente fará julgamentos acerca da resposta.

Por exemplo, a filha de 15 anos quer ir com as amigas em uma "resenha". Situação: ela não foi diretamente convidada, mas iria com a amiga da escola, que foi chamada pela colega da academia, que é vizinha da dona da festa. Ou seja, ela não sabe nem quem é a "dona da festa" nem nunca foi onde será a tal resenha (detalhe: isso acontece corriqueiramente na vida deles, adolescentes de hoje). E mais, as amigas estão combinando de se arrumar na casa de uma para depois irem para a casa da outra, cuja mãe irá levar, para depois dormirem na casa de outra, cujo pai irá buscar (geralmente é difícil de acompanhar mesmo... rs). Enfim, tudo muito diferente mesmo de nossa época. O ir e vir pode levar a tantos caminhos possíveis que a liberdade e a autonomia devem mais ainda se plantar na confiança e na segurança da comunicação.

Em uma casa em que a comunicação é distorcida ou desvalorizada, a filha não tem com seus pais uma relação segura, na qual todos contam sobre suas vidas. Enfim, não dizem o que pensam e sentem, não construíram valores juntos, não conhecem suas ideias, intenções... Não se conhecem tão bem quanto acreditam, logo não se comunicam honesta e coerentemente. Então, provavelmente, essa filha nem pede permissão para os pais porque acredita que eles não vão deixar mesmo; ou inventa alguma mentira porque acredita que só assim poderá satisfazer seu desejo. Tanto o calar-se (e frustrar-se) quanto o mentir (e arriscar-se) estão comunicando. Uma comunicação cheia de julgamentos, acerca de si e do outro: desde o "eu não sou merecedora", "não sou confiável", "nunca serei validada" e o básico "ninguém me entende" até "eles são muito fechados", "pais só sabem mandar", "acham que fiscalizar é cuidar", "nunca irão se abrir para entender minha geração". Em contrapartida, noutra casa em que a família construiu uma comunicação com respeito, compreensão, verdade e combinados, na qual as conversas aconteciam sem medo, os gestos eram identificados, as trocas de ideias e os desejos aconteciam... Onde, enfim, as pessoas se conheciam e reconheciam, provavelmente a menina pediria para ir à festa.

 A questão não está se os filhos sabem pedir ou não, ou se os pais sabem dar o "sim" e o "não". Nem tampouco se os filhos podem ir ou não, ou se os pais devem permitir ou não. A questão está em como essa comunicação foi construída, em como as relações acontecem. E mais, que valor e que espaço foram dados ao diálogo, às conexões. Tento entender a dinâmica da resenha? Percebo a importância do estar com as amigas?

 A relação que preza por uma boa comunicação começa quando os pais conhecem a si mesmos, de onde vêm seus valores, como elaboram suas emoções, identificam seus pensamentos e estão seguros do que desejam de fato ensinar a seus filhos, que referência querem ser.

 São os pais que demonstram interesse pelo universo do filho e precisam se fazer entendidos; não só compreendendo as palavras, mas o que elas representam, que valores carregam. Cientes de que lá na outra ponta da relação há um espaço de escuta imaturo, que ainda pode confundir, dissimular e rejeitar. Se conheço meu filho, comunico-me com o mundo dele, na linguagem dele, à medida que ele já consiga suportar, para se responsabilizar pelo que está recebendo. Para, então, poder corresponder, e não apenas responder.

No final das contas, o que queremos mesmo não são simplesmente respostas, mas a corresponsabilização, na qual as duas partes estão seguras de que essa relação é correspondida e todos estão verdadeiramente envolvidos nessa troca. Não há comunicação saudável, sem comunhão, sem cooperação, sem compartilhar.

Pois bem, se a maneira como nos comunicamos se altera dependendo do tipo de relação e do espaço que ocupa, ela também tem que mudar quando nosso filho cresce, porque ele está se desenvolvendo. Se cuidamos da forma que vamos nos fazer entender no trabalho, por exemplo, que tenhamos o mesmo cuidado com nosso adolescente. Ele não é mais a criança que recebe. Ele está bem naquela fase em que não recebe, não atende, não concorda. Porque ele quer e precisa se impor. Nesse momento, o que ele fala, como fala, o que veste, o que defende, aonde vai, o que pretende, tudo irá comunicar quem ele é ou está tentando ser. Ele necessita se posicionar para sentir que já é um ser independente. E ele precisa que alguém suporte isso. Será que a gente suporta nosso filho não parecido, não seguindo, não dependente?

Se queremos manter proximidade durante o típico e necessário distanciamento da adolescência, teremos que reavaliar como estamos nos comunicando e mudar. Prestar atenção nesse outro adolescente, para ajudá-lo a comunicar, testando-se em um espaço seguro de escuta ativa. Quando ele esbravejar, contrariado com o Não que você deu (e deve dar), quando resolver falar tudo o que discorda, que acha injusto ou só quando falar abobrinha... Por favor, acolha!

A escuta ativa acolhe e se envolve. Esteja presente, com a atenção ao lugar de onde ele fala, com a empatia de quem já esteve lá (mas em uma época tão diferente), com a sensibilidade de quem dá suporte emocional e com o cuidado para não reagir. Os adolescentes são reativos e precisamos validar isso. Os adultos têm que agir a partir disso, suportando e direcionando.

Vamos evitar comparações ou rótulos, usar encorajamento em vez de crítica. Vamos cuidar ao máximo para não minimizar as falas e as ações, e manter os canais de comunicação abertos, em um contexto de disponibilidade.

Pais falam	Filhos pensam	Filhos sentem	Que tal?
Vê se cresce!	Estou tentando.	Não sou validado.	Você dá conta, confie.
Quanta bobagem!	Não era pra você na minha idade.	Não sou respeitado.	Me ajuda a acompanhar.
Não adianta ficar nervosinho!	Ah, é... Só você pode.	Não sou acolhido.	Ok ficar nervoso.
Quando você entender, conversamos!	Se for agora, vou entender.	Não sou capaz.	Vamos conversar pra gente se entender.
Por que você faz isso assim?	Porque eu acho assim melhor.	Não sou aceito.	Você é diferente de mim, vou me acostumar.

Para quem ainda não conhece a comunicação não violenta (CNV), #ficaadica. A CNV propõe uma prática cujo objetivo é gerar mais compreensão e colaboração nas relações. Segundo a CNV, em qualquer forma de comunicar, estejamos focados em quatro pontos: observar o que de fato aconteceu na situação das avaliações que fazemos dela; expressar nossos sentimentos, trazendo nossa vulnerabilidade, que nos aproxima dos outros; reconhecer nossas necessidades, que são as motivações que nos levam a fazer e falar; e fazer pedidos, dando ao outro a oportunidade de colaborar com o que é importante para nós. Desse modo, conseguiremos nos comunicar com conexão e empatia.

Então, que tal uma calibrada em nossa inteligência emocional para facilitar os caminhos de uma boa comunicação?

Referências

ABERASTURY, A. *Adolescência normal*. Porto Alegre: Artmed, 1981.

MARSHALL, B. R. *Comunicação não violenta: técnicas para aprimorar relacionamentos pessoais e profissionais*. São Paulo: Ágora, 2006.

NELSEN, J. *Disciplina Positiva*. Barueri: Manole, 2015.

2

INTELIGÊNCIA EMOCIONAL

Existem estratégias para que nossos adolescentes sejam capazes de perceber suas emoções, saber nomeá-las, entender seus gatilhos e desenvolver formas assertivas e efetivas de lidar com os conflitos do dia a dia mesmo em uma fase considerada tão desafiadora. Convido vocês a refletir sobre a importância da liberdade do sentir, do respeito, do pertencimento e do acolhimento.

ROBERTA A. M. BITTENCOURT OCAÑA

Roberta A. M. Bittencourt Ocaña

Contatos
robertaocana.com.br
contato@robertaocana.com.br
Instagram: @robertaocana
11 99757 2125

Psicóloga e mãe apaixonada, mergulhou nesse universo desafiador e enriquecedor da infância e adolescência. Formada há mais de 15 anos, iniciou sua trajetória profissional na residência hospitalar de maneira muito intensa. Trabalhou na UTI neonatal e pediátrica, ajudando familiares, crianças e adolescentes a lidar com a angústia, com o sofrimento e com as incertezas diante do adoecimento. Constatou o quanto a experiência lúdica era imprescindível aos menores, assim como o quão necessário era o suporte emocional aos pais e a humanização da assistência para seu enfrentamento. Com o nascimento dos seus três filhos, viu a necessidade de aprofundar-se também no mundo da neurodivergência. Especializou-se em Altas Habilidades e Superdotação, Educação Positiva e Ludoterapia, a fim de proporcionar um atendimento integrado e de ajuda a essa tríade tão importante "família-criança/adolescente-escola". Levar conforto, ressignificação e melhora na qualidade de vida é o seu grande propósito.

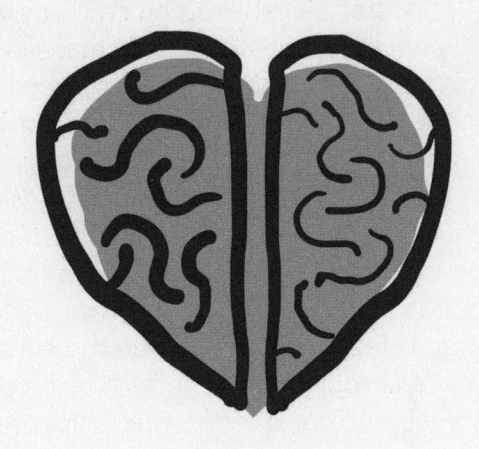

Inteligência emocional e adolescência: dois temas tão abordados atualmente, mas que no inconsciente coletivo ainda são permeados pela ideia de que são dois antagonistas. Como é possível associar inteligência emocional a indivíduos "tão resistentes e imaturos"?

Antes de iniciar, preciso confessar a vocês que sempre me torceram o nariz quando dizia que eu adorava esse período de desenvolvimento. Acredito que seja porque sempre o coloquei no lugar onde, hoje, muito se luta e estuda para estar: um período de intensa transformação, de troca, da descoberta sobre si, sobre o mundo, suas emoções, qualidades, dificuldades, mas provido com a amarra do estigma social e cultural, que maltrata, prende e potencializa esse momento.

Retornando ao antagonismo citado, convido você para fazer uma breve reflexão: quando pensa em adolescente, qual é o primeiro estereótipo que vem a sua cabeça? Aproveite e tente resgatar também termos ouvidos por você em sua adolescência, que perpetuam até hoje. Em ambos os cenários, quantas vezes associamos adjetivos pejorativos a esse momento? Posso citar alguns que escuto tanto na prática clínica/escolar como no meu contexto social: "aborrescência", "do contra", "espere chegar na pior fase", "implicantes por natureza", entre outros.

Então, como seria possível associarmos e desenvolvermos a habilidade da inteligência emocional à adolescência, sem antes retroceder a um fator fundamental: compreensão – em seu sentido mais literal, que é o de ouvir, ponderar, perceber o significado de algo, questionar para ser possível entender, e assim lidar de maneira mais assertiva. Como exigimos cooperação e colaboração se nossos adolescentes ainda estão amarrados a "rótulos" que nos impedem de vê-los como realmente são e do que realmente precisam? Sem a avaliação moralista da adolescência, em termos de certo e errado, e nos concentrarmos na necessidade que esse período do desenvolvimento exige e requer.

Mesmo que timidamente, se comparado aos estudos sobre a infância, muitas pesquisas e informações crescem acerca da adolescência, porém muito ainda se faz necessário no que cerne à compreensão. E antes de me aprofundar sobre o tema, gostaria de propor um exercício que nos ajudará a desvencilhar-nos dos estereótipos sobre a temática.

Prazer: "estagiário"

Imagine: você conseguiu seu primeiro emprego. Foi contratado por uma grande multinacional para ser estagiário. Um mundo de oportunidades, desafios, conquistas e autonomia se abre para você. Contudo, a insegurança e o medo são emoções intrínsecas, pois, apesar de saber a base dos conceitos e técnicas, muitos você nunca colocou em prática e outros não sabe muito bem como fazer. Somado a isso, você está se descobrindo e aprendendo o próprio estilo de trabalho, o que faz sentido ou não. Será o momento de testar os conhecimentos técnicos e as ideias adquiridas até aqui. De sair da codependência e se fazer presente com as próprias características e habilidades. Saber que você terá a quem se reportar, caso alguma dificuldade apareça e esse norteador te auxilie a pensar e encontrar alternativas, tornará esse processo mais tranquilo, correto?

Em uma analogia lúdica, é exatamente isso que acontece com os adolescentes. Eles passaram a infância absorvendo valores e conceitos e, na chegada à adolescência, colocarão em prática tudo o que aprenderam, mas do jeito que faça sentido para eles mesmos. Que se conecte com os valores aprendidos, mas também com os próprios. E como eles fazem isso? Testam, indagam, questionam, observam, analisam.

Ao pensar que nossos adolescentes "são estagiários da vida", quais seriam nossas motivações naquilo que queremos que eles façam? Uma vez, li uma citação que cabe perfeitamente com o *modus operandi* com o qual lidamos com a adolescência: "Não confunda o que é natural com o que é habitual". Temos o hábito de julgá-los, desmoralizá-los, inferiorizarmos, quando o natural seria nos conectarmos com suas necessidades. Como você se sentiria se fosse ameaçado em seu direito de escolher o que deseja fazer, em sua autonomia?

Eles precisam de qualidade de orientação, da direção pautada em duas pessoas que confiam uma na outra e não onde uma subjuga a outra por meio de sua hierarquia e autoritarismo. Se nós focarmos apenas naquilo que queremos que eles façam (do nosso jeito, em nossa hora, com nosso objetivo), chegará o momento em que tudo o que lhe pedirmos será considerado para eles uma exigência, porque estão sendo forçados a isso. E não porque entenderam as implicações e o valor daquilo que foi solicitado.

Os adolescentes precisam, verdadeiramente, entender que amor, respeito, aceitação e admiração dos pais/responsáveis não estão ligados àquilo que fazem do jeito que queremos. Eles precisam de confiança para acreditar que receberão compreensão mesmo quando não fazem o que lhe pedimos, sem julgamentos e avaliações. É como se precisássemos gritar "seus erros não mudam o seu valor".

Quando nos livramos dos preconceitos oriundos da adolescência e mudamos a nossa maneira de enxergar e entender, a observamos da forma como ela realmente é. E isso ditará e guiará o desenvolvimento da inteligência emocional em nossos adolescentes.

Como observo o meu erro × o erro do adolescente: uma parte importante da inteligência emocional

De maneira mais concisa, inteligência emocional é a capacidade de identificar, entender, expressar, comunicar e gerenciar as próprias emoções, além de ser capaz de identificar e compreender a dos outros. Desenvolver essa habilidade é fundamental, pois nossos sentimentos/emoções são como bússolas que nos norteiam sobre nossas necessidades, sobre o que está ou não sendo atendido.

A dificuldade de manejo em determinada situação não é decorrente da experiência em si, mas é desencadeada pela falta de acolhimento, consciência e ensinamento que tivemos sobre as emoções/sentimentos.

Você acredita ser possível desenvolver no outro essa habilidade sem levarmos em consideração nossas próprias necessidades? Particularmente, acredito que não. Quando conseguimos identificar nossos conflitos e ter compaixão conosco e com nossa parentalidade, conseguimos modelar nossos comportamentos e ensinar a inteligência emocional para nossos adolescentes. Não é a calma, a passividade ou apenas os bons sentimentos e emoções que "educam", e sim a maneira como lidamos com as dificuldades, desafios e com nossos sentimentos, que ocorrem em nosso dia a dia, inclusive com a própria parentalidade.

A validação de nossos sentimentos é fundamental para que possamos compreender nossas reações sobre determinadas ações, relacioná-las com nossas necessidades e/ou faltas. Exercitar a autoempatia é um pilar intransponível para compreensão de si e para mudanças de crenças limitantes que nos impedem de modificar nossos comportamentos e atitudes.

Como é possível ensinar inteligência emocional para nossos adolescentes também nos momentos de crise em casa? Trarei um exemplo cotidiano em que elencarei os cinco pilares da inteligência emocional: imagine a situação em que você precisa repetir incansavelmente para que seu adolescente realize determinada tarefa.

Observar a atitude de seu filho sem julgamento, exercitando a curiosidade, mas com um olhar atento às suas emoções e se apropriar de que isso faz você se sentir frustrada é estar conectado com seu sentimento (autoconsciência). Contudo, mesmo irritada, você valida sua emoção e a comunica de modo funcional a se conectar sem se sentir superior (existe uma enorme diferença entre exigência e pedido). Isso é o que chamo de gerenciar suas emoções. Compreender que são situações pontuais e que não retratam nem a você nem a seu filho em sua realidade e totalidade é ter autoempatia, inclusive para aceitar que também está aprendendo a cada dia. Ter a automotivação de que está em um processo de modificação de comportamento e ter compaixão de que reaprender e mudar é muito difícil, mas que está tentando e se esforçando. Quando a autoconsciência e a autoaceitação são validadas, pensar em novas estratégias e ferramentas mais adequadas para a realidade da família se torna possível, que é a base para um relacionamento interpessoal.

Quando compreende quantas possibilidades existem além de nossa reatividade, você se torna capaz de ensinar como transformar os desafios em novas e excelentes oportunidades de aprendizagem.

Vamos andar de carro?

Eu sou muito grata por poder dividir minha jornada de trabalho com minha vida familiar, e uma das atividades habituais que mais gosto de fazer com meus filhos é levá-los e pegá-los na escola. Temos muita conexão nesse momento. Conversamos não apenas sobre suas expectativas com relação ao dia, mas também sobre a realidade deles. Muitos temas, conflitos e ensinamentos vivemos ali. Mas quando meu filho mais velho se sentou pela primeira vez no banco da frente, tive que lidar com a constatação de seu crescimento e de um novo momento que iniciaríamos juntos, e não digo apenas da parte concreta do carro, mas principalmente de sua parte simbólica. Quando olhei para o retrovisor e vi as minhas filhas mais novas, pude visualizar a diferença do meu papel com cada um deles. Respirei fundo e pensei no quanto a parentalidade é como se fosse "andar de carro". Como crianças, sentados no banco de trás, ensinamos muito por meio das repetições e comportamentos. Somos o piloto da relação, fazemos juntos e por eles. Quando crescem mais um pouco e se sentam a nosso lado no banco da frente, eles passam a ter mais acesso, com uma vista mais panorâmica, com mais autonomia, ficam mais observadores e atentos a tudo o que fazemos e, por isso, começam a questionar, indagar; e temos de compreender que, a partir de agora, mais do que apenas pilotos, somos um guia, pois eles dependem de nós e de nossos estímulos para refletir sobre consequências e responsabilidades.

Quando menos imaginamos, eles "assumirão" o banco do motorista e teremos duas opções: querer controlar suas escolhas e decisões diante de nosso próprio medo ou servir como um excelente "copiloto" em um trabalho de equipe que pode dar certo. Contudo, precisamos ser aqueles que influenciam por meio da confiança.

Que possamos abraçar as vulnerabilidades de nossos adolescentes e ajudá-los a se apropriarem da noção de que são maiores e melhores do que qualquer falha ou erro que possam cometer ao longo do caminho. Que eles tenham garantido seu sentimento de pertencimento, que é ser amado por quem se é. Só assim eles terão coragem para desenvolver a inteligência emocional.

Referências

GOLEMAN, D. *Inteligência emocional: a teoria revolucionária que redefine o que é ser inteligente*. 2.ed. Rio de Janeiro: Objetiva, 2012.

ROSENBERG, M. *Criar filhos compassivamente: maternagem e paternagem na perspectiva da comunicação não violenta*. 5.ed. São Paulo: Palas Athena, 2022.

SANTOS, E. *Conversas corajosas: como estabelecer limites, lidar com temas difíceis e melhorar os relacionamentos através da educação não violenta*. Rio de Janeiro: Paz e Terra, 2022.

AUTONOMIA E AUTENTICIDADE

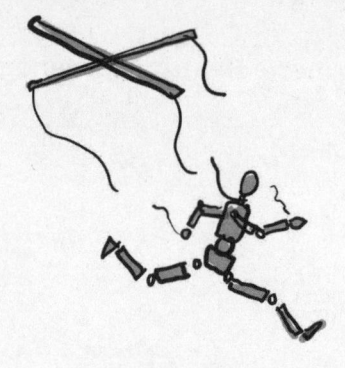

A utenticidade e autonomia, duas habilidades que se completam e que o ser humano traz em sua essência. Seguindo um modelo natural do desenvolvimento, a autonomia aparece ao longo da vida conforme as crianças vão crescendo e, na juventude, isso acontece de maneira natural. A autonomia vai surgindo e envolvendo a esfera social também. A autenticidade é natural do ser, ela é uma necessidade básica, que se inicia nas relações familiares e aos poucos envolve outras esferas.

Na fase da adolescência, pais e educadores são invadidos por dúvidas: "Será que ele já dá conta desta autonomia?"; "Será que ele saberá lidar com esse espaço maior que estamos oferecendo?" Vejo que ele agora tem um grupo, será que perdeu sua autenticidade?

Os autores destes capítulos se atentam à necessidade de permitir que a escola e os pais também estejam preparados para lidar com a autonomia e com a autenticidade do adolescente. Enfim, muitos questionamentos envolvem esse momento. Saber como conduzir as situações cotidianas de modo a permitir que essa fase proporcione o desenvolvimento da autonomia e da autenticidade é entregar um presente a nossos filhos.

Nos próximos dois capítulos, você verá Gabriela Servilla e Reynaldo Rocha escrevendo sobre autonomia, e Beatriz Montenegro sobre a autenticidade. Casos reais e práticos, como também uma explicação detalhada dessas *soft skills*, trarão a você, leitor, uma precisão de como conduzir a conquista dessas habilidades.

Lucedile Antunes e Beatriz Montenegro

3

AUTONOMIA

Neste capítulo, vamos apresentar a coconstrução da autonomia no tempo da adolescência. Nossa escrita será atravessada por bases teóricas da psicologia, da psicanálise e da educação, com base em nossa experiência profissional, na clínica com os adolescentes, no contexto da saúde pública e do consultório particular. Desejamos que este texto seja uma ponte para todos os adultos rumo à autonomia do adolescente.

**GABRIELA CRISTINA JURADO SERVILLA
E REYNALDO THIAGO DA SILVA ROCHA**

Gabriela Cristina Jurado Servilla e Reynaldo Thiago da Silva Rocha

Contatos Gabriela
aescutadora.psi@gmail.com
11 91448 3009

Contatos Reynaldo
f_e_ppe@outlook.com
Instagram: @f_e_ppe
11 99996 0667

Gabriela é apaixonada por viajar e conhecer novas culturas, assim como Reynaldo, que, além disso, não abre mão de uma boa cerveja e de suas gatas, Martha Nielsen e Rytha. Amigos de muitas histórias, também compartilham a profissão: são psicólogos que, há mais de uma década, desenvolvem um trabalho com o objetivo de compreender a subjetividade dos pacientes, destacando a importância de atender indivíduos em diferentes fases da vida, com ênfase no cuidado como fundamento ético. Ambos possuem um olhar atento às particularidades e às necessidades de cada pessoa que atendem, proporcionando acolhimento sistêmico e pautado no afeto. Juntos, buscam integrar fenomenologia e psicanálise com a psicologia e a educação, a partir da vasta experiência em consultório particular, na saúde mental (SUS), na assistência social (SUAS) e, como docentes, ampliar o alcance de sua prática e, assim, contribuir para o aprimoramento e a difusão da psicologia como modo de ressignificação da vida.

Para começarmos a pensar nessa *soft skill* tão cara ao processo de amadurecimento, custosa emocional e psiquicamente aos pais e aos adolescentes, queremos salientar que entendemos a temática da adolescência como adolescências, no plural, com recortes específicos como identidade de gênero, orientação sexual, raça e condição econômica, que marcam esse fenômeno de maneiras distintas. Também vale ressaltar que estamos considerando o caminho da autonomia em uma perspectiva típica do desenvolvimento.

Posto isso, gostaríamos de trazer duas imagens à tona que nortearão nossa conversa acerca do processo da coconstrução e conquista progressiva da autonomia: a ponte e o muro. Partiremos da premissa de que, para um adolescente se tornar autônomo, ele vai precisar de adultos que atravessem a ponte com ele, não que exclusivamente apontem o caminho. O que queremos dizer com isso?

Muitas vezes, a ideia de ter autonomia é apenas a capacidade do adolescente de cumprir tarefas sozinho, para as quais antes, como criança, precisava de acompanhamento, apoio ou orientação. Agora como adolescente não necessitaria mais. De fato, esta é uma das marcas importantes da transição da infância para a adolescência: poder realizar tarefas sem a supervisão constante de um adulto. Porém, diante de nossa experiência com adolescentes, questionamo-nos até que ponto os adultos e a sociedade vão considerar como algo positivo que esse adolescente escolha e decida sozinho, quando esse algo desagradar, desafiar, frustrar ou, ainda, for fruto apenas do desejo do adolescente?

É nesse momento que notamos que os muros são criados e que passam a ganhar função como barreira na chegada e travessia do adolescente pela ponte. Assim, vamos explorar no decorrer do texto como podemos conceber possibilidades de essa travessia ser percorrida sem os muros pelo caminho. Desse modo, começaremos a entender como alguns pensadores compreendem o fenômeno da autonomia, lembrando que há várias explicações possíveis para o tema. Contudo, em nosso texto não temos a pretensão de chegar a um paradigma único, mas, sim, poder dialogar com tais referenciais, pois seguiremos acompanhados nessa empreitada complexa que é pensar a autonomia na adolescência.

Autonomia é um conceito fundamental para o desenvolvimento saudável dos indivíduos e consiste em três aspectos principais para Noom, Dekovic e Meeus (1999). O primeiro aspecto é a autodeterminação, que se refere à capacidade de tomar decisões e controlar a própria vida. O segundo é a independência, que diz respeito à capacidade de agir de maneira autônoma e sem depender de outros. E o terceiro é a autorregulação, que é relativa à capacidade de controlar as próprias emoções e comportamentos de modo adequado. Entretanto, a busca excessiva pela autonomia durante a adolescência significa uma faca de dois gumes, pois pode levar a comportamentos de risco e problemas psicológicos se não for equilibrada com uma base segura de apego e suporte social/familiar contínuo.

Podemos considerar, então, que a aquisição da autonomia tem início ainda no período da infância, porém nos parece que os adultos conseguem valorizá-la e acolhê-la com mais facilidade nessa fase da vida, não? E por que seria assim? Essa facilidade nos mostra que é porque a criança é mais receptível ao cuidado e intervenções, ou seja, é mais suscetível à autoridade de um adulto, ao passo que o adolescente, quando começa a escolher e questionar o que lhe é (im)posto, muitas vezes será visto como um adolescente rebelde – curiosamente, observamos que é comum que nesse momento ele chegue à psicoterapia por demanda espontânea dos pais ou encaminhado pela escola.

A concepção é decidindo que se aprende a decidir, presente no livro *Pedagogia da Autonomia*, de Paulo Freire, destaca a importância da prática da decisão como um processo de aprendizagem. Segundo Freire (1997), a tomada de decisões é uma habilidade fundamental que se aperfeiçoa pela prática e pela experiência, permitindo aos indivíduos exercerem autonomia e liberdade. Ao tomar decisões, os adolescentes são incentivados a refletir, analisar opções, considerar consequências e assumir responsabilidades, promovendo um processo de construção do conhecimento e a formação de cidadãos críticos e participativos. Nessa concepção, a decisão é vista como um ato de aprendizado e empoderamento, que contribui para a expansão da autonomia e da consciência crítica.

Certa vez, atendendo uma adolescente branca, de classe média alta, de 17 anos, com um bom vínculo afetivo estabelecido na relação com seus pais e que estava às voltas com a decisão de escolher o seu candidato à presidência, um tema que conversavam abertamente em família, observa-se em sua narrativa a angústia de frustrar os pais escolhendo seu voto de modo autônomo, ou fazendo uma opção de acordo com a expectativa e a preferência dos pais, o que lhe parecia mais correto no momento. Porém, essa adolescente que começava a criar a própria opinião e um pensamento crítico que estava enveredando mais para ideias políticas de esquerda, sendo seus pais de uma posição de direita, se via angustiada e ansiosa com a possibilidade de desagradá-los. Eles já teriam verbalizado a decepção que seria se ela diferisse deles nessa questão. Também deixaram claro à filha que acreditavam que ela não tinha maturidade para fazer tal escolha sozinha. O conflito está posto: ela não quer perder a admiração dos pais, mas também não deseja abrir mão do direito de decidir.

Os adultos – no caso, os pais – não estão corroborando para que a adolescente decida de maneira autônoma. Pelo contrário, silenciaram sua voz e cercearam esse direito a partir da compreensão de que lhe falta maturidade para decidir e de que ela os decepcionaria se escolhesse diferentemente deles. Criaram um muro no processo da autonomia da filha. Em contrapartida, esses mesmos pais já a consideravam madura para se organizar com seus estudos e rotina diária, como cuidar de tarefas domésticas em casa, bem como ser responsável também pelo irmão mais novo na ausência deles, mas, em relação à escolha do seu voto, ela não era madura o suficiente. Que dilema!

Nesse sentido, o estudo de Butner *et al.* (2009) nos convida para a reflexão quando explora os conflitos (muros) entre pais e adolescentes em relação às competências que possibilitam o contato articulado com o mundo e como isso afeta o equilíbrio da autonomia e o bem-estar de ambos. Do mesmo modo, Calligaris (2000) aborda a adolescência como uma fase de transição em que a busca pela autonomia é uma característica central. Ambas as reflexões apontam a relevância da autonomia na definição de adolescência, evidenciando como a busca pela independência e autonomia é uma parte fundamental do amadurecimento nessa fase da vida.

Também no estudo de Darling *et al.* (2008), é possível observar uma relação entre dinâmica familiar e o desenvolvimento de autonomia no adolescente. Os resultados indicaram que o apoio e o envolvimento parental positivo estão relacionados à crença do adolescente na legitimidade da autoridade parental e na própria obrigação de obedecer. Essa crença, por sua vez, está associada ao aumento da autonomia e responsabilidade nos adolescentes. Portanto, uma dinâmica familiar saudável e envolvente pode ser um fator crucial nesse sentido.

Uma vez que os pais se apresentam com um estilo parental autoritário e sem possibilidade de diálogo, comunicam aos filhos que esperam que sejam obedientes a eles, independentes nas relações com as coisas e tarefas, mas não consideram a autonomia no campo do desejo, pensamento crítico e tampouco no campo das decisões. Nesse contexto, como seria o desenvolvimento deles?

A nosso ver, para que o processo de autonomia possa ser vivido e integrado em sua plenitude, o estilo parental precisará conter algumas características indispensáveis, como proteger sem invadir, ensinar sem controlar, orientar sem comandar, frustrar sem violentar e, principalmente, aceitar a condição diversa de ser um adolescente, e, agora, um sujeito desejante, mesmo que esse adolescente seja diferente da idealização e expectativas que se tinha ainda quando ele era um ser totalmente dependente, um bebê.

Para que seja possível que eles constituam sua autonomia de maneira saudável, considerando perdas e novas responsabilidades, precisam aprimorar a capacidade de lidar com todas as limitações que os atravessarão no que tange às experiências de liberdade e escolha, dentro da esfera familiar e social. Todos nós precisamos ter em mente que também iremos lidar com algumas perdas, frustrações, limites e superar alguns incômodos que surgirão. Somente assim, o adolescente conseguirá se sentir seguro e acolhido por todos os atores sociais envolvidos nesse processo (família, escola, amigos, mídia, profissionais da saúde, entre tantos outros) de coconstrução e de aquisição do seu direito à autonomia.

Na modernidade já está posto que temos um ideal de independência ao qual temos que perseguir e estimular os adolescentes a se tornarem, pois este é um valor essencial da educação moderna (CALLIGARIS, 2000), mas será que os modelos de educação existentes e a disponibilidade interna dos envolvidos têm promovido lugar para autonomia do adolescente?

Realizando a escuta de uma adolescente preta de escola pública de 16 anos e de religião afrodescendente, relatou-se uma discussão acerca de religiões que ocorria em uma aula de História. A jovem pontuou que a fala da professora a respeito do termo "macumba" não estava bem empregada, ou seja, poderia dar uma conotação preconceituosa. Ela procurou explicar melhor o termo e o porquê de as pessoas usarem de maneira errônea e pejorativa. A professora a interrompeu e pontuou que ela queria chamar a atenção. A aluna tentou prosseguir, mas em vez de a professora estar aberta a aprender com a adolescente, pediu que ela saísse da sala de aula e fosse para coordenação.

A fim de concluir nossa reflexão e deixar aberto o caminho para que os leitores olhem para seu horizonte de modo autônomo, colocamos uma crítica à educação como muro que revela a necessidade de um posicionamento como ponte na prática pedagógica, pois a importância da autonomia para a formação crítica do indivíduo está em não alienar, enfatizando sua relação com a educação e com a capacidade dos sujeitos de se autodeterminarem. Juntos, podemos olhar para a relevância de uma educação crítica e consciente, que leve em conta as estruturas sociais e históricas que condicionam a vida dos indivíduos e que os capacite a se tornarem sujeitos autônomos e transformadores da realidade (FREIRE, 1997; LIMA, 2011; MÉSZÁROS, 2005).

Referências

BUTNER, J. et al. Parent-Adolescent Discrepancies in Adolescents' Competence and the Balance of Adolescent Autonomy and Adolescent and Parent Well-Being in the Context of Type 1 Diabetes. *Developmental Psychology*, v. 45, n. 3, pp. 835-849, 2009.

CALLIGARIS, C. *A adolescência*. São Paulo: PubliFolha, 2000.

DARLING, N. et al. Individual Differences in Adolescents' Beliefs about the Legitimacy of Parental Authority and Their Own Obligation to Obey: A Longitudinal Investigation. *Child Development*, v. 79, n. 4, pp. 1103-1118, 2008.

FREIRE, P. *Pedagogia da autonomia: saberes necessários à prática educativa*. Rio de Janeiro: Paz e Terra, 1997.

LIMA, L. C. Crítica da educação indecisa: a propósito da pedagogia da autonomia de Paulo Freire. *repositorium.sdum.uminho.pt*, 1º dez. 2011.

MÉSZÁROS, I. *Marx's Theory of Alienation*. Londres: Merlin, 2005.

NOOM, M. J. et al. Autonomy, Attachment and Psychosocial Adjustment During Adolescence: A Double-Edged Sword? *Journal of Adolescence*, v. 22, n. 6, pp. 771-783, dez. 1999.

4
___

AUTENTICIDADE

Nas páginas a seguir, trago um olhar para a autenticidade e a adolescência. Nesse momento da vida, em que a autenticidade pode parecer uma ameaça, meu convite é para que a gente invista na relação.

BEATRIZ MONTENEGRO

Beatriz Montenegro

Contatos
bertolino.bia@gmail.com
LinkedIn: Beatriz Montenegro Bertolino
Instagram: @biamontenegro.oficial

Fascinada pelo poder transformador da família e do quanto uma criação impacta a vida emocional e física de um ser humano. Educadora parental, pedagoga e neuropsicopedagoga clínica e inclusiva. Apaixonada pelo ser humano e por todo o seu potencial de transformação. Grata por ser mãe do Benício e encantada pelas possibilidades de transformação que a maternidade lhe trouxe e traz diariamente. Palestrante, terapeuta e orientadora de famílias por intermédio do conhecimento da neurociência do desenvolvimento e dos pilares do Apego Seguro, formada pela Escola da Educação Positiva e pelo API em Apego Seguro. Coordenadora dos livros *Soft skills kids* e *Soft skills teens*.

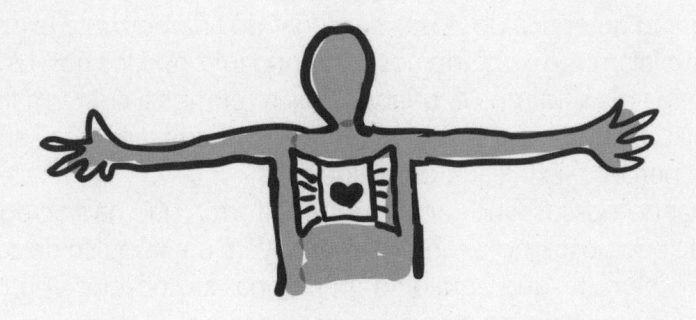

Autenticidade, capacidade de ser autêntico, habilidade de ser quem se é... Começo este capítulo perguntando a você, adulto, leitor: você sabe verdadeiramente quem é? De que realmente gosta?

Em hipótese alguma quero fazer uma crítica ou um julgamento a respeito de suas respostas, mas elas nos contam sobre a nossa criação, a nossa infância, o que aprendemos quando crianças e como isso influenciou diretamente a nossa adolescência. Então, inicio meu capítulo nesta viagem do tempo, que começa com a educação das crianças e termina nos adolescentes.

Assim que um bebê nasce, ele está conectado diretamente com seu mundo interno, reconhece todas as suas necessidades e expressa para o exterior, independentemente se tem do lado de cá, no mundo externo, um adulto capaz de suprir suas necessidades.

O dr. Gabor Maté, especialista em desenvolvimento infantil, nos conta que todo bebê nasce com duas grandes necessidades: a primeira é o pertencimento, e a segunda, o respeito à sua autenticidade, que só será exposta ao mundo se ele se sentir seguro em ser quem de fato é.

Conforme as crianças vão se desenvolvendo, a lógica deveria se manter. Então, expresso ao mundo o que necessito, quem sou, o que sinto e tenho um adulto responsivo, portanto, que atende às demandas dessa criança, de modo responsável, intencional e não que pune, que castiga, que traz suas necessidades e expectativas para aquele ser tão pequeno e em fase de crescimento.

Beatriz Montenegro

Expectativa é uma palavra, um desejo, que muito nos atrapalha na expressão autêntica do nosso ser. Quando criamos uma expectativa, sempre falamos de nós, do nosso mundo interno, dos nossos desejos e anseios mais íntimos e, quando nos referimos a criar um filho, ela, que não costuma ser favorável à autenticidade, aparece sem que a gente perceba. Explicarei o porquê.

Quando nossos filhos agem de uma forma que não acreditamos, ou que não gostaríamos, internamente vem um impulso de correção, de não permitir que aquilo se mantenha, até porque aprendemos que: "É de pequenino que se torce o pepino", "Eduque as crianças para que não precise castigar os adultos", entre tantas outras frases que trazem essa ideia de que se deve sempre corrigir na infância.

O que vejo acontecendo com uma frequência imensa é que os pais e os educadores procuram essa correção e vão moldando comportamentos e, também, sensações. Consequentemente, a autenticidade vai ficando pequena dentro de si, firmada no anseio de ser aceito e amado, se sentir pertencente, conforme os adultos querem, desejam, esperam.

O final dessa linha, neste livro, é a adolescência, fase em que o ser humano passa a ter mais consciência das ausências, dos castigos da infância e de quanto a educação buscou limitar e moldar sua autenticidade e quanto recebeu um amor condicional por seu comportamento. Só que na adolescência temos um impulso de vida, costumamos dizer que é o segundo nascimento de um ser humano, tamanha a relevância dessa etapa; e tal impulso traz a força por ser quem se é, por validar ou não se serei aceito da forma como sou. Observe como o pertencimento caminha ao lado da demonstração da autenticidade.

Ao ler o parágrafo anterior, talvez você me diga: "Bia, amor condicional? Como assim? Amo meu filho incondicionalmente!". Eu sei que você sente que faria tudo por seu filho e percebe isso em seu corpo, porém nem sempre nossas atitudes traduzem o amor dessa maneira.

Quando o nosso amor está intimamente ligado ao comportamento, com a resposta, com a gentileza ou não de nosso filho, estamos falando de um amor condicional, ou seja, sob determinada condição eu amo você; do contrário, não há amor, há castigo, punição, há broncas e sempre mascarados pelo "Faço isso pelo seu bem!". Nessa expectativa da correção que gera um bem maior, ela também ignora a autenticidade ou mostra para o adolescente que ser autêntico, ser quem ele é, merece correção.

Sei que isso pode dar um nó em seus pensamentos e sentimentos; talvez lhe traga até o desejo de pular de página, mas você há de concordar comigo que nós nos sentimos amados quando somos compreendidos, quando há no outro paciência e verdade. Todos nós perdemos a paciência e podemos ser ríspidos ou desrespeitosos com nossos filhos, e o caminho é assumirmos a nossa responsabilidade, nomearmos o nosso erro e não justificarmos que foi em nome do amor. Em nome dele, há barbáries em nosso mundo, infelizmente. Em nome desse sentimento equivocado, não de um amor incondicional, que acolhe, que ampara, que orienta, que conversa, que retoma, que respeita aquele ser por quem se é. Portanto, quem vivencia a autenticidade a reconhece em cada ser com o qual se relaciona.

Um caso prático para estimular a autenticidade

Rebeca (nome fictício de um caso real) é uma adolescente de 14 anos, de classe média alta, que estuda em escola particular. Segundo os pais, ela tem tudo, porém se revolta, enxerga problemas onde não tem, não estuda e não valoriza os investimentos da família.

Quando conheço Rebeca, vejo uma adolescente cheia de vida, mas muito perdida, cansada, querendo se sentir amada por seus pais e buscando nos pares esse amor. Então, envolve-se em muitos relacionamentos abusivos, buscando nos outros meninos adolescentes referência, contorno... A escola? Ela frequenta diariamente, porém pouco consegue aprender, pois seu mundo interno está em turbulência e não consegue acalmá-lo.

Ouvir, dar espaço e orientar os pais na procura por uma conexão, por um respeito à individualidade de Rebeca, foi o caminho que escolhemos percorrer, sem regras prontas, sem críticas às suas escolhas amorosas, mas sempre questionando, mostrando a ela a possibilidade da reflexão sobre as falas, as condutas de seus pares e o que isso refletia nela.

Permitir que a autenticidade de nossos filhos apareça em nosso lar, em nossa sala de aula ou nos ambientes em que temos os adolescentes não é tarefa fácil, mas é encantador você viver dias ao lado de alguém autêntico. Eu diria que é apaixonante!

O grupo ou, em outras palavras, as tribos na adolescência são extremamente comuns e naturais durante esse período, e elas não ferem a autenticidade; pelo contrário, elas auxiliam esse adolescente no expressar ao mundo quem sou. Quantos esportes um adolescente quer fazer? Quantos caminhos ele experimenta? Quantas possibilidades uma festa me traz? Quantos amigos um adolescente tem? Nada disso deve ser reduzido a números de uma mão. Nessa fase se experimenta e muito a vida, e isso é tão autêntico, tão especial de ver e conviver. O nosso controle e o nosso desespero – como pais que pouco puderam vivenciar isso, ou que viveram de maneira desenfreada, pois não tinham adultos responsivos em suas casas – fazem que a gente acione o controle e a ideia de que juventude deve ser controlada, que o adolescente é sem controle, que essa fase da vida assusta, que não possui responsabilidade; e por aí podemos ir para pensamentos muito destrutivos e que pouco nos ajudarão na construção de uma relação respeitosa.

Como promover a autenticidade

Até aqui lhe apresentei um panorama sobre como a autenticidade vai aparecendo e se traduzindo em nosso dia a dia. Nós não deveríamos fazer nada por ela, pois o nosso maior papel é ser contorno, é dar margem aos filhos e confiar no curso desse rio.

Aliás, tenho uma grande professora que diz que podemos pensar na educação dos filhos como eles sendo um rio: nascem iguais a uma nascente, muita terra, muita margem em volta (os pais) e, aos poucos, vão ficando mais caudalosos, porém sempre possuem uma margem, um limite. Na adolescência, esse rio deságua no mar. Uma imensidão, a margem existe, mas não participa de maneira tão ativa, embora confie no processo que foi construído.

Amo pensar no desenvolvimento respeitoso e saudável dessa forma. E confesso que, como profissional que atende adolescentes, vejo isso na prática e sinto pais angustiados, ao verem os rios desaguarem no mar. Se não consigo confiar no que construí, como posso trazer esse olhar, esse apoio ao meu filho agora, de modo que a autenticidade dele esteja presente?

Hoje quero que você se conecte com o que viveu com seu filho na infância, mas que perceba que ainda possui um adolescente aí. Costumamos dizer: "Meu filho já tem 13, 17, 21...". E se mudarmos para: "Meu filho só tem 13, 17 e 21...?". Essa pequena alteração nos revela o quanto a relação com o adolescente está latente e pulsando e como pode ser ainda construída, amparada e fortalecida em laços respeitosos.

A escuta é essencial! Aquela que acontece deixando de lado a moral, os discursos e se entrega em uma troca real, um diálogo entre dois seres autênticos com suas histórias, suas dores, experiências, medos, angústias e anseios. E mais, que me vulnerabiliza, me aproxima do adolescente com o qual convivo e me aproxima do adolescente que fui e que ainda mora em mim.

Acredito ser importante dizer que a moral é constituída dos valores que uma sociedade possui e, portanto, ela é plástica, pode ser alterada, diferentemente da ética, que se mantém com o passar dos tempos.

A fala que critica, traz verdades, controla, ridiculariza e pune distancia o adolescente de mim, de sua autenticidade e do amor incondicional que sentimos por eles. Muitas vezes, nesses momentos a leitura que o adolescente apresenta é de desamor, é de abandono. Minha orientação é que, quando isso aparecer por aí, porque provavelmente acontecerá, você retome, sente-se com seu filho e permita que ele te veja como um ser inteiro, que erra e que busca resolver seus equívocos de maneira honesta e autêntica.

Quando estabeleço escuta, noto o quanto meu filho é autêntico, verdadeiro e consigo compreender seus processos autônomos no adolescente, suas experimentações. Por isso, no próximo capítulo, você poderá ampliar sua visão de como apoiar o jovem nessa construção, como ser ponte nesse processo de adolescer.

Um exercício prático

Quero propor que você pense em alguém autêntico, que pode ser de seu círculo pessoal, familiar ou não. Pode ser um ídolo ou até alguém que você não admira, mas conhece por ser famoso. Busque refletir por cinco minutos quais atitudes essa pessoa tem que chamam atenção pela autenticidade dela, a fim de que perceba que, em nossa sociedade, a autenticidade é muito conectada àqueles que transgrediram regras, que trouxeram o novo, que tiveram discursos chocantes ou que se apresentaram de modo a contrariar a maioria.

Nesse lugar que a autenticidade ocupa, ela se torna perigosa e, talvez, muitos pais queiram distanciá-la de seu adolescente.

Agora proponho que você pense na razão por que a autenticidade precisa dessa força para romper barreiras e para mostrar quem se é.

Penso que talvez pessoas autênticas sentiram que, se não fosse na força e no choque, não teriam espaço de ser e, assim, movimentam a autenticidade em nós.

Como adultos, pais, educadores, será que precisamos controlar nossos filhos a ponto de que a autenticidade venha no grito, na força, na rebeldia? Ou será que podemos construir um caminho juntos, a gente com nossa autenticidade que envolve todo o nosso ser e nossos adolescentes com a deles?

Esse é meu convite. Por isso, sugiro a você, adulto, que:

- Invista no autoconhecimento, uma ferramenta poderosa para descobrir o que há de mais autêntico em si e, assim, permitir que a autenticidade seja vivida pelos adolescentes.
- Escute muito, muito mais seu adolescente, do que ocupe um lugar de fala. Quando nos colocamos como aprendizes, em um lugar de troca, saímos do peso de "ter que ensinar, ter que corrigir..." e nos encontramos no caminho, no diálogo e na autenticidade que o adolescente nos traz.
- Busque auxílio, ajuda se sentir que o caminho está sofrido, solitário ou angustiante. Não perca a oportunidade de criar com seu adolescente um caminho único e autêntico, pois a nossa chance e nosso dia acontecem hoje.

Finalizo minha fala com uma reflexão: será que nós, como adultos, buscamos um lugar de pouca relação com a autenticidade, pois desejamos filhos fáceis de lidar ou será que nós não reconhecemos a nossa própria autenticidade e nos assustamos com a autenticidade deles?

Referência

PERRY, B. D.; WINFREY, O. *O que aconteceu com você? Uma visão sobre trauma, resiliência e cura*. Rio de Janeiro: Sextante, 2022.

AUTODESENVOLVIMENTO E TOMADA DE DECISÃO

Quando a adolescência se aproxima, os pais, os educadores e todos os profissionais que lidam com essa fase logo questionam: "Será que ele saberá fazer boas escolhas?", "Como ficar tranquilo com as decisões do meu filho?". A sociedade tem um olhar extremamente atento e, diríamos exigente, com essa fase da vida, além de nem sempre observar e se atentar aos estudos atualizados em relação ao desenvolvimento humano.

As *soft skills* de autodesenvolvimento e de tomada de decisão caminham próximas e são complementares. Perceber-se no mundo como um ser em desenvolvimento e reconhecer sua necessidade de estar em constante aprimoramento faz que se tome algumas decisões, não apenas externamente, mas também internamente. É um posicionamento diante da vida, uma mudança de olhar e postura.

Nas próximas páginas, as autoras Adriana Cunha e Flávia Moraes trarão, em capítulos distintos, maneiras pelas quais os adultos, os pais e os responsáveis podem apoiar e oferecer oportunidades aos adolescentes para a conquista das *soft skills* autodesenvolvimento e tomada de decisão, permitindo assim que essa geração, quando adulta, seja consciente de seus processos internos e pessoais.

Lucedile Antunes e Beatriz Montenegro

5

AUTODESENVOLVIMENTO

É importante que os pais ajudem os filhos adolescentes na busca da melhoria de seus valores, objetivos e prioridades, o que lhes permitirá fazer escolhas alinhadas com quem são e com o que desejam alcançar, evitando influências negativas ou tomadas de decisão impulsivas. E conhecendo a si mesmos, aumentarão a autoconfiança, aprendendo a reconhecer as próprias forças e fraquezas, para enfrentarem desafios e superarem obstáculos, criando conexões saudáveis em seus relacionamentos e no enfrentamento de pressões sociais durante a adolescência e, posteriormente, na vida adulta.

ADRIANA M. CUNHA

Adriana M. Cunha

Contatos
dricavenceslau@yahoo.com.br
Instagram: adrianacunhacoach
18 98116 0699
18 99640 0966

Mãe dos lindos e amados adolescentes: Luan e Lucas, pelos quais entrego a vida e por isso minha determinação, junto com meu esposo, Lázaro, minha mãe, Luzia, e meu padastro, Agustin (em memória), em ajudá-los na busca e construção do autodesenvolvimento. Fundadora do Instituto Crer & SER Gente e idealizadora do projeto: Adolescer para a Vida e do Programa de Desenvolvimento Pessoal e Inteligência Emocional "Família Amanhecer". Estudante de Psicologia Positiva, com 29 anos de experiência como educadora nas prisões do estado de São Paulo. Formada em Letras, Pedagogia, Psicopedagogia, Docência do Ensino Superior, Educação de Jovens e Adultos. *Coach* pelo IBC, *Kidcoaching* pelo Instituto de Coaching Infantojuvenil. Formação Power Profissional pelo Instituto Eduardo Shinyashiki: *Practitioner* em Programação Neolinguística, *Mentoring* e *Neurocoaching*. Professora e ex-coordenadora pedagógica na ETEC Prof. Milton Gazzetti – Centro Paula Souza. Atua como professora, *coach*, pedagoga, psicopedagoga, mentora, escritora e palestrante.

A adolescência, o mundo 4.0 e o autodesenvolvimento

"Os jovens de hoje não são mais como eram os jovens de antigamente!" O que esta frase te faz pensar?

Atualmente, os adolescentes vivem constantemente conectados e expostos a uma enorme quantidade de informações e interações on-line. Enfrentam grande pressão quanto ao desempenho acadêmico, à escolha de uma carreira e conquista de boas notas e a serem empreendedores, o que resulta em estresse, ansiedade e sobrecarga. Isso tudo pode levar a problemas com *bullying* e *cyberbullying*, baixa autoestima, insegurança, pressão social, depressão, comparação excessiva, falta de privacidade e dependência tecnológica.

Segundo a Organização Mundial de Saúde (OMS), os problemas de saúde mental são cada vez mais comuns nessa faixa etária. A busca por aceitação social, a exposição a conteúdos negativos nas mídias sociais, comparar-se com os outros e a falta de habilidades de enfrentamento podem contribuir para que os adolescentes percam o referencial e a essência de quem são e passem a "ser aquilo" que a sociedade, a família, a mídia e os professores desejam.

Adolescer é a fase da contestação, mas também da construção, em que os jovens estão em busca de sua identidade e procuram encontrar seu lugar no mundo. Eles enfrentam questões relacionadas à formação de identidade, à sexualidade, à orientação vocacional e ao pertencimento a grupos sociais. Precisam lidar com questões diversas: inclusão, sucesso, igualdade de gênero e conscientização sobre questões sociais importantes. Essas mudanças podem ser desafiadoras, exigindo que eles se adaptem e compreendam o mundo ao seu redor.

O suporte emocional, o desenvolvimento de habilidades de enfrentamento, a promoção da saúde mental e o incentivo ao diálogo aberto e honesto são fundamentais para ajudá-los a navegar pelo mundo moderno de maneira saudável e bem-sucedida.

Diariamente, presencio jovens em sala de aula com crise de ansiedade. Para piorar essa situação, expectativas acadêmicas, profissionais e sociais podem ser avassaladoras e levar a uma sensação de insegurança e medo de decepcionar os outros; e a falta de apoio emocional em seu ambiente familiar, escolar ou social afasta cada vez mais esse adolescente de si mesmo.

A importância do autodesenvolvimento na adolescência

Desenvolver a *soft skill* do autodesenvolvimento na adolescência permite que o jovem tome decisões alinhadas com seus valores e metas pessoais. Também ajuda a melhorar os relacionamentos, por meio de uma compreensão mais clara quanto às próprias necessidades, ajudando a se comunicar de modo mais eficaz com os outros. Além disso, o autodesenvolvimento é um componente-chave do crescimento pessoal e do desenvolvimento contínuo.

O momento das incertezas e das contradições

A preocupação em comparar-se com os padrões de beleza estabelecidos pela sociedade pode levar o adolescente a se sentir inseguro em relação a corpo, rosto, peso, altura, acne etc. A insegurança quanto à popularidade, aos relacionamentos familiares e com seus pares, às relações amorosas e a ser suficientemente inteligente e bem-sucedido pode gerar inúmeros conflitos, pois, durante a adolescência, os jovens estão em processo de formação de identidade. A pressão para se encaixar em grupos sociais pode tornar difícil para eles expressarem sua verdadeira identidade e autenticidade.

Uma reflexão para os pais

Pais: encontrem um equilíbrio saudável entre apoiar seus filhos e permitir que eles assumam responsabilidades e desafios adequados à sua idade e desenvolvimento. Encorajar a autonomia, a responsabilidade pessoal, a tomada de decisão e a autorreflexão ajudará a construir uma base sólida para o autodesenvolvimento e a autonomia.

Quando fazem tudo pelos filhos, eles podem acabar impedindo o desenvolvimento do autodesenvolvimento e da segurança, gerando sérias dificuldades para os jovens.

1. **Falta de autonomia:** a autonomia é fundamental para o desenvolvimento do autodesenvolvimento, pois permite que as crianças e adolescentes experimentem e descubram as próprias habilidades, preferências e limitações.
2. **Ausência de responsabilidade:** pais que assumem todas as responsabilidades impedem que os jovens lidem com as consequências de suas escolhas e ações erradas. Isso pode levar a uma falta de responsabilidade pessoal e uma falta de compreensão sobre como suas escolhas afetam a si mesmos e aos outros.
3. **Baixa autoestima:** quando o jovem não tem a oportunidade de enfrentar desafios, superar obstáculos e desenvolver habilidades próprias, sua autoestima pode ser prejudicada. O autodesenvolvimento saudável envolve a construção de uma autoimagem positiva e confiança nas próprias habilidades.
4. **Falta de autorreflexão:** a autorreflexão é uma parte essencial do autodesenvolvimento. Quando os pais fazem tudo pelos filhos, eles podem não incentivar a autorreflexão, a introspecção e a compreensão das próprias emoções, pensamentos e valores. Essa falta de introspecção faz com que o adolescente seja incapaz de lidar com frustrações e o medo na hora em que ele não tem mais "o papaizinho e a mamãezinha" ao lado; no momento de dificuldade, ele acaba desenvolvendo síndromes, depressão, se mutila e pode chegar até mesmo ao suicídio por não aguentar a "dor" de não saber quem é.
5. **Dependência dos outros:** quando não se tem a oportunidade de resolver problemas por si mesmo, pode se tornar dependente dos outros para obter soluções. Isso pode limitar sua capacidade de se conhecer, confiar em si e enfrentar desafios de modo independente e, muitas vezes, acaba se envolvendo em relacionamentos passionais, tóxicos e adoecidos.

Sugiro aqui a leitura do capítulo "Tomada de decisão", da amiga e escritora Flávia Moraes, que reflete a importância de os pais ajudarem os adolescentes a desenvolverem a capacidade de tomar boas decisões, sendo pais mais participativos, empáticos e afetuosos, o que muitas vezes é confundido com a necessidade de controlar e resolver tudo pelos filhos.

Temos em nossa casa dois adolescentes: Luan (16 anos) e Lucas (12 anos) e em família (meu marido, minha mãe e eu) formamos uma parceria para administrar nosso desejo de sair realizando tudo por eles, ou de fazermos escolhas que fiquem mais fáceis para eles, mas que, na verdade, os prejudicam em suas tomadas de decisões e construção de responsabilidades simples como arrumar a própria cama, organização do guarda-roupa e materiais da escola, administração da "mesada", ajuda com afazeres da casa e cuidados com nosso cachorrinho Whisky para colocação de ração ou para levá-lo para passear. Parecem coisas simples, não é? Mas quando tiramos essas atribuições de nossos filhos, não damos a eles o direito ao erro e ao crescimento pessoal dentro de nossas próprias casas.

A parceria família e escola

Inseguranças são normais e fazem parte do processo de crescimento e desenvolvimento dos adolescentes. É importante que os pais, educadores e profissionais de saúde estejam atentos a essas preocupações e forneçam um ambiente de apoio e encorajamento. O incentivo ao diálogo aberto, o fornecimento de orientação e a promoção de uma cultura de aceitação e valorização da individualidade podem ajudar a mitigar essas inseguranças e promover o crescimento saudável deles. A seguir, algumas sugestões:

1. Capacitação e formação: professores e pais podem se beneficiar de programas de capacitação e formação sobre desenvolvimento socioemocional, inteligência emocional e autodesenvolvimento. Cursos e livros sobre *soft skills* fornecem conhecimentos, estratégias e recursos.

2. Colaboração entre escola e família: é essencial estabelecer uma parceria entre professores e pais para impulsionar o autodesenvolvimento dos adolescentes. Compartilhar informações, estratégias e recursos pode fortalecer a abordagem educacional e criar consistência entre os ambientes escolar e familiar.

3. Busca por especialistas: professores e pais podem buscar a orientação de especialistas, como psicólogos, orientadores educacionais, *coachs* e terapeutas, que têm conhecimentos e habilidades específicas nesse campo.

4. Cultivo de um ambiente de confiança: professores e pais podem criar um ambiente de confiança, aberto ao diálogo e à expressão de emoções e pensamentos dos adolescentes. Isso envolve ouvir atentamente, mostrar empatia e validar as experiências dos adolescentes, incentivando-os a se conhecerem melhor.

5. Exemplo pessoal: professores e pais também podem servir como modelos positivos de autodesenvolvimento. Eles podem compartilhar as próprias experiências de autorreflexão, tomada de decisão e crescimento pessoal, demonstrando aos adolescentes a importância e os benefícios do autodesenvolvimento.

O significado do autodesenvolvimento na adolescência

Nesse período de mistura de emoções e estresse, o autodesenvolvimento ajuda os adolescentes a reconhecerem, compreenderem e gerenciarem as emoções de modo saudável. Eles podem identificar gatilhos emocionais, elaborar estratégias de enfrentamento adequadas e buscar apoio quando necessário.

Estabelecer relacionamentos saudáveis e significativos permite que os adolescentes se conheçam melhor e sejam capazes de comunicar suas necessidades, seus limites e seus desejos de maneira clara. Isso os ajuda a construir relacionamentos mais autênticos, empáticos e respeitosos com os outros, porque, quando têm um entendimento claro das próprias qualidades, pontos fortes e áreas de melhoria, eles podem mostrar uma imagem positiva de si mesmos e confiar em suas habilidades para enfrentar desafios.

O autodesenvolvimento é um processo contínuo de crescimento pessoal. À medida que os adolescentes se conhecem melhor, eles podem buscar oportunidades de aprendizado, autodesenvolvimento e autotransformação. Isso os capacita a alcançar seu potencial máximo e construir uma vida significativa e satisfatória.

Aprendendo a entender a si mesmo

Existem várias maneiras de praticar o autodesenvolvimento:

- **Autorreflexão:** reservando um tempo regularmente para refletir sobre experiências, emoções e pensamentos.
- **Autoquestionamento:** faça perguntas profundas a si mesmo para explorar valores, paixões, interesses e objetivos de vida.
- **Busca de *feedback*:** peça *feedback* honesto e construtivo de pessoas em quem você confia, como amigos próximos, familiares ou mentores. Eles podem fornecer perspectivas diferentes e *insights* sobre características e comportamentos que você pode não ter percebido.
- **Prática de meditação:** a atenção plena é uma técnica que envolve estar presente no momento atual e observar conscientemente pensamentos, emoções e sensações. Praticar *mindfulness* pode ajudar a aumentar a consciência de si mesmo.
- **Busca por novas experiências:** experimente coisas novas, conheça pessoas e lugares; desafie-se e explore diferentes áreas de sua vida.

Precisamos aprender a ter calma e paciência. Mudar requer tempo, reflexão e sentido. O autodesenvolvimento é um processo contínuo e pode levar tempo. Jovem: não tenha pressa! À medida que você se conhecer melhor, poderá tomar decisões mais alinhadas com quem realmente é e criar uma vida mais satisfatória e autêntica.

Olhar para dentro de si e aceitar quem você é fortalece e prepara seu interior para a escolha de seu propósito de vida. A aceitação de si é o início de sua mudança e o início de uma nova jornada de vida.

A autorreflexão ajuda a trazer clareza sobre quem você é e o que é importante para si.

Esteja aberto a aprender com suas experiências, identificando o que funcionou bem e o que pode ser melhorado. Isso o ajudará a entender melhor preferências, reações e necessidades. Conecte-se com seus verdadeiros interesses e busque desenvolver maior compreensão de si mesmo, melhore sua espiritualidade, observe suas emoções sem julgamento e tente entender as mensagens que elas estão transmitindo.

Pais e filhos, fechem os olhos e meditem:

> *Seja gentil com você mesmo. Aprenda a se amar, a perdoar a si mesmo, pois só quando temos uma atitude correta com nós mesmos é que podemos ter a atitude correta com os outros.*
> WILFRED PETERSON

À medida que vocês se conhecerem melhor, poderão tomar decisões mais alinhadas com suas autenticidades, encontrarão um sentido de propósito com uma vida mais satisfatória e feliz. Permitam-se encontrar o que há de melhor dentro de si! Tenham coragem para começar! Você é único...

Referências

BROWN, B. *A coragem de ser imperfeito*. Rio de Janeiro: Sextante, 2013.

CAMPBELL, J. *O herói de mil faces*. São Paulo: Pensamento, 1989.

DIVERTIDA mente. Direção: Pete Docter. Disney/Pixar, 2015. 95 min.

FRANK, A. *O diário de Anne Frank*. Rio de Janeiro: Record, 1995.

GOLEMAN, D. *Inteligência emocional: a teoria revolucionária que redefine o que é ser inteligente*. Rio de Janeiro: Objetiva, 2001.

PALACIO, R. J. *Extraordinário*. Rio de Janeiro: Intrínseca, 2013.

6

TOMADA DE DECISÃO

Vamos discutir, neste capítulo, a importância de desenvolver a capacidade, nos adolescentes, de tomar boas decisões, sendo pais mais participativos, empáticos e afetuosos, o que muitas vezes é confundido com a necessidade de controlar e resolver tudo pelos filhos.

FLÁVIA MORAES

Flávia Moraes

Contatos
flaviacastroesilva@gmail.com
LinkedIn: Flavia Moraes
21 98775 2605

Professora, economista e escritora com significativa experiência na área de gestão educacional. Foi sócio-diretora da escola Os Batutinhas – Barra, diretora de *data science* da edtech Voa Educação, gerente pedagógica do Grupo Cogna e gerente de desenvolvimento acadêmico do Instituto Brasileiro de Mercado de Capitais (IBMEC) e Idomed, no grupo YDUQS. É autora dos livros *Omnus* e *O vírus*. Mãe de três filhos – Joana, Tomás e Daniel – grandes agentes de transformação de uma jornada de mais de dez anos como economista e cientista de dados, com passagens pelo Departamento de Estatística de Berkeley, Banco Mundial e BNDES, para uma linda trajetória pelo mundo da educação, com ênfase no desenvolvimento das competências socioemocionais.

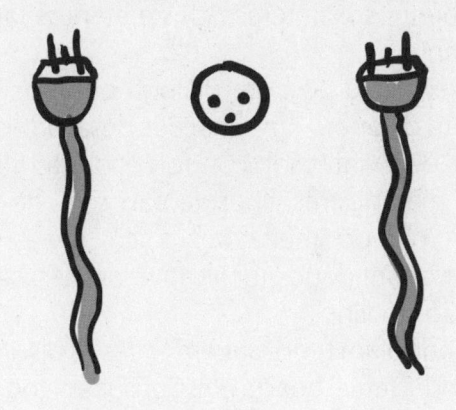

Participação ou controle?

Se você faz parte de um grupo de WhatsApp de escola, provavelmente já se deparou com situações desse tipo inúmeras vezes. Possivelmente, todos os dias você visualiza mensagens de pais perguntando: "Qual é o dever de casa?", "Qual é a matéria da prova?", "Qual é a data de entrega do trabalho valendo nota?", "Cartolina tem que ser colorida ou pode ser branca?".

Mas, afinal, que mal teria a mãe ou o pai "participarem" da educação de seu filho? Não seria correto que pais que se preocupam com os filhos queiram "participar" do processo de aprendizagem, acompanhando as tarefas cotidianas.

Para responder a essa pergunta, precisamos primeiramente entender a diferença entre participar e controlar. Pais participativos demonstram interesse pelos estudos do filho, mostram-se abertos a dúvidas e atentos para perceberem se tem algo incomum acontecendo que mereça atenção especial como, por exemplo, falta de motivação para ir à escola ou até mesmo tristeza.

É especialmente importante buscar entender mudanças repentinas de comportamento. Vários podem ser os motivos: dificuldades acadêmicas, problemas de relacionamento com o professor ou o tão temido *bullying* de outros colegas. Em qualquer um dos casos, pode ser que a criança não saiba como se expressar adequadamente.

Portanto, pais afetuosos, interessados e atentos farão toda diferença nesse momento.

Contudo, o exercício do bom diálogo entre pais e filhos e a demonstração clara de apoio em situações desafiadoras nada tem a ver com o exercício de manter sob controle todas as atividades e tarefas dos filhos. Sou mãe de três filhos, já participei de vários grupos de mães e confesso que por muitas vezes fico com a nítida sensação de que existe uma quantidade significativa de pessoas que realmente vivem em função do filho.

Essas mães controlam tudo. Sabem todas as disciplinas do primeiro tempo de segunda, terça, quarta etc. Consultam todos os dias a agenda dos filhos para saber que material devem levar no dia seguinte e quais são as listas de exercícios. Sabem de cabeça os dias da prova e não para por aí. Sabem o dia e até mesmo a hora que as notas serão lançadas no sistema. Ou seja, contam literalmente os minutos para saber quanto os filhos tiraram.

Mas, afinal, qual é o problema de um pai ou uma mãe perguntar no grupo de WhatsApp qual é o dever de casa de amanhã? Obviamente, se isso for algo pontual, não há problema algum. No entanto, em muitos casos, não é. É recorrente. E aí o problema é enorme. Vou responder por que esse tipo de atitude é tão problemática com uma pergunta: "Qual é o problema de o filho não entregar o dever de casa?".

A ansiedade de muitos pais pelo "sucesso" acadêmico dos filhos os leva a acreditar em uma medida muito limitada de sucesso, que é a média final no boletim em si. Dependendo do rigor da família, sucesso seriam notas acima de 8,0. Para outros, só vale a pena se for 10. Mas será que essa nota isoladamente é mesmo capaz de medir o aprendizado da criança ou adolescente e sua prontidão para ir para a faculdade?

Penso que não. Precisamos levar em consideração sim o como. Como esses resultados foram alcançados? Qual é o tamanho efetivamente na condução desse processo? Quanto do processo na prática foi um resultado do esforço dos pais e não do filho?

Não permitir ao filho que erre, se engane, se esqueça e, eventualmente, até tire uma nota baixa, é um grande desserviço que esses pais controladores estão fazendo. Estão, sem querer, limitando e, muito, o desenvolvimento de habilidades cognitivas e não cognitivas.

É preciso entender, em definitivo, que as crianças e os adolescentes estão na escola para a-pren-der! Como alguém vai aprender a planejar seu tempo e organizar seus materiais se os pais nem lhe permitem errar, esquecer, atrasar? Antes que isso aconteça, os pais "participativos" já olharam a agenda e já convocaram os filhos para se sentarem a seu lado na mesa de estudo para fazerem juntos o dever de Matemática. No fundo, sem perceber, esses pais não gostam nem de trabalhar com a hipótese de falha de o filho perder ponto. E se deixássemos perder 1 ponto? Será que ele continuaria a esquecer todos os dias? Ou será que ele poderia aprimorar seu pensamento crítico a fim de criar estratégias para não esquecer mais e não perder ponto?

Vale a pena se perguntar a mais famosa das perguntas retóricas de todos os tempos: quem vem primeiro? O ovo ou a galinha? A mãe tem que perguntar todos os dias no grupo de WhatsApp qual é o dever de casa porque o filho nunca anota? Ou o filho nunca anota porque a mãe pergunta todos os dias no grupo de WhatsApp qual é o dever de casa?

O processo de tomada de decisão

O processo de tomada de decisão precisa ser encarado pelos pais como uma competência a ser desenvolvida. É natural supor que, para que alguém possa vir a tocar bem o violino, precisará de horas de prática que vão se acumulando ao longo do tempo até que a pessoa possa ser considerada boa naquela competência. Com a tomada de decisão, não haveria de ser diferente.

Em seu livro *Outliers* ("Fora de série", na tradução para português), Malcolm Gladwell fala sobre os fatores que levam uma pessoa a se tornar um *outlier* em uma atividade. Ele faz um estudo de caso do sucesso dos Beatles, passando por grandes atletas de diferentes modalidades. O que eles têm em comum? Dez mil horas de prática. Ou seja, o domínio de uma competência – seja ela intelectual, física ou musical – passa por dedicação, consistência e muitas horas de prática.

Seguindo nessa linha de raciocínio, podemos considerar que se um adolescente dedicar 5 minutos por dia para praticar uma determinada competência, dos 12 aos 18 anos de idade, ele poderia ser considerado um *expert* no assunto e ter desempenhos extraordinários dentro da competência escolhida. Em outras palavras, podemos pensar nessa fase da adolescência como um período para promover o autodesenvolvimento do jovem a fim de que possa chegar à idade adulta dominando a capacidade de tomar boas decisões.

De fato, por volta dos 18 anos de idade, espera-se que os adolescentes comecem a tomar decisões importantes. Momento que tipicamente estão concluindo a escola e ingressando na faculdade. Nessa fase de transição, os jovens são chamados a escolherem o curso e a instituição onde querem estudar, por exemplo. Decisões importantes acerca de relacionamentos, sexo, bebidas e drogas também costumam estar presentes nessa fase da vida.

Como podemos prepará-los para esse momento? Como saber se estarão prontos para tomar boas decisões? Os filhos deverão ingressar em novos grupos sociais e conviver com pessoas a quem não temos mais acesso e cujas histórias desconhecemos. Pessoas que, segundo muitos estudos científicos, terão mais influência sobre seu filho do que você. Parece que permitir que façam pequenas escolhas ao longo da adolescência é o único caminho. Desde que sejam decisões que não ofereçam risco à saúde, é fundamental dar-lhes essa oportunidade.

O que seriam pequenas escolhas? Escolhas sobre organização do espaço, sobre planejamento de estudos, sobre horas de lazer e de descanso. Isso significa permitir que façam o que quiserem? Isso significa deixar de supervisionar? A resposta é não. Segundo os neurocientistas, o córtex pré-frontal – responsável pelas funções de planejamento e tomada de decisão do cérebro – só está maduro a partir dos 25 anos de idade. Por essa razão, existem psicólogos e pedagogos que trabalham com o conceito de que a adolescência vai até os 25 anos. Então, não podemos negligenciar nossos filhos e contar que cabe a eles sozinhos decidir quantas horas ficarão no celular e que horas vão dormir. O excesso de tela e a abstinência do sono são altamente prejudiciais à saúde e ao desenvolvimento dos adolescentes.

Mas deixá-los experimentar pouco a pouco as oportunidades de decidir sobre as tarefas escolares, atividades extracurriculares, interação com irmãos ou colegas pode realmente ser uma grande prática diária para chegarmos às 10.000 horas de aperfeiçoamento. Note que $(1)^{365} = 1$. Por sua vez, $(1,01)^{365} = 37,7$. Isso significa que 1% a mais de esforço diário pode entregar um resultado 37 vezes maior ao final de um ano do que aquele de quem não mudou nada. Então, não permita que seu filho ingresse na faculdade com a mesma capacidade de tomada de decisão que quando entrou no primeiro ano do Ensino Fundamental. Isso pode acontecer às custas de notas levemente inferiores. Mas vale muito a pena. A capacidade de tomar boas decisões será muito mais relevante para a vida pessoal e profissional de seu filho do que aquele 10 em História.

Em resumo, supervisionar, cuidar, acolher, demonstrar interesse e oferecer apoio são todas atitudes admiráveis e verdadeiros atos de amor e carinho, mas não devem ser confundidos jamais com atitudes controladoras de quem faz pelos filhos. Lembre-se de que tudo o que você faz por seu filho que ele já seria capaz de fazer está limitando seu autodesenvolvimento, também impedindo que venha a ser um *expert* na habilidade de tomar boas decisões.

Conclusão

A seguir, destaco os principais pontos para reflexão:

- Sejam um pai e uma mãe verdadeiramente participativos e não controladores.
- Pensem criticamente sobre os conceitos de aprendizagem e de sucesso acadêmico.
- Não tenham tanto medo de errar, muito menos de que seu filho erre.
- Com 10.000 horas de prática, seu filho pode se tornar um expert na competência que desejar.
- Tomar decisões é uma competência e como tal pode ser desenvolvida ao longo da adolescência.
- $(1)^{365} = 1$, enquanto $(1,01)^{365} = 37,7$.

Referências

BIDDULPH, S. *Criando meninos: para pais e mães de verdade*. Curitiba: Fundamento, 2014.

DUCKWORTH, A. *Garra: o poder da paixão e da perseverança*. Rio de Janeiro: Intrínseca, 2016.

DWECK, C. S.; DUARTE, S. *Mindset: a nova psicologia do sucesso*. Rio de Janeiro: Objetiva, 2017.

GLADWELL, M. *Outliers: The Story of Sucess.* Nova York: Back Bay Books, 2011.

GOLEMAN, D. *Inteligência emocional: a teoria revolucionária que redefine o que é ser inteligente.* Rio de Janeiro: Objetiva, 2001.

HARTLEY, E. *Educando e elogiando meninas.* Rio de Janeiro: Grupo Editorial Record, 2007a.

HIRSH-PASEK, K.; GOLINKOFF, R. M.; EYER, D. E. *Einstein teve tempo para brincar.* Rio de Janeiro: Guarda-Chuva, 2006.

SIEGEL, D. J.; BRYSON, T. P. *O cérebro da criança.* São Paulo: nVersos, 2015.

TIBA, I. *Quem ama, educa.* 2.ed. São Paulo: Gente, 2002.

ATITUDE DE CRESCIMENTO E CORAGEM

Nossa postura perante a vida, nossa busca pela felicidade e pelo êxito na carreira, nosso contato com os amigos, enfim tudo o que nos cerca são escolhas que fazemos. Desenvolver atitude de crescimento para o sucesso pessoal está intimamente relacionado com a segurança de poder SER livremente. Essas atitudes falam de quem somos e do quanto aceitamos ser assim ou queremos nos "encaixar" em busca de aceitação familiar ou social.

Pesquisas realizadas pela Gupy apontam que a atitude de crescimento é uma das *soft skills* mais valorizadas pelo mercado de trabalho. Desde a infância, passando pela adolescência, precisamos compreender que não é apenas uma questão de mentalidade, mas sim de conexão entre cuidadores e adolescentes, para que, por meio de relações de apego seguro, eles se sintam livres a fim de exercer sua autenticidade, explorar suas potencialidades e buscar realizações. Só se permite crescer e conquistar quem tem tranquilidade de ter um porto seguro para voltar.

A coragem é a capacidade de enfrentarmos situações, a partir do reconhecimento de que o medo faz parte da vida. Na adolescência, questionar faz parte da vida e, nesse processo, momentos de medo e coragem são vivenciados. Como pais e educadores, temos um importante papel de apoiar os jovens a transitarem por essa maravilhosa experiência em busca de sua melhor versão. Vivenciar e experimentar a coragem na adolescência, sabendo que sempre há para onde voltar, que os pais ou responsáveis sempre estarão lá, nos garante na fase adulta...

A CORAGEM de ser quem se é...

A CORAGEM de assumir aquilo que se deseja, mesmo que não agrade a maioria...

A CORAGEM de honrar nossa história, com seus acertos e erros...

A CORAGEM de acessar nossos desejos mais genuínos para vivermos nosso propósito...

A CORAGEM de assumir o que deseja transformar...

A CORAGEM de ressignificar algumas coisas e buscar leveza.

Assim, nos próximos capítulos, Carolina Lopes e Cíntia Sayd falarão sobre essas *soft skills*, permitindo que você possa incentivar e empoderar os adolescentes a desenvolverem a coragem e a atitude de crescimento.

Lucedile Antunes e Beatriz Montenegro

7

ATITUDE DE CRESCIMENTO

Só se permite crescer, planejar e realizar quem tem segurança de um porto seguro para voltar. A atitude de crescimento está relacionada à segurança de poder SER de maneira autêntica e corajosa. Fortalecendo as relações de apego seguro, os adolescentes se sentirão livres para exercer sua autenticidade e desenvolver o senso de urgência necessário para explorar suas potencialidades.

CAROLINA LOPES

Carolina Lopes

Contatos
carolina.rslopes@hotmail.com
Instagram: @carolinarslopes
31 98471 4590

Mãe da Hannah e natural de Belo Horizonte/MG. Trabalha como terapeuta em biografia humana, trauma e educadora parental com ênfase em apego seguro. Especialista em infância e adolescência. É advogada e pós-graduada em Gestão de Negócios, com atuação corporativa na indústria, no comércio e na prestação de serviços. Após o nascimento da Hannah, em 2017, sentiu o dever de se educar emocionalmente para conseguir lidar com os estímulos intensos vivenciados no seu maternar. Criar conexão e renunciar ao controle são dificuldades suas que ainda a convidam para olhar com consciência para seus automáticos e para as necessidades da sua filha. Por meio da autoeducação e da busca por sua autenticidade, descobriu uma nova profissão, disposição e desejo de acompanhar famílias que enfrentam desafios semelhantes.

Atitude de crescimento e apego seguro

A atitude de crescimento tem relação direta com a capacidade de agir de modo diligente e assertivo a fim de se tornar mais autêntico, integrando razão e emoção. Está ligada ao senso de agência, que é a habilidade de agir e gerar efeitos no mundo. Quando temos essa habilidade aprimorada, assumimos a responsabilidade de construir o presente de maneira mais proativa. Conseguimos traçar e alcançar objetivos, planos e metas com mais intencionalidade e estabelecer novos hábitos e padrões de comportamento mais alinhados com nossos próprios desejos e necessidades.

Essa *soft skill* só é desenvolvida com acolhimento e corregulação. Para crescer, é preciso ser. É imprescindível liberar crianças e adolescentes para exercerem sua autenticidade. O melhor caminho para isso é oferecer o amor incondicional e permitir que sejam quem nasceram para ser, sem medo de perder o amor de seus adultos cuidadores. A independência somente é construída a partir de relações de apego seguro, em que se sintam livres para serem autênticos.

A resiliência e o senso de agência na vida adulta estão relacionados às relações de apego seguro e corregulação vividas nos primeiros anos. No entanto, ainda que a experiência de apego tenha sido do tipo inseguro, os adultos cuidadores podem criar conexões para fortalecer o apego seguro ao longo da vida, de modo a preencher lacunas de desenvolvimento emocional e tratar traumas relacionados a eventos adversos.

A teoria do apego seguro, concebida por Bowlby (1990), enfatizou a importância de se ter um adulto atento e responsivo às necessidades da criança. Manter ativas práticas parentais por costume pode ser violento, caso elas não estejam voltadas a atender o que as crianças e os adolescentes carecem.

A angústia e a frustração cotidiana nos fazem querer mudar, alterar o presente e elaborar projetos para o futuro, desde que tenhamos segurança de que não seremos rejeitados por simplesmente sermos quem somos. Essa vontade de crescer, de realizar mais e melhor vem naturalmente com o amadurecimento de nosso sistema nervoso. Porém, como diz Laura Gutman (2021), vivemos em uma sociedade adultocêntrica, com regras definidas pelo poder, comandada pelo temor da punição e exclusão se não nos submetermos às ordens sociais. Os mais fracos se subordinam por medo e, inconscientemente, preferem renunciar à sua essência para a manutenção do vínculo.

Gabor Maté e Daniel Maté (2022) descrevem que os seres humanos nascem com duas necessidades básicas, que podem ser desdobradas em várias outras. A primeira é de pertencimento. O bebê humano é o mamífero que nasce mais vulnerável. Sem o acolhimento de um adulto, ele morre. Nascemos sem autonomia para nada. Precisamos ser cuidados física e emocionalmente durante anos para continuar existindo.

A segunda necessidade básica, segundo esses autores, é de autenticidade. Cada ser humano nasce com características próprias, com necessidades, emoções e pensamentos únicos. Entretanto, considerando a fragilidade ao nascer, somente exerce a autenticidade caso esteja confiante, se sinta pertencente a um grupo, tenha uma relação de apego seguro com um cuidador responsivo.

Dessa relação vem a base para que o adolescente construa sua identidade e consiga praticar sua autenticidade sem se preocupar com os perigos do mundo. Mas vivemos em uma sociedade focada nas exigências do adulto. Usamos a força para definir as regras conforme o que nos é mais confortável. Não pensamos nas demandas alheias. Escolhemos tudo de acordo com o que nos convém.

Como regra geral, as decisões na criação tradicional de filhos são tomadas pelos adultos. Ainda que justifiquemos as escolhas para o bem da criança, tudo é definido tendo como alicerce a ideia do adulto do que é melhor para a criança e para si mesmo. Nem sempre isso está em sintonia com as necessidades reais da criança ou do adolescente. Muitas vezes, essas escolhas são firmadas em crenças que não condizem com a realidade e que se chocam com o que a Neurociência traz sobre a real exigência biológica e neurológica de apego seguro, cuidado e socialização. Ignoramos as consequências danosas e traumatizantes dos eventos adversos na infância e na adolescência. O que acontece na infância tem impacto direto na adolescência e na vida adulta.

Todo adolescente precisa se sentir seguro e corregulado para conseguir ir para o mundo, para se sentir encorajado a explorar e experimentar. Quando se sente em perigo, sem o apoio de uma figura de apego seguro, ele se fecha à socialização, ativa modos de autopreservação de luta, fuga ou congelamento. Esses mecanismos de sobrevivência repercutem durante sua trajetória e o impedem de atuar naturalmente, explorando, demonstrando sua curiosidade e planejando a vida.

João, um jovem adulto de 22 anos, filho de pais divorciados na infância, sempre foi aquele que não deu trabalho, renunciou à sua autenticidade para tentar se sentir amado. Excelente estudante, passou no vestibular de uma profissão tradicional e começou a trabalhar ainda durante a faculdade. Porém, nunca demonstrou prazer em nada. Reprimiu seus desejos e cumpriu à risca o que achava que devia fazer para agradar aos pais. Hoje, apresenta sinais de depressão e insatisfação com a vida. Tem crises emocionais revelando insegurança de executar as tarefas cotidianas, como usar transporte público, escolher a própria roupa ou permanecer no emprego. Ele está desconectado de suas emoções. A família vem agindo para resgatar a relação de apego seguro com João, proporcionando condições para que ele se expresse, se conecte com suas necessidades e desejos. Aos poucos, ele passou a se engajar mais socialmente e a planejar um futuro mais prazeroso e relacionado com o que sonha ter.

Para que o adolescente se sinta capaz de socializar e aprender, em qualquer ambiente, precisa de apoio, acolhimento e corregulação de um adulto responsivo, preferencialmente de sua figura de apego principal. Segundo Van der Kolk (2020), desenvolver relacionamentos seguros e protetores é crucial para evitar que as crianças e adolescentes enfrentem problemas a longo prazo.

Quando são criados vínculos de apego seguro, o adolescente se mantém vivendo no presente, sem que seu cérebro precise ativar os mecanismos de luta, fuga ou congelamento. Com níveis saudáveis de cortisol e noradrenalina no corpo, é possível relaxar para aprender, conviver e ir para o mundo explorar, planejar e criar.

Renata, uma adolescente de 15 anos, filha de pais conscientes, consegue se expressar com autenticidade. Verbaliza suas necessidades, define objetivos pessoais e sociais, traça planos para conquistar suas metas. Manifesta seus desejos e reivindica que sejam atendidos. Negocia concessões sem renunciar à sua integridade pelo outro. Ela ainda está aprimorando suas habilidades sociais e apresenta dificuldades em se expor para novos grupos. À medida que os pais trabalham seus desafios, conseguem demonstrar mais amor e veem o ser perfeito que é Renata, ela também demonstra confiar em si mesma, em suas capacidades para conquistar seus objetivos e começar a atender às próprias demandas. Quanto menos eles tentam mudá-la, mais confortável ela fica em ser quem é. Mais segura ela se torna para crescer, sair, conquistar e permanecer pertencendo à sua família. Com a segurança de poder sair e voltar, ela consegue explorar e criar fora todas as oportunidades que sonha dentro.

Trauma e reconexão

Segundo Porges (2022), o trauma é uma quebra crônica na conexão. Não é o evento em si, por mais horrível que seja, é o que o evento causa internamente em cada pessoa. Ele é a dor emocional decorrente de algo que aconteceu ou faltou e que fica registrada em uma memória de longuíssimo prazo. Alguém que foi sistematicamente negligenciado, reprimido ou repreendido, a ponto de se distanciar das próprias necessidades, pode ser uma pessoa com comportamentos relacionados ao trauma vivido. Pessoas que não conseguem se manter no presente, que estão sempre revivendo o passado ou com medo do futuro.

Quando conseguimos construir uma relação de apego seguro, a forma como o adolescente lida com o evento traumático muda. Ele encontra apoio e regulação emocional para vivenciar e superar a dor. Continua sendo assoberbado pelo estresse traumático, porém consegue aliviar essa sobrecarga, por meio da corregulação vinda das relações de apego seguro.

Adolescentes que desenvolveram apego inseguro com seus cuidadores, especialmente nos primeiros anos da infância, apresentam mais comportamentos decorrentes do trauma e têm mais dificuldade de traçar objetivos, metas e projetar planos para o futuro. Precisam de mais corregulação.

Pessoas não traumatizadas sentem naturalmente curiosidade e vontade de explorar o mundo. Pessoas traumatizadas sentem medo, estagnação e paralisia. Ficam hipervigilantes e adotam posturas de autopreservação. As áreas do cérebro envolvidas em relações de engajamento social são menos desenvolvidas e ativadas. O trauma danifica o cérebro.

Maria é uma adolescente de 12 anos que foi entregue para adoção ao nascer e viveu abrigada por três anos até ser adotada. Durante os primeiros anos, não teve uma figura de apego seguro. Foi deixada chorando no berço, não teve suas necessidades emocionais atendidas, não foi corregulada e não se sentiu amada. Em suma, não foi vista nem sentida. Aprendeu a renunciar à própria identidade para ser minimamente atendida em suas necessidades físicas. Ao chegar à nova família, Maria era uma criança quieta, que não reivindicava, não solicitava e se submetia às violências sem protestar. Aos poucos, à medida que recebia amor, acolhimento e regulação emocional e construía uma relação de apego seguro com seus pais, ela começou a explorar e se encorajar para querer crescer. Maria ainda apresenta comportamentos que comunicam toda a falta sofrida nos primeiros anos de vida. Ela tem características de hipervigilância e impulsividade, se coloca em situações de risco para pertencer ao grupo e tem dificuldade de perceber seus desejos. Muitos desses comportamentos são comuns nos adolescentes. Porém, em pessoas que não tiveram relações de apego seguro ou que sofreram traumas na infância, essas atitudes são mais aguçadas. Maria já consegue expressar suas necessidades, verbaliza seus sonhos e constrói objetivos. Com a confiança no amor de seus pais, é capaz de traçar metas e planejar seu desenvolvimento pessoal.

Somos seres interdependentes e precisamos do outro em uma rede afetiva de apoio rumo à autonomia e ao crescimento. Superar vínculos que podam a autenticidade é fundamental para resgatar a capacidade de crescer mantendo a saúde emocional.

A responsabilidade dos adultos é olhar para a realidade vivida pela criança e pelo adolescente, nomear o que aconteceu e quais mecanismos de sobrevivência são usados. É preciso entender como acompanhar os adolescentes para que se sintam seguros o suficiente a fim de que deixem de usar esses mecanismos de defesa. Para que aprendam um novo repertório de comportamentos, mais adequados à atualidade. Percebam seus gatilhos e cuidem para se manter no presente e usar os comportamentos mais sintonizados a cada situação.

Quando o adolescente se sente seguro e acolhido, ele experimenta o mundo com curiosidade e projeta o futuro de maneira corajosa, vivenciando e superando os desafios. Entretanto, quando sofre com os efeitos do trauma e do apego inseguro, fica estagnado, sem iniciativa para explorar. O trauma nos sequestra para o passado. Ele não retorna como memória, mas, sim, como emoção. O desafio é aprender a vivenciar as emoções sem ser sequestrado por elas.

Referências

BOWLBY, J. *Apego*. São Paulo: Martins Fontes, 1990.

GUTMAN, L. *Uma civilização centrada na criança: como uma criança amorosa pode revolucionar o mundo*. Rio de Janeiro: BestSeller, 2021.

MATÉ, G.; MATÉ, D. *The myth of normal: trauma, illness, and healing in a toxic culture*. New York: Avery, 2022.

PORGES, S. W. *Teoria Polivagal: fundamentos neurofisiológicos das emoções, apego, comunicação e autorregulação*. Rio de Janeiro: Senses, 2022.

VAN DER KOLK, B. *O corpo guarda as marcas*. Rio de Janeiro: Sextante, 2020.

8

CORAGEM

Os adolescentes nos permitem rever nossa própria história e ressignificar nossas experiências do passado. Apoiar e assisti-los tornarem-se corajosos, partindo para a conquista de um lugar no mundo, é uma experiência que aproxima e permanece na memória dos envolvidos. A coragem é uma habilidade desenvolvida ao longo da jornada da vida, aliada à atitude de crescimento.

CÍNTIA PIMENTEL SAYD

Cíntia Pimentel Sayd

Contatos
cintiasayd@gmail.com
Instagram: @cintiasayd_pensandopsiquiatria
Facebook: @cintiasayd_pensandopsiquiatria

Médica e mãe apaixonada por crianças, adolescentes e seus universos. Formada há mais de 25 anos, psiquiatra, fez especializações em Psiquiatria da Infância e Adolescência, em Saúde Pública, pós-graduações em Abordagem Integral no TEA e TDAH e em Adequação Nutricional e Manutenção da Homeostase. Acredita que o interesse pela compreensão integral de cada sujeito e de sua história de vida auxilia a promover melhor entendimento da dor, do sofrimento, do sintoma e do tratamento que cada um necessita.

Introdução

A palavra coragem vem do latim *coraticum* e significa "a bravura que vem de um coração forte". Para o português, o sufixo *-aticum* sofreu modificação para -agem, sendo o significado literal da palavra "ação do coração".

Considerada uma virtude, a coragem possibilita ao sujeito agir apesar do medo ou da intimidação.

Reforço: apesar do medo, das inseguranças e ansiedades, ela nos permite ir adiante. Coragem não significa não ter medo, mas, sim, a capacidade de enfrentá-lo a partir do reconhecimento de que senti-lo faz parte da vida.

Durante o processo de desenvolvimento, a criança, ao passar de maneira gradual para a fase da adolescência, abandona algumas das dependências absolutas e/ou relativas de suas referências familiares. Começa a ter maior percepção de referências próprias e das referências da sociedade em que está inserida. Segundo Winnicott (1983), crianças se tornando adolescentes partem rumo à independência.

Inseridos em círculos sociais cada vez mais ampliados, as experiências vividas por eles se somam ao que foi experienciado no núcleo familiar. Sabemos que cada vez mais interferências atuam no universo dos adolescentes, além da família e da escola, é natural que exista a preocupação sobre o que tudo isso pode deflagrar em sujeitos em desenvolvimento.

É realmente importante que os pais se mantenham próximos, abertos e atentos aos desafios de seus filhos. Promover diálogo, aproximação e ter interesse genuíno pelos assuntos que estão diretamente ligados aos adolescentes possibilita o cuidado que precisa ser oferecido, que já não é o mesmo da infância.

O mundo se amplia diante das facilidades da globalização e tecnologias que oferecem possibilidades que pareciam, até há pouco tempo, ficção. Com as novas modalidades de conexão, podem ser estabelecidos vínculos e até relacionamentos que não necessitam necessariamente da presença física, mas que têm grande influência no universo adolescente. O que se estabelecia como padrão há décadas vem sendo revisado diante das novas perspectivas sobre identidade, direitos e relações. Mudam aspectos e formatos até da comunicação.

Os adolescentes precisam ser ouvidos, vistos, sentidos e percebidos por sua família. Há tempos os pais queriam saber com quem seus filhos conviviam. Hoje isso parece ser mais difícil de ser controlado. Janelas se abrem nos computadores, redes sociais estão disponíveis o tempo todo, realidades de outras pessoas chegando com facilidade às nossas casas, favorecendo a sensação de intimidade muitas vezes ilusória.

A passagem pela adolescência implica ganhar maior autonomia, liberdade, possibilidade de começar a fazer escolhas próprias e questionar conceitos preestabelecidos. Adolescentes sem medo podem se colocar mais facilmente em risco, não medindo as consequências dos atos. Um adolescente com medo excessivo não vai querer enfrentar os desconhecidos desafios que virão pela frente.

O medo de se tornar adulto e tudo o que isso possa significar perante as mudanças de posição na vida exige coragem. Há ambivalências diante do desejo e do medo de enfrentar responsabilidades maiores, arcar com as consequências das escolhas feitas, conquistar maior liberdade e confiança dos cuidadores. Os adolescentes percebem o futuro próximo muitas vezes com a sensação de que já sabem das coisas, ávidos por novas experiências e sensações.

Muitos idealizam um caminho a ser seguido considerado natural, já que a trajetória parece ter sido direcionada ao longo do processo de crescimento para "dar tudo certo no final" e, quando os desafios se tornam realmente concretos, a coragem para o enfrentamento de tudo isso pode faltar. A coragem permite enfrentar os próprios medos, inclusive o de "adultecer".

No meu dia a dia, escuto adolescentes se dando conta de que temem a vida adulta, que sofrem quando precisam tomar decisões sobre qual profissão seguir, ao pensar que deixarão os amigos do colégio, que serão mais um na multidão lá fora. Observam seus pais vivendo a vida adulta como algo "difícil e sacrificante" com muitas obrigações e contas para pagar, queixando-se de como precisam trabalhar duramente para oferecer à família a vida que têm.

Têm receio de não serem tão bons como seus pais, de não fazerem "a escolha certa", de decepcionarem, de não serem aprovados e de não alcançarem o sucesso programado para eles.

Ficam angustiados por não saberem o que desejam, quem são, do que gostam, mas ser adolescente é exatamente estar em processo de construção.

Costumo repetir no dia a dia com eles:

- Não existe escolha certa, mas, sim, escolha possível. Ao longo do tempo, veremos se dará certo e aí é só reajustar os planos.
- Nada é pacto de sangue. Podemos recuar se estivermos infelizes.
- Ser adulto exigirá de você, mas, ao mesmo tempo, lhe trará muitas possibilidades novas.
- Ter medo de se tornar adulto é natural. Portanto, não se culpe ou cobre por isso.
- Lembre-se de que você deve ter responsabilidade em cuidar de si. Não se exponha a riscos desnecessários.
- Avalie os desafios e aprenda a perceber se eles não estão sendo superdimensionados.
- Arrisque-se a sonhar.
- Ninguém começa nada já sabendo. Erramos e aprendemos com a prática. Da mesma forma, ninguém nasce corajoso; tornamo-nos corajosos.

Estimulando a coragem

A coragem pode e deve ser incentivada ao longo da vida. Os pais que permitem que seus filhos exponham seus medos, tropeços e indecisões promovem maior possibilidade para que a coragem seja exercitada. A prática da coragem é o que a desenvolve.

A aproximação do universo adolescente inicia-se pelo interesse verdadeiro em saber sobre as novas vivências dos filhos, demonstrando a eles que podem compartilhá-las. A escuta atenta, sem interpretações ou interferências, possibilitando a fala livre dos adolescentes, é o princípio do processo.

Reconhecer que adultos também erram, recuam, receiam o novo e o desconhecido demonstra que a coragem é praticada em cada situação. Relatar circunstâncias em que você mesmo já teve medo e como fez para que pudesse criar coragem aproxima seu filho da realidade. Cuidado para não confundir exemplos com soluções prontas. O mesmo vale para comparações desnecessárias que se transformam em críticas.

Aprender a sair da zona de conforto trará conquistas. Apoiar o adolescente nas novas experiências e mostrar que estamos ali, presentes, disponíveis para o caso de precisarem de nós, assegura que o mundo lá fora não é tão ameaçador. Eles precisam saber que têm para onde voltar se precisarem e que não serão julgados por isso. Devemos separar nossas próprias expectativas de nossos filhos.

Ao saírem da escola para o cursinho ou faculdade, alguns adolescentes sentem-se perdidos. Antes eram conhecidos no lugar onde passaram anos de suas vidas. Tinham amigos, todos sabiam seus nomes e de quem eram filhos. Suas rotinas eram previsíveis e os encontros, esperados. De repente, tornam-se somente "mais um na multidão". E para passar por essa mudança, é preciso coragem para assumir falhas, enganos, reconhecer as próprias dificuldades; para conhecer a si mesmo; para lutar por seus propósitos e ideais. Coragem exige parcimônia, equilíbrio, análise de riscos e dizer "não!" no caso de estes serem desnecessários e danosos.

Nos dias de hoje, é essencial deixar claro que ter coragem não é ser agressivo nem desrespeitoso. Não é ultrapassar limites, acreditar que precisamos gritar ou espernear diante dos desafios e de nossos desejos não atendidos. Não é submeter-se às vontades ou às expectativas criadas por outros e que podem prejudicar alguém.

Tome cuidado também com os próprios medos. Não os confunda com os de seu filho. Por vezes, nossas inseguranças são transmitidas a eles sem percebermos. Lembro-me bem de minhas preocupações quando meus filhos começaram a sair às ruas sozinhos e a usar transporte público. Não falar que seria perigoso, agir com naturalidade, demonstrar que poderiam nos avisar se tivessem algum problema foi encorajador para eles. Confesso que tenho rastreador no celular de cada um para me tranquilizar e saber onde estão. Afinal, em São Paulo, não é fácil ter tranquilidade.

Suas vivências, traumas e conflitos são seus. Não pertencem a seu filho. Ao longo da vida, precisamos compreender que somos protagonistas de nossas próprias histórias. Ninguém será responsável pela satisfação pessoal ou felicidade de ninguém. Não temos controle sobre nada, e os desafios serão continuamente apresentados no decorrer do caminho. Nunca é demais reforçar: para construir uma história, é preciso coragem.

Há necessidade de hierarquia nas relações familiares, escolares e sociais. Mas, infelizmente, ainda há confusão entre hierarquia e autoritarismo. A autoridade dos pais, educadores e adultos serve para orientar, direcionar, cuidar, proteger e até frear adolescentes e não pode ser confundida com superproteção, desresponsabilização, rigidez, desqualificação, agressividade ou abuso de poder.

Cuidado com a superproteção e a antecipação de soluções. Você pode passar a ideia de que não acredita na capacidade do adolescente de lidar com as próprias questões ou enfrentar os desafios. Pode-se transmitir a mensagem de que o mundo lá fora é ameaçador demais e que ele será "engolido" se você não estiver na dianteira. Ele pode apenas querer desabafar, revelar os próprios medos e anseios e não necessariamente deseja que você solucione os problemas que teme. É possível opinar, mas atenção para não impor uma decisão.

No meu dia a dia, é comum adolescentes me pedirem que não conte coisas que me dizem a seus pais, pois não têm coragem para falar com eles. Muitas vezes, o meu trabalho é viabilizar que eles consigam contar a seus cuidadores as experiências, dificuldades, medos ou até mesmo opiniões sobre atitudes e comportamentos deles. Auxiliar na comunicação da família melhora inclusive no tratamento de sintomas. É preciso ter coragem para comunicar-se assertivamente, colocar-se no mundo, tomar a própria posição.

Se a relação não permite comunicação clara, transparente, distinguindo papéis, responsabilidades, como o adolescente assumirá as posições? Como terá atitude de crescimento, enfrentará as consequências de suas ações, entenderá que coragem é assumir os medos, enfrentá-los, arcando com escolhas e responsabilidades? Como terá coragem de não se esquivar de desafios ou não culpabilizar outro pelas frustrações?

Entusiasme-o e confie na capacidade de decisão do adolescente. Facilite situações para que ele a exercite. Incentive-o a conhecer, a aceitar quem é e praticar a autorreflexão. Estimule-o a ter sonhos e correr em busca deles.

Com essas atitudes, procuramos favorecer que tenha coragem ao compartilhar as próprias experiências, sensações, temores e conquistas. Despertamos a coragem para assumir responsabilidades e compreender que, diante das frustrações, terá que se haver com as próprias emoções e sentimentos. Ensinamos que o mundo não proverá as necessidades individuais de cada um e que precisaremos ir atrás das oportunidades.

Reforçando

- Estabeleça o diálogo franco.
- Proporcione momentos para que adolescentes compartilhem as experiências.
- Pratique a escuta ativa.
- Cuide dos próprios medos. Não misture as coisas.
- Mantenha-se próximo e atento.
- Reforce que a vida é repleta de desafios.
- Demonstre disponibilidade, apoio e acolhimento.
- Seja um porto seguro para onde podem retornar.
- Não julgue ou interprete antecipadamente.
- Não superproteja. Zele por eles.
- Lembre a eles que cada um é o protagonista da própria história.
- Exemplifique, recorde-se de suas experiências de vida, mas sem comparações ou soluções prontas.
- Ensine a autorresponsabilidade. Seja exemplo.
- Mostre que confia na capacidade do adolescente.
- Estimule a coragem de ser.
- Encoraje-o na busca pelos sonhos.

Referências

CORAGEM. Dicionário etimológico: etimologia e origem das palavras, 2023. Disponível em: <https://www.dicionarioetimologico.com.br/coragem/>. Acesso em: 24 abr. de 2023.

WINNICOTT, D. W. *O ambiente e os processos de maturação: estudos sobre a teoria do desenvolvimento emocional.* Porto Alegre: Artmed, 1983.

AUTOESTIMA E AUTOCONFIANÇA

> *Autoestima, ter estima por si.*
> *Autoconfiança, confiar em si.*

Essa dupla de *soft skills* é uma grande preciosidade no mundo contemporâneo. Garantir que adolescentes tenham essas habilidades é, com certeza, uma grande tranquilidade para seus pais e educadores.

Em um mundo com transformações tão rápidas e com tantos padrões sendo apresentados aos jovens, é importantíssimo estimular e favorecer situações por meio das quais eles desenvolvam essas habilidades tão essenciais.

As comparações que acontecem entre os grupos sociais aumentam a insegurança, o medo, a necessidade de pertencimento e de conexão. Jovens fortalecidos e confiantes em si mesmos conseguem navegar nos mares das relações humanas de maneira mais leve e tranquila. Acreditar em uma sociedade sem comparação é utópico e pouco realista, já que, a partir dela, também podemos crescer e nos desenvolver. Assim, o caminho não está em evitar que o adolescente se compare, mas que ele tenha a tranquilidade e a certeza de que possui um adulto que o auxilia e o aceita por ele ser como é, por seu valor, e que tem seu espaço em seu lar, na vida e nas relações.

Nos próximos dois capítulos, as autoras Andrea Quijo e Fabiana Domingues trarão caminhos para que pais e educadores observem o desenvolvimento dessas *soft skills* e também sugestões de maneiras que podem favorecer seus jovens nas relações.

Lucedile Antunes e Beatriz Montenegro

9

AUTOESTIMA

Neste capítulo, compartilhamos a reflexão de como a autoestima se manifesta e como ela é matéria-prima para o desenvolvimento do adolescente e de diversas *soft skills*.

**ANDREA QUIJO E
FABIANA DOMINGUES**

Andrea Quijo e Fabiana Domingues

Contatos Andrea
espacopartager.com.br
andrea@espacopartager.com.br
11 99811 4443

Contatos Fabiana
fdomingues.psi@gmail.com
11 99446 9344

Nosso primeiro laço se deu por conta dos enigmas do feminino, que nos levou ao estudo desse tema juntas, o estudo sempre presente em nossas vidas nos trouxe um feliz encontro que gerou uma amizade especial. O fio do estudo nos acompanhou todos esses anos e ainda nos acompanha por meio de uma parceria especial que se expressa neste livro.

Andrea Quijo é psicóloga graduada pela Universidade Presbiteriana Mackenzie e pós-graduada em Formação de Psicanálise pelo Centro de Estudos Psicanalíticos (CEP), especialista em Autismo e em Orientação Vocacional. Idealizadora e fundadora do espaço interdisciplinar Espaço Partager. Atendimento de crianças, adolescentes e adultos. Atua com atendimento clínico há 17 anos no bairro de Higienópolis.

Fabiana Domingues também é psicóloga, graduada pela Pontifícia Universidade Católica de São Paulo (PUC-SP) em 2007, com formação em Psicanálise pelo Instituto Sedes Sapientiae de São Paulo. Seus estudos e formação se deram de forma contínua desde então. Trabalha como psicanalista no atendimento de adolescentes e adultos em seu consultório particular em São Paulo.

O ser humano se constitui em um processo que começa na primeira infância, mas prossegue no decorrer da infância, da adolescência e da vida adulta. Nunca paramos de nos constituir, trata-se de um processo contínuo que envolve certa plasticidade humana. As experiências, a relação com o mundo e consigo mesmo podem ser fontes fundamentais em diversos momentos da vida, promovendo mudanças pela vida inteira. Contudo, estamos aqui para falar da adolescência, um processo localizado no final da segunda infância e pré-adolescência, por volta dos 12 anos, podendo chegar aos 21 anos ou mais.

Tendo em vista que o ser humano está em um processo de construção, não podemos tratar a adolescência como um bloco isolado da infância. Dessa forma, neste livro *Soft Skills Teens* abordaremos alguns aspectos dessa primeira etapa da constituição da criança que se fazem importantes na adolescência.

Na adolescência, as mudanças são inúmeras e incidem sobre o corpo, a mente e o psiquismo do adolescente. O crescimento e o desenvolvimento permeiam a vida daquele ser que não se reconhece mais no que era e, por ora, não se firma ainda no que poderá vir a ser. É um estado de transição em que o próprio adolescente perde algumas de suas referências até então estabelecidas. Ele sai com sua bagagem adquirida até aquele momento e vai para o mundo, mas não abandona totalmente sua posição infantil e não ocupa permanentemente sua posição de adulto. É nesse "entre" que o adolescente está, perdendo e ganhando coisas ao mesmo tempo; é um processo de construir-se e desconstruir-se em um curso mais intenso, que é a adolescência. Nessa fase, uma gota de água pode ser um oceano.

Os pais, educadores e outros que estejam em relação com aquele adolescente não podem mais esperá-lo naquele lugar que sempre o encontraram, muito menos devem supor que ele já está no lugar de adulto. Isso incide sobre o desafio que também é para o adulto quando está diante de um adolescente, pois ele mesmo não pode encontrar as referências que sempre encontrou. Para isso, busca um novo saber, singular, sobre aquele que está a adolescer.

A autoestima começa na infância e é posta em xeque na adolescência

É por meio das falas, das interpretações, do olhar e do sentido que o outro cuidador faz em relação à criança que ela recebe e se apropria da imagem e do sentido que vem do outro como algo próprio. Apesar do "eu" constituído ser da criança, a primeira fonte e base do "eu" vem de fora, do campo do outro. Contudo, é justamente esse elemento ("eu") que vai dar consistência ao "auto" que se desdobra em tantos aspectos na vida do ser humano, como autoimagem, autoestima e autoconfiança.

É a partir da autoimagem que a autoestima se fundamenta. A forma como cada um se vê muda a realidade em que se vive. Se o adolescente se vê sem valor, sem potências e sem capacidades, ele acredita que essa é sua verdade, mesmo que seja apenas uma leitura que faz de si. É com essa autoimagem e autoestima que ele vai se relacionar com o mundo.

Como em nossa constituição temos o olhar e as falas dos outros, fica impossível dissociar da imagem que cada um tem de si aquilo que vem de fora; por isso, quando falamos da autoestima do adolescente, não podemos perder de vista a forma como esse adolescente é visto e é falado pelos pais/cuidadores.

Na tentativa de educar, os pais podem fazer recortes que colocam em evidência os erros dos filhos, para que eles se deparem com o que não vai bem e, dessa forma, melhorem e tenham êxito naquele aspecto. Porém, esses recortes podem deixar de fora o que há de mais potente e até autêntico no adolescente. O modo de entender e resolver seus problemas e lidar com a vida é a forma mais autêntica que ele encontra para estar no mundo e tem seu valor, mesmo que do ponto de vista do adulto possa parecer inadequado ou imaturo.

A adolescência envolve um descolamento dos pais, sem que isso vire uma emancipação total. É o começo de um caminhar com as próprias pernas, com as próprias ideias, tendo os pais ali para acompanhá-los.

A busca pela própria identidade

O adolescente vai em busca de sua singularidade e identidade, um pouco mais separado dos pais na adolescência. Ele encontra novas bases entre seus pares e é por isso que a questão do grupo se faz tão importante nessa fase. O grupo traz pertencimento e sensação de identidade compartilhada, dando um lugar social, transformando o lugar do adolescente de seu lugar familiar.

Mudanças e estranhamentos são apresentados e a autoestima do adolescente se torna um dos pilares fundamentais para essa inserção no mundo em busca de seu lugar e de suas experimentações, agora mais por conta própria. Algo como o que se passa na história de Alice no País das Maravilhas, quando ela sofre uma queda que a leva para outro mundo, onde ela vai encontrando pessoas e situações novas que a vão desafiando em uma série de situações. Em alguns momentos, ela fica pequena; em outros momentos, se torna grande, se angustia, se diverte, tem medo e busca parcerias em sua jornada para uma saída aos conflitos que encontra.

Essa jornada é fonte de potência, mas carrega um paradoxo: pode ser fonte de frustração e sofrimento para o adolescente, o que interfere em sua autoestima. O adolescente está se lançando e se experimentando no mundo, e não se reduz a eventos isolados. Seu "eu" é muito maior do que uma experiência que não deu certo, apesar de algumas situações ganharem proporções maiores do que realmente poderiam ter.

As faltas não precisam ser extintas, podem ser acolhidas e vivenciadas

Os fracassos e os erros, assim como os acertos e as conquistas, formam um todo que não pode ser destacado e descartado isoladamente. Reassegurar-se de tudo o que ele conquistou, conseguiu, de quem ele é, auxilia o adolescente nessa jornada de estar no mundo sem se perder de quem ele é. Por isso, é fundamental acolhê-lo nessa jornada, auxiliando-o a retomar seu processo de experimentação sem que se veja reduzido a situações que não deram certo.

Como coloca Dorothy Corkille Briggs (2002), uma boa autoestima não envolve uma ostentação, muito menos a perfeição. A expectativa ou desejo de perfeição pode ser um campo minado para a autoestima, principalmente na adolescência. Alinhar as expectativas, aquilo que se espera alcançar, os caminhos pelos quais serão buscados, levando em conta as condições que o adolescente tem, são estratégias essenciais para que ele não caia em armadilhas narcísicas, ou seja, em que ele espera de si algo que não é capaz de alcançar.

Diferenças e comparações

Na adolescência, os jovens andam em grupos ao lado de seus pares e, por conta disso, a identidade que estabelecem juntos tem força importante; contudo, a comparação pode ser outro aspecto que mina a autoestima do adolescente, pois assim ele se vê no avesso do que o outro é ou do que o outro tem. Ele pode perder de vista suas potencialidades e corre o risco de ficar tomado pela frustração que pode acontecer nesse processo.

Assegurar-se de que os caminhos e potencialidades de cada um são únicos nessa jornada e incluir a possibilidade de conviver com as diferenças, sem que elas se tornem fontes de julgamento, são pontos cruciais no estabelecimento de uma boa autoestima. Tendo em vista que essa "blindagem" nem sempre é fácil, é em certa medida ela se faz imprescindível e pode exigir dos pais uma ajuda, desde que estes não estejam, também, tomados pelas comparações de maneira negativa e não produtiva.

Os pais podem e devem ajudar os filhos a enxergarem aquilo que conseguem e alcançam com êxito, isso faz com que o adolescente consiga relativizar as situações difíceis e se conecte com sua boa autoestima e potencialidade.

A importância das expectativas

O adolescente, assim como seus pais, tem expectativas em relação a si mesmo; contudo, faz-se importante alinhar essas expectativas com a realidade. Expectativas realistas podem e devem levar em conta as dificuldades para que possam gerar um movimento em busca de aperfeiçoamento e desenvolvimento, alimentando dessa forma a autoestima do adolescente. Uma expectativa pouco realista afeta e interfere na autoestima, pois pode deixar o adolescente distante do que de fato ele tem condições de fazer e isso pode dar a sensação de que é ele quem não consegue fazer quando, na verdade, é o que se espera dele, de maneira idealizada, que deveria ser questionado. A expectativa idealizada pode ser menos construtiva do que positiva do ponto de vista do desenvolvimento do adolescente.

O esporte, por exemplo, pode ser muito relevante na vida de um adolescente, pois pode ser fonte de expectativas e frustrações. No futebol, jogar bem não significa necessariamente ser o melhor da escola, mas se o adolescente tiver essa expectativa pode ser que ele se frustre. Daí a importância de um mediador, pais/cuidadores/professores, para dar contorno a essa falta de modo que não seja vista como um abismo para o adolescente. O esporte proporciona a vivência intensa dos limites e das limitações, mas estas podem nortear, incentivar e motivar, desde que as expectativas não sejam irreais e desmotivem o adolescente por estarem muito distantes de suas possibilidades e, assim, ele se veja sem potência para alcançá-las. Vale lembrar que a forma como o adolescente se vê é fundamental em seu processo de enfrentamento no mundo, sendo a autoestima um dos pilares fundamentais.

A seguir, listamos propostas que favorecem a exploração da autoestima no adolescente.

Ter olhar empático: como falamos da importância do olhar do outro na constituição da autoestima do adolescente, torna-se imprescindível os pais/educadores estabelecerem um olhar empático, com poucos julgamentos e que vise e maximize as potencialidades do adolescente.

Focar no processo: o processo não se reduz ao resultado. Ele é rico por si só, pois sua vivência permite uma série de aquisições e aprendizados. Separá-lo do resultado pode ser muito interessante.

Apoiar a autoria: deixar que o adolescente pense e aja a partir de si próprio dentro de um campo seguro, evitando, se possível, julgamentos desnecessários.

Legitimar as conquistas do adolescente: cada conquista é importante, mesmo que não atinja as expectativas geradas.

Propor algumas atividades conjuntas com o adolescente: além de melhorar a conexão dos pais com o adolescente, o que é fundamental nessa etapa de desenvolvimento, é uma maneira de desenvolver algumas habilidades de maneira mais empírica e realista. Os pais podem se conectar com a potência que seus filhos são, podendo ser um ótimo recurso para que a autoestima seja uma boa parceira na trajetória da vida do adolescente, que apenas está começando.

Referência

BRIGGS, D. C. *A autoestima do seu filho*. São Paulo: Martins Fontes, 2002.

10

AUTOCONFIANÇA

Neste capítulo, compartilhamos o processo da formação da autoconfiança e sua relação com aspectos importantes da vida do adolescente.

**ANDREA QUIJO E
FABIANA DOMINGUES**

Andrea Quijo e Fabiana Domingues

Contatos Andrea
espacopartager.com.br
andrea@espacopartager.com.br
11 99811 4443

Contatos Fabiana
fdomingues.psi@gmail.com
11 99446 9344

Nosso primeiro laço se deu por conta dos enigmas do feminino, que nos levou ao estudo desse tema juntas, o estudo sempre presente em nossas vidas nos trouxe um feliz encontro que gerou uma amizade especial. O fio do estudo nos acompanhou todos esses anos e ainda nos acompanha por meio de uma parceria especial que se expressa neste livro.

Andrea Quijo é psicóloga graduada pela Universidade Presbiteriana Mackenzie e pós-graduada em Formação de Psicanálise pelo Centro de Estudos Psicanalíticos (CEP), especialista em Autismo e em Orientação Vocacional. Idealizadora e fundadora do espaço interdisciplinar Espaço Partager. Atendimento de crianças, adolescentes e adultos. Atua com atendimento clínico há 17 anos no bairro de Higienópolis.

Fabiana Domingues também é psicóloga, graduada pela Pontifícia Universidade Católica de São Paulo (PUC-SP) em 2007, com formação em Psicanálise pelo Instituto Sedes Sapientiae de São Paulo. Seus estudos e formação se deram de forma contínua desde então. Trabalha como psicanalista no atendimento de adolescentes e adultos em seu consultório particular em São Paulo.

Introdução

A palavra *autoconfiança*, como o próprio nome diz, trata da confiança em si mesmo, ou seja, confiar e acreditar em suas possibilidades. É confiar, dentro das próprias habilidades, condições e características. Ser autoconfiante não significa ter êxito em tudo, significa se sentir seguro e confiante para produzir ou fazer algo com o que se tem e com o que pode ser adquirido em um processo de desafio. É confiar mais nas condições de enfrentamento do que no êxito das situações.

Assim como a autoestima, a autoconfiança começa a ser construída na infância e se desenvolve por toda a vida. Na infância, a autoconfiança é regulada pelo olhar e pelas falas que vêm do outro (pais/cuidadores), que vão constituindo uma imagem de unidade que dá contorno para quem se é. Nessa constituição, o outro ocupa um papel primordial na formação do eu da criança, no qual ela se reconhece e se relaciona consigo mesma e com o mundo, a partir do eu que inicialmente conta com a presença e ação do outro de maneira mais intensa como é na infância.

Na adolescência, esse processo conta com novos olhares, agora de outras pessoas, colocando o adolescente em outra perspectiva sobre si. Esse momento se revela como uma nova etapa, igualmente importante para a construção da autoconfiança, pois a presença de outros referenciais abre a ele diferentes formas e possibilidades em sua vida.

A autoconfiança na infância e na adolescência

Quando a criança começa a dar seus primeiros passos, os pais/cuidadores antecipam a capacidade dela em vir a seu encontro. Eles supõem que ela vai conseguir, mesmo que encontre algumas dificuldades ou venha a cair. O adulto confia no processo e nas capacidades da criança. Isso a ajuda a confiar em seus primeiros passos. Essa antecipação pode parecer algo simples, mas porta um complexo jogo de elementos que auxilia a criança a confiar em sua potência.

O adulto diz para a criança que ela consegue e a chama para seu êxito, mesmo que nesse processo aconteçam quedas e desistências momentâneas. O adulto retoma esse lugar em outros momentos, pondo-se ao lado da criança, assegurando-a de sua conquista que está por vir.

O adolescente não precisa mais dos pais no mesmo lugar que os tinha na infância, mas essa presença ainda se faz presente e tem sua importância. Há certa independência do adolescente em relação aos pais, mas algo dessa estrutura, que vem da infância, continua a acompanhá-lo.

Outro exemplo que pode ser interessante é o de intercâmbio de países, por vezes, presentes na adolescência. Nesse contexto, o adolescente conta com o apoio dos pais para todo o processo de organização e condição para que o intercâmbio aconteça e, em determinado momento, os pais ocupam o lugar de suporte para que o adolescente possa dar seus passos, sozinho, de maneira mais autoral. Ainda que estejam juntos, algo precisará acontecer individualmente para que possa vivenciar o processo da construção de sua autoconfiança. Não se trata de o adolescente estar pronto para viver esse processo, mas sim que ele possa se sentir seguro para se lançar nesse momento que envolve não conhecer e não saber o que virá e como virá, mas sim confiar no processo que o permitirá lidar com esse desafio de modo mais confiante.

Apesar da infância e da adolescência serem momentos contíguos e contínuos, há uma diferença significativa entre esses dois períodos. Na infância, o adulto sustenta e antecipa a confiança para a criança.

Não é raro, a criança, diante de situações mais difíceis e desafios, procurar o olhar e as falas do adulto para que este ajude a regular sua autoconfiança. Já na adolescência, isso se dá de maneira diversa. Os pais continuam presentes, mas circulam entre os lugares de ajudar o adolescente a olhar e a confiar em si mesmo e, também, ocupam a posição de dar as condições para que este siga sozinho e possa desenhar o próprio caminho.

Autoimagem, autoestima e autoconfiança: uma articulação estruturante e fundamental

Autoimagem, autoestima e autoconfiança são pilares fundamentais para o desenvolvimento sadio do ser humano. Nessa direção, a autoconfiança é um efeito da autoestima e esta, por sua vez, é efeito da autoimagem que se fundamenta em dois pontos: a imagem de si próprio e a que vem do outro. Ambas culminam em uma unidade de autoimagem, que é a formação de um "eu". Essa unidade se faz importante, pois é a partir dela que se fundamenta a autoestima, ou seja, a estima e a opinião que alguém tem de si mesmo. A autoconfiança é um desdobramento da autoestima, pois confiar em si mesmo e acreditar no que lhe é possível ou não envolve o que se vê ou não na própria figura.

Para ilustrar esse processo, acrescentaremos um novo exemplo: um adolescente que passa a se identificar com o universo do skate, assim como com o estilo de vida relacionado a esse objeto, no qual existe uma vestimenta característica, ou seja, calças e camisetas mais largas, gorros e bonés, assim como tênis específicos.

Essa proximidade com esse universo levou-o a se identificar com diversos traços desse campo e repercutiu certo choque com o próprio entorno, que não trazia familiaridade alguma com esse contexto. O skate lhe trazia uma sensação de liberdade e potência que não vivia em outros âmbitos de sua vida. Outro ganho se deu no campo de sua autoimagem e, consequentemente, da autoestima e da autoconfiança, pois a partilha desse processo com seus pares deu certa legitimidade a seu novo lugar.

Contudo, essa legitimidade se deu no círculo de colegas do skate, mas gerou um choque em seus outros círculos de convivência. Os colegas começaram a tomar esse novo estilo dele de maneira depreciativa, fazendo piadas e colocando-o em um lugar de desvalor. No âmbito familiar, esse estilo também gerou questões por conta da novidade que trazia em diversos aspectos. Em um primeiro momento, isso o afetou significativamente, pois ele ficou impactado pelo olhar de estranhamento e zombaria gerado pelas pessoas de seu entorno.

Tal situação produziu um conflito acerca de sua autoestima e autoconfiança, pois ao mesmo tempo que isso gerou um incômodo para o adolescente ele não queria abrir mão de andar de skate e viver tudo o que aquela experiência lhe trazia. Essa situação o colocou a refletir e entender mais sobre si, culminando em uma busca por um processo de autoconhecimento. A partir disso, ele entrou em contato com o que era mais autêntico em si e, então, nessa conexão, encontrou um outro que o ajudasse a legitimar o que lhe era tão singular, possibilitando que ele se reassegurasse de sua posição.

A resolução dessa questão não acontece pela mudança do olhar de todos a seu redor para que ele possa se sentir melhor, mas sim na condição de poder sustentar esse lugar da diferença, pura e simplesmente, fazendo que ele não se veja reduzido a um lugar de objeto do olhar do outro que o inferiorize. Após um período de tempo, ele cada vez mais apropriado de sua posição, singular, tal conflito deixa de ser uma questão para ele e para seu entorno, diminuindo assim os olhares e as falas depreciativas.

Império das imagens e a autoconfiança

As redes sociais são fontes de conexão e relação dos adolescentes com o mundo. Contudo, são redes que favorecem a criação de imagens que por vezes não são reais; ainda assim, é por meio delas que o adolescente se vê e se identifica. Isso gera uma influência significativa na questão da autoimagem, autoestima e, consequentemente, autoconfiança. Esse universo, regido pelas imagens e pelas curtidas, pode reforçar o olhar do outro, que no ser humano é constitutivo. O olhar e a aprovação que vêm das redes é um desdobramento do processo constituinte do adolescente, que antes começou pelos pais/cuidadores e, posteriormente, desloca-se para o campo social.

Todavia, essas imagens não portam uma verdade estritamente. Haja vista que elas, muitas vezes, são montadas e produzidas de maneiras mais controladas. Há, assim, a prevalência de um ideal que não corresponde ao real como ele é. Por isso, faz-se imprescindível que o adolescente circule em suas redes, não permanecendo somente no campo virtual, pois essa circulação na vida de outras formas o ajuda a descontruir o caráter absoluto e idealizado que uma imagem pode ter, relativizando-a com outros aspectos da realidade.

Adolescência: possibilidades e experimentações

São muitos os exemplos de experiências importantes na construção da autoconfiança para a vida de um adolescente. Grupos de relacionamentos, escoteiro, esporte, teatro, intercâmbios, acampamentos, entre outros, são possibilidades frutíferas de experiências em que o adolescente pode viver situações de construção da autoconfiança. São experiências que envolvem certo distanciamento do olhar dos pais/cuidadores que, em alguns momentos, podem ser fontes de amarras e insegurança para os adolescentes, pois estes os veem de outro lugar (como pais e adultos).

São vivências de autoria na vida do adolescente, nas quais ele protagoniza suas experiências de maneira autêntica e espontânea, desde que seja dentro de condições seguras para si, pois o adolescente ainda está em desenvolvimento psíquico, físico e mental e não tem ainda condições de estar totalmente sozinho e ser independente em suas escolhas. É um protagonismo e uma autonomia que se dão em certa medida para que ele possa vivenciar novas posições para em um momento futuro seguir mais autônomo e apropriado de sua vida.

Os pais podem e devem estar ali no lugar de pais, algumas vezes orientando, outras privando, outras acompanhando lado a lado e outras se ausentando. A segurança que o adolescente pode ter em si, na presença e amor dos pais, é fundamental para que ele consiga se colocar na vida de modo mais autoconfiante.

A seguir, listamos propostas que favorecem a exploração da autoconfiança no adolescente.

- **Apoiar a experimentação:** dar o suporte necessário quando o adolescente estiver diante de novas experiências e desafios, sustentando uma posição de segurança e diálogo ao lado dele.
- **Ampliar a escuta:** faz-se importante poder escutar o adolescente em suas questões, dificuldades, sem que os pais/educadores já entrem com resolução e conselhos prontos.

- **Auxiliar no encorajamento:** no processo da construção da autoconfiança, faz-se fundamental encorajar o adolescente com presença e palavras de apoio, pois muitas vezes o próprio adolescente não consegue ser portador dessas falas.
- **Oferecer suporte às frustrações:** elas estarão presentes; portanto, devem ser acolhidas, escutadas e elaboradas.
- **Incentivar os enfrentamentos:** dentro de um campo de segurança para o adolescente.
- **Respeitar o tempo do adolescente:** nem sempre o tempo do adulto é o mesmo tempo do adolescente. Muitas vezes, no tempo necessário para uma ação se construir, há uma série de coisas essenciais acontecendo internamente no adolescente.

Referência

BRIGGS, D. C. *A autoestima do seu filho*. São Paulo: Martins Fontes, 2002.

HUMOR E ENTUSIASMO

As relações humanas são permeadas de humor e entusiasmo, duas *soft skills* que tornam tudo mais leve e muito mais prazeroso. Essas são habilidades que podem ser naturais, mas também podem ser conquistadas e exercitadas. Observa-se que as famílias, na interação com seus adolescentes, nem sempre conseguem manter humor e entusiasmo diante das decisões e dos desafios diários.

Segundo pesquisas da Play Pesquisa e Conteúdo Inteligente, adolescentes se sentem entusiasmados com os games. Estes aparecem como a maior fonte de entretenimento, pois sentem que ali está a diversão e também é nesse meio que eles encontram os amigos. Além de esses games representarem relaxamento e desafio constante, proporcionam doses de prazer em cada conquista, em cada "evento". Porém, nota-se, a partir de estudos e pesquisas nas áreas da neurociência e da saúde mental, o quanto esses games podem ser prejudiciais para o desenvolvimento humano. Então, como cultivar o humor e o entusiasmo diante de tal cenário?

Quando pensamos em educar para o desenvolvimento das *soft skills*, é fundamental compreender o que faz sentido para os adolescentes, já que essas habilidades humanas e comportamentais são essenciais para a vida futura e permitirão a eles o sucesso e a diferenciação no mundo pessoal e profissional.

É interessante analisar que dados da Play Pesquisa nos mostram também que 62% dos entrevistados, jovens entre 14 e 24 anos, dizem que preferem gastar com experiências, diversão e com algo que traga uma boa lembrança. Isso revela que o entusiasmo financeiro (o que os motiva quanto ao uso do dinheiro) está no vivenciar, na troca, no estar junto e não apenas no ter.

Nos próximos dois capítulos, os autores Virgínia Newton e Aurélia Picoli com Ana Amélia apresentarão possibilidades de interagir com os adolescentes de modo a vivenciar as situações do dia a dia com humor e entusiasmo, garantindo que essas *soft skills* possam ser estimuladas e praticadas nas relações.

Lucedile Antunes e Beatriz Montenegro

11

HUMOR

Uma das formas de expressar o humor é dar vazão ao traço contínuo em nosso rosto, que vai do hemisfério sul de nossas emoções ao hemisfério norte da capacidade de sermos lógicos e racionais: o sorriso, o riso, de orelha a orelha, ilumina nossa vida, fortalece nosso sistema imunológico, ajuda a manter o equilíbrio emocional, reduz o estresse, aumenta a autoestima, produz afeição e bem-estar. Permita-se ser abraçado pelas repentinas e doces alegrias.

VIRGÍNIA LEMOS LEAL NEWTON

Virgínia Lemos Leal Newton

Contatos
virginialemosleal@gmail.com
41 99961 0136

Filha do Ary e da Maria Aparecida, meu nome é Virgínia. Mãe de quatro amores e esposa de um, ex-adolescente quase rebelde, curiosa, inquieta, amo o sol, o céu azul, aventuras, diversão, leituras e estar na praia com os amigos e a família. Psicóloga e professora na Universidade Federal do Paraná. Buscando ampliar minha formação, fiz especialização em Psicologia Hospitalar (PUC-PR), mestrado em Comunicação e Semiótica (PUC-SP) e doutorado em Psicologia Clínica (PUC-SP), estudando a psicanálise, a criatividade e a educação.

O que é o humor?

Iniciei a apresentação do tema falando de uma das expressões do humor positivo, que pode ser manifestado por meio do sorriso, do riso, da expressão de nossa capacidade de responder à realidade e à vida de maneira positiva, leve, e que também tem um potencial de rebeldia e transgressão. No entanto, há outras possibilidades do humor, desde a irritabilidade, a ansiedade, o humor depressivo ao bom humor da felicidade.

O humor é o estado emocional cuja intensidade pode revelar nosso grau de bem-estar psíquico. Esse estado, que é um elemento mais duradouro que expressa o somatório de nossas vivências afetivas, no entanto, independe de um determinado objeto, pessoa ou evento desencadeador, mas interfere e afeta nossa saúde física, emocional e o nosso comportamento.

O humor é o colorido que a junção das cores de nossas emoções dá à tela do nosso ser. É a base de nossa afetividade, uma disposição geral que é influenciada por nossa personalidade, por nosso temperamento, pelo ambiente em que vivemos. Recentes descobertas científicas atestam que... Rs.

Vamos lá!

Tem algo no funcionamento de nosso cérebro que procura o caminho mais fácil e divertido, mas, ainda assim, há complexidades, "o cérebro é complicado, e o modo pelo qual a atividade em um circuito se traduz em comportamento depende de muitos circuitos, todos trabalhando juntos" (LIEBERMAN, 2023, p. 102).

Os mistérios do comportamento humano, nossa atividade cerebral, seus circuitos e neurotransmissores, nossas emoções, nossa subjetividade e nosso humor têm na adolescência, esse período da vida humana no qual não somos mais crianças, mas também não somos adultos – um momento desafiador.

Como é esse desafio?

Vamos imaginar que tudo vem vindo até que tranquilo ao longo do desenvolvimento na infância. É claro que como pais ou responsáveis pelas crianças, apesar de toda paixão e amor, sabemos que não é tão simples assim. O ser vivente, indefeso e frágil, chamado bebê, que, sob cuidados específicos e fundamentais dos pais e do ambiente, aos poucos sustenta sua cabeça, depois seu corpo, aprende a andar, a falar, a comer sozinho, a dizer sim, a dizer não, a pedir o que quer, a brigar pelo que não quer fazer, a perceber o mundão que vai além de sua casa, de sua família, de sua escola. Nutrido de emoções e vivências afetivas que vão estruturar sua personalidade e acompanhado pela razão que ajuda a criança a refletir e a entender o que vive, chega à adolescência.

Grandes transformações entram em ação. O crescimento e desenvolvimento, que pareciam estar vindo devagar e gradativamente se intensificam, e, às vezes, para piorar, irritar e ou constranger, todo mundo nota (ou assim parece).

O crescimento... O corpo se modifica, a voz muda, nada mais serve, espinhas, barba, seios, músculos, hormônios e intensas mudanças no desenvolvimento cerebral, sentimentos à flor da pele... Um "descontrole natural", digamos assim, pois, além do sistema límbico que é responsável pelas respostas emocionais, amadurecer na puberdade, os lobos frontais – o centro de tomada de decisões, de controle dos impulsos e de gerenciar as emoções, concentrar a atenção, organizar as informações e colocá-las em prática – ainda não estão prontos e se desenvolvem até bem depois dos 20 anos de idade.

E é o período em que o papel parental também sofre uma mudança mais intensa; já não somos mais como os super-heróis ou super-heroínas, cheios de poderes que nos tornam únicos, exemplos a serem seguidos, acompanhados muitas vezes pelo olhar admirado das crianças.

Sinceramente? Passamos gradativamente à figuração.

Eita! Não é fácil... Nem para eles, nem para nós.

Eu me lembro da minha filha olhando para mim com uma carinha de estranheza diante das mudanças que vinha sentindo, por volta de seus 10 anos. Ela dizia se sentir triste sem entender o porquê, percebendo que algo estava diferente e que a vida não era mais a de uma bebê, apenas criança, feliz e sapeca. Algo novo e complexo parecia estar se impondo em sua realidade: transformação, inquietações, crescimento e amadurecimento.

Como é difícil não ser mais aquela... A mãe que só por mãe ser dá conta de apaziguar o coração, aquietar as angústias diante do desconhecido, achar que sabe tudo o que importa a nossos filhos e ajudá-los em suas decisões, tendo muitas vezes o dever e/ou o poder de interferir.

Seu humor antes alegre, feliz e sorridente que mobilizava a simpatia e o interesse das pessoas que estavam ao seu redor se modificava.

Nosso papel de figurantes, também de apoio e suporte, possibilita dar espaço para o que vem pela frente. Com amor e paciência, praticando e favorecendo o exercício do novo, no qual somos mais um guia, uma referência, até do que nossos filhos podem não querer para si mesmos. Não quer dizer que não somos mais necessários, mas que eles estão a exercitar suas decisões rumo a uma autonomia, a uma identidade própria e singular.

O humor também se transforma

Como não?

Variações no humor fazem parte da vida. Não estamos sempre felizes ou sempre tristes. E os adolescentes também. Mas quando existem alterações bruscas de humor, repetidas vezes, períodos prolongados de tristeza, apatia, retraimento ou de uma euforia excessiva, ou ambos, pode ser sinal de que algo não vai bem. É preciso estar atento, buscar ajuda, entender o que pode estar acontecendo para poder cuidar.

Mergulhados em intensidades hormonais, em "dores de crescimento"[1], em uma maturação corporal e cerebral, a adolescência é marcada por alterações de comportamento, por algumas perdas da infância e novas responsabilidades e conquistas de um jovem adulto. É marcada pela procura de responder ou reconhecer: quem sou eu?

Há uma busca por respostas, mesmo que as perguntas não sejam enunciadas por falta de quem possa escutá-las, ou por imaturidade/inabilidade de formulá-las. Quem ou o que pode responder? O universo digital, os amigos, a escola, os livros, os influenciadores famosos do momento, os pais, terapeutas, professores? No mundo do quarto, na vida do adolescente, a aparente quietude concentrada pode estar repleta de intensidades, sentimentos e humores.

E eis que chega o aniversário...

Às vezes pode ser difícil comemorar o aniversário nas férias escolares. As pessoas viajam, os amigos não estão por perto. Mas o menino quase-moço, em seus 14 anos, aceita, um tanto contrariado, a proposta de passarem um dia divertido em um parque temático. Preparações animadas com os irmãos mais novos e com alguns poucos vizinhos que se juntam para participarem do passeio. O dia no parque transcorreu com algumas atividades divertidas, outras nem tanto; e, ao final do dia, voltam para casa, cansados e com certo incômodo no ar. O incômodo parecia se referir a não ter sido o passeio, efetivamente, um momento de celebração e de comemoração. Um dia de passeio, não de aniversário.

A diferença de expectativas do filho, família, irmãos, vizinhos, somada a não escuta da vontade mesmo que não tão explícita do aniversariante, resultou em desapontamento. Priorizar esse momento para ele e não para o grupo poderia ser uma forma de agir mais assertiva de demonstrar que ele é especial e amado. Porém, os acontecimentos colaboraram para um desencontro...

Isso me faz lembrar a história da vó querida e feliz demais por te ver e que sempre tem aquele biscoito especial escondido e guardado só para você.

---

[1] Quem não ouviu a queixa de um filho dizendo da perna que dói?

Aniversário é também isso, é aquele biscoito especial que ganhamos, narcisicamente só nosso, e que, na maioria das vezes, decidimos como vamos desfrutar. Cada um tem suas preferências.

É a atenção do outro que me constitui como sujeito. Esse relato exemplifica a falta de um olhar mais atento ao aniversariante. Humores afetados por afetos apreensivos. É na interação do que nos acontece que nossos humores oscilam.

A oscilação também remete ao dinamismo das emoções e dos sentimentos, algo essencial para a resolução de nossas dificuldades. Há um caminho que nossa saúde percorre na vivência de momentos de isolamento, questionamentos, instabilidades, irritabilidade, tristeza, insegurança, também nos momentos de diversão, de felicidade, de autonomia e de amizade, que nos ajuda a refletir e a elaborar formas de lidar com a vida.

Mais um causo

José era um adolescente tímido, quieto, com dificuldade de se colocar e fazer parte das tribos de amigos. Embora sua família fosse brincalhona e tivesse no humor uma linguagem, uma forma de contato, para ele não era fácil se relacionar na escola. Ele conta que decidiu fazer parte da turma de teatro do colégio para se enturmar. Na primeira encenação de que participou, entrou em pânico quando viu as pessoas à sua frente. Um choque. Mas não desistiu, e na segunda vez que entrou no palco, a avassaladora dificuldade que tivera o efeito de emudecê-lo se transformou em um instante de graça. O humor transformou aquele momento e revelou sua vocação na vida.

Diante de seus desafios e medos, aprendeu a brincar, a fazer graça, a sentir prazer por se expressar. Embora não se considere uma das pessoas mais bem-humoradas, esse adolescente, que cursou administração, escolheu ser palhaço.

Como considera Freud, o humor tem algo de liberador, não é resignado, mas rebelde. E assim como José, o ego no humor não se deixa afligir pela realidade, não se intimida e triunfa com o prazer de vencer os obstáculos.

O humor precisa da vitalidade da surpresa.

A poesia e a profundidade do riso são iluminadas pelo que é autêntico e simples. Na vida, estabelecemos um diálogo mental diante de nossas tensões e alívios e, quando podemos sorrir, é a ação do humor nos mostrando outras formas de encararmos os problemas, outras soluções que possibilitam prazer.

Recomendo a leitura de Maryana Rodrigues, humorologista, em *Soft skills: competências para novos tempos*, no capítulo "Humor que conecta", no qual ela nos sugere criarmos uma rotina anticortisol, acolhendo nossas emoções e potencializando uma rotina mais feliz.

Chega de histórias? Então, para concluir...

Minha filha dá risadas contagiantes, é resiliente e organizada. O aniversariante, meu filho, tem equilíbrio, coragem, integridade, e vira e mexe está cantando. E José, além de autoconfiante e criativo, faz muita gente rir e pensar.

Cuidem do DACP, déficit de atenção de cuidados parentais: calma, paciência, amor, presença, acolhimento e conversas.

Esteja atento ao próprio comportamento e humor, você é exemplo e modelo. Você reconhece e sabe lidar com suas emoções? Autoconhecimento é fundamental.

Ajude seu filho a identificar o que ele pode estar sentindo.

Sustente o sonho e a brincadeira.

Propicie possibilidades de interação com amigos, com a família, experiências, diversão e momentos de lazer que favoreçam positivamente uma saudável maturação neurológica e emocional de seu filho adolescente.

Mais atividades físicas, leituras, menos entretenimentos digitais que contribuem para a ansiedade, desmotivação, desatenção e irritabilidade. Há vida e prazer fora das telinhas. Invista agora, os frutos virão.

Eu erro, tu erras, eles erram e nós? Nós aprendemos com as frustrações e persistimos com as dificuldades.

E, por fim, o mistério da saúde adverte: rir pode causar vida longa. Com humor podemos viver uma vida mais leve, com mais saúde e vitalidade.

Referências

FREUD, S. *O humor*. Obras psicológicas completas de Sigmund Freud. Ed. Standart Brasileira. v. XXI. Rio de Janeiro: Imago, 1980.

LIEBERMAN, D. Z. *Dopamina: a molécula do desejo*. Rio de Janeiro: Sextante, 2023.

POSSOLO, H. *Palhaço-bomba*. São Paulo: Parlapatões, 2009.

RODRIGUES, M. Humor que conecta. In: ANTUNES, L. (coord.). *Soft skills: competências essenciais para novos tempos*. São Paulo: Literare Books Internacional, 2020.

12

ENTUSIASMO

Neste capítulo, queremos provocar você a pensar... Consegue fazer algo em sua vida sem entusiasmo? Imagine para nossos jovens, que vivem um momento contextual, comportamental e hormonal que traz flutuações diárias e constantes, o que eles precisam para manter o entusiasmo? Neste capítulo, refletiremos sobre como é importante manter essa emoção latente em nossos jovens e o que é necessário para que isso aconteça.

**AURÉLIA PICOLI E
ANA AMÉLIA DE CESARO**

Aurélia Picoli e Ana Amélia De Cesaro

Contatos Aurélia
aurelia@letsplay.com.br
Linkedin: Aurelia Picoli

Contatos Ana Amélia
ana@letsplay.com.br
Linkedin: Ana Amélia De Cesaro
www.letsplay.com.br

Curiosas por natureza, viajar as alimenta. Uma é da caipirinha; a outra, do vinho. Uma é gremista; a outra, colorada. Uma é mais analítica; a outra é mais política. Uma é morena; e a outra é loira. Dessa dualidade nasce um pedido que Aurélia fez para Ana Amélia, que disse sim, e lá se vão quase duas décadas de parceria. Como dupla sertaneja? Não, como dupla de pesquisadoras, apaixonadas por pessoas, por seus comportamentos, seus desejos, anseios e suas preferências. Do convite, nasce a Play Pesquisa e Conteúdo Inteligente. Lá, trabalham com projetos que vão desde inovação em produtos até o entendimento de novos comportamentos e hábitos, atendendo a grandes empresas nacionais e internacionais, aprendendo todos os dias algo novo, conectando e repassando esse conhecimento. Aurélia é formada pela Fundação Getulio Vargas (FGV) em Marketing, com especialização em Psicologia do Consumo pela Escola Superior de Propaganda e Marketing (ESPM), mãe do Pedro, do Luiz e, agora, de dois adolescentes, Ana Julia e Felipe. Ana Amélia é publicitária de formação, formada pela Unisinos (RS), com especialização em Psicologia do Consumo pela ESPM; mãe da Manuella, sua borboletinha.

Introdução

Antes de falarmos do entusiasmo em si, é bom entendermos em qual território ele está. No da emoção ou no do sentimento? Mas antes disso ainda, você sabe qual é a diferença entre os dois? A emoção é uma reação imediata a um estímulo, é algo que mexe com você. Já o sentimento envolve um alto grau de componente cognitivo, de percepção e avaliação de algo. Simplificando, emoção é reação, enquanto o sentimento é construção.

E o que é o entusiasmo? É a alegria intensa, vívida, estado de exaltação, empolgação. Portanto, nada mais é do que uma emoção de excitação e energia positiva, geralmente experimentadas em antecipação ou resposta a algo agradável ou estimulante. Aliás, é um dos sentimentos mais poderosos que um ser humano pode experimentar. Você sabe qual é a fase da vida na qual vivemos essa emoção de modo mais frequente e exacerbada? Parabéns para quem respondeu na infância. Sim, é nessa fase que a alegria é altamente contagiante, tomando conta de toda a casa e família.

Segundo a psicóloga Caroline Leal, especialista no comportamento infantil e adolescente, "o entusiasmo é uma emoção que deriva da alegria, sendo esta uma emoção inata mais presente no período da infância por ter função protetiva ao desenvolvimento. É por isso que as crianças são tão felizes, cheias de energia e vitalidade".

E na adolescência?

Vamos começar pelas mudanças hormonais que, sim, têm muito a ver com o entusiasmo ou a falta dele em alguns momentos. Mudanças repentinas e imprevisíveis de humor, às vezes acompanhadas de agressividade, são frequentes nessa fase, mas, em sua maioria, representam a insegurança e a ansiedade diante de tantas situações novas, que geram dúvidas e provocam transformações.

A própria desregulação dos hormônios que controlam todas as emoções e mexem com essa flutuação de humor afeta a intensidade de entusiasmo do adolescente, o que também diminui a alegria em vários momentos e em determinadas situações aparentemente positivas para eles. Essas alterações hormonais acabam ainda deixando o jovem mais cansado e com menos ânimo para algumas tarefas simples do dia a dia.

Existe entusiasmo nessa fase?

Para vocês, pais e professores, respondendo a essa pergunta, talvez a resposta que dariam seria NÃO ou quase nunca. Mas nós podemos garantir que sim, é claro que existe! O grande ponto em questão é a causa do entusiasmo desse jovem, pois ela é bem diferente da razão do entusiasmo infantil, que os pais vivenciaram com as crianças e muitas vezes não conseguem entender o que de fato mudou e por que mudou.

Uma das principais mudanças sentidas pelos pais é que não adianta mais convidar o filho ou a filha para um passeio juntos e querer ver a mesma empolgação de quando esse convite era feito quando eles tinham 7 anos de idade.

Calma, não significa que o adolescente não queira ir, que não goste mais de você como antes ou ainda que ele não queira mais receber seu convite. Vou explicar, pode parecer complexo, mas não é.

O que acontece é que o adolescente passa a ter outros interesses em comparação à fase infantil, e estar com os amigos, por exemplo, se sentir parte de algo, ser incluído, são coisas mais empolgantes e que provocam um dos maiores entusiasmos para eles.

Mas por que os amigos e não os pais? Eles agora amam mais os amigos do que os pais? Também não!

Aqui o ponto principal é a busca por sua individualidade e é com os amigos, muitas vezes na mesma faixa de idade, passando pelo mesmo momento, que buscam apoio e espelhamento.

Esse é um período de ensaio para o mundo adulto e um grande motivo do entusiasmo para que ele encontre seu propósito: identificar quem ele é e o que quer ser para si mesmo e para o mundo lá fora. O que acontece é que o que ele busca para si neste momento muitas vezes vai contra as expectativas dos pais. Daí esse afastamento momentâneo, para ele poder se olhar, se avaliar e se diferenciar do que os outros querem para ele.

Muitas vezes o entusiasmo vem apenas pelo fato de a opinião dele ser respeitada, ser compreendida.

Eles querem se afastar dos pais, então?

Sim e não. O que eles querem é poder ser eles mesmos e não aquilo que os pais ou familiares desejam que eles sejam. Por isso acabam inclusive tendo atitudes mais rebeldes para mostrar que podem e querem ser diferentes. Mas isso não significa, de jeito nenhum, que não desejam a conexão emocional com os pais, que é algo essencial para eles nesse momento.

Apoio, compreensão e amor é a tríade fundamental para que possam experienciar essa etapa de descoberta e busca de seu eu com tranquilidade e segurança. Ou seja, criam certo afastamento físico com os pais, na busca de espaço, mas a conexão emocional e amor precisam ser contínuos e bem claros para eles.

Em estudo realizado pela Play Pesquisa e Conteúdo Inteligente, com mais de 3.500 adolescentes, a mãe e o pai seguem sendo as figuras mais importantes na vida deles. É nos pais que podem confiar 100%, são eles que estão sempre presentes quando precisam e são uma grande fonte de amor, segundo eles. Além disso, esperam que eles sejam sempre o porto seguro, no qual deve haver amor, compreensão, incentivo e conversas francas e abertas, sem julgamentos.

Aurélia Picoli e Ana Amélia De Cesaro

> *Ah, é para minha mãe que conto tudo o que acontece, ou quase tudo. Talvez porque ela seja a pessoa que está sempre interessada em saber sobre mim, sobre minha vida, eu até demorei para entender isso.*
> (Adolescente de 17 anos)

Quem os influencia?

Outro ponto fundamental para os adolescentes é a influência. Aqui, os pais novamente entram em cena e nunca foram tão imprescindíveis. Hoje, mais do que nunca, os adolescentes precisam de seus pais; outros fatores ou meios de influência só roubarão a cena se os pais deixarem de se envolver, de participar e de se conectar com seus filhos.

Ainda de acordo com o estudo da Play, 49% dos adolescentes dizem que a maior influência deles é a mãe, e 34% dizem ser o pai. Youtubers e os próprios amigos aparecem bem depois no ranking com 16% e 14%, nessa ordem.

> *Os pais são nossa referência. Depois da pandemia, percebi o quanto meus pais fazem de tudo pela nossa família, o que eles fazem me inspira.*
> (Adolescente de 14 anos)

Ou seja, os pais exercem a influência mais significativa na vida de seus filhos, e a chave dessa influência, com certeza, é o amor.

O que mais preocupa são os relatos dos adolescentes que dizem não se sentir amados pelos pais. Conversando com esses pais, notamos que um dos principais desafios para eles é como demonstrar esse amor aos filhos, de modo que compreendam que, sim, eles os amam. Isso porque muitas vezes os pais não sabem expressar esse sentimento em uma linguagem que faça sentido para os filhos.

No livro *As cinco linguagens do amor dos adolescentes*, o dr. Gary Chapman (2018) cita linguagens importantes que podem encher o que ele chama de reservatório emocional e de amor do adolescente, mas é fundamental entender o que faz sentido para o jovem. Por isso, o diálogo novamente é tão relevante nessa fase em que o cérebro está em transformação e os hormônios em ebulição.

Como estabelecer uma relação de entusiasmo com eles?

1. Deixem ser quem quiserem ser

O que você idealiza quando pensa no futuro de seu(sua) filho(a)? E o que será que ele(a) pensa? Já parou para ouvir o que ele(a) tem a dizer? Será que o que você idealiza como pai ou mãe é o mesmo que ele(a) sonha para o futuro?

Essas perguntas são difíceis, porque pais sempre têm em mente muitas expectativas, se projetam nos filhos, no que não puderam ser ou fazer, idealizando o que ainda podem fazer e eles não mais.

De acordo com o livro *O cérebro que diz sim*, dos autores Daniel J. Siegel e Tina Payne Bryson (2019), o correto é os pais ajudarem os filhos a manter-se fiéis ao que são e guiá-los na construção de capacidades que lhes permitam interagir com o mundo com equilíbrio, resiliência, percepção e empatia. E esse sucesso autêntico ocorre quando o adolescente desenvolve uma abordagem aberta e receptiva às suas experiências, com uma compreensão potente deles mesmos, seus sonhos, desejos e paixões.

Porém, encarando a realidade nua e crua, normalmente os pais, a escola e a sociedade de maneira geral trazem conceitos de sucesso movidos de fora para dentro e não o contrário, em que o que se faz e o que se conquista são as métricas principais do sucesso, da realização. E nessa fase os jovens estão se descobrindo. Dar-lhes a liberdade de se reconhecer e se respeitar pelo que eles são será a principal base para o tipo de adulto que virão a ser. E essa "liberdade" é uma das grandes alavancas de entusiasmo para eles.

2. Elogie o processo

Outra forma de ajudar este adolescente a manter o entusiasmo é fazê-lo enxergar sob a ótica do processo e não apenas da conquista. É apontar o caminho e não só a linha de chegada.

Se o jovem se sai bem em uma prova de atletismo na escola, por exemplo, sendo o campeão, nossa reação é sempre dizer: "Parabéns, garoto, você é o melhor!". Quando o elogio for sempre voltado à conquista final, isso pode ser muito frustrante, pois ele não será todo dia o campeão, não será todo dia o que tirará 10 na prova de matemática. Nesse contexto, em que tudo é efêmero e perde rapidamente o valor e o engajamento, saber valorizar a jornada e o esforço até a linha de chegada, com certeza, o entusiasma a continuar caso hoje não tenha sido seu dia de medalha.

De acordo com o livro *Mindset*, de Carol S. Dweck (2016), isso não significa que não devemos elogiar entusiasticamente nossos filhos quando fazem algo bem-feito. Devemos apenas evitar os elogios que julgam diretamente a inteligência ou o talento e sim valorizar ainda mais o esforço que dedicaram para tal.

3. Amor incondicional e cuidado

Já entendemos que a proximidade física entre pais e filhos adolescentes não necessariamente os conecta, mas que o grande vínculo emocional só ocorre por meio da comunicação clara, franca e aberta.

Você pode tomar café da manhã, almoçar e jantar todos os dias com seu(sua) filho(a), mas, se não houver um diálogo de qualidade, sem o canto de olho em seu celular, não saberá quem é seu(sua) filho(a), como pensa e o que deseja. E, para estabelecer essa conexão, deixar claro o quanto ama seu filho e/ou sua filha, falar o quanto é feliz por serem seus pais é fundamental para que se sintam seguros para se expressar, se desenvolver, evoluir.

53% dos adolescentes dizem que é na família que estão as ferramentas para se conhecer e progredir, já que é ela que entrega o amor, o incentivo e a confiança buscada, de acordo com estudo da Play Pesquisa. E uma das melhores formas de nutrir o amor para com este jovem é o cuidado.

Após a realização de uma pesquisa, na qual falávamos de família e relações, um adolescente de 15 anos pareceu incomodado e pediu para ficarmos um pouco mais a fim de conversarmos com ele. Parecia muito angustiado e triste. "Fiquei à vontade com vocês e queria uma opinião. Meus pais trabalham em casa. Eu os vejo todos os dias, jantamos juntos sempre, mas eles nem olham para mim. Só se preocupam em saber se estou estudando para as provas. Faz tempo que minha mãe não faz minha comida preferida, acho que ela nem lembra qual é. Sinto que ela não cuida mais de mim. Sei que não sou fácil; gosto de ficar na minha no meu quarto, mas acho que eles deveriam vir me procurar e entender como estou. Afinal, eles são meus pais". Naquele dia, tivemos um grande exemplo do que chamamos de abismo na comunicação: o filho se esconde, não se expressa e os pais tampouco o procuram, o que gera um distanciamento desnecessário, e o diálogo salvaria essa relação que pode trazer consequências perigosas no futuro. Ou seja, sentir-se cuidado é sentir-se amado e isso salva. Viver em um ambiente de diálogo, cuidado e clareza do amor elevará o espírito deste jovem, aflorando seu entusiasmo para continuar sua jornada de busca por si mesmo.

Top 5 do entusiasmo nos jovens:

- Demonstrar amor.
- Dar autonomia.
- Respeitar.
- Superar obstáculos.
- Cuidar.

Top 5 do NÃO entusiasmo nos jovens:

- Ser julgado.
- Sentir-se só.
- Ser rejeitado.
- Lidar com o desconhecido.
- Lidar com frustrações.

Referências

CHAPMAN, G. *As 5 linguagens do amor dos adolescentes: como expressar um compromisso de amor ao seu filho*. 3.ed. [s. l.]: Mundo Cristão, 2018.

DWECK, C. S. *Mindset: a nova psicologia do sucesso*. São Paulo: Objetiva, 2016.

PLAY PESQUISA E CONTEÚDO INTELIGENTE. *Pesquisa quantitativa de comportamento do jovem, executada pela Play Pesquisa e Conteúdo Inteligente com 3.500 jovens de 13 a 24 anos*. São Paulo: 2023.

SIEGEL, D. J.; BRYSON, T. P. *O cérebro que diz sim: como criar filhos corajosos, curiosos e resilientes*. São Paulo: Planeta, 2019.

RESILIÊNCIA E SENSIBILIDADE

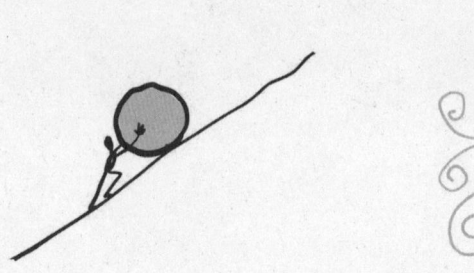

A resiliência é a habilidade que se constitui na capacidade de estar diante de um desafio e encontrar um caminho de solução com equilíbrio. Ela é real quando, na prática, temos a sensibilidade de sentir e fazer conexões com nosso mundo interno, sentir o ambiente e os outros, dando voz às atitudes assertivas e sábias.

Desenvolver a resiliência e a sensibilidade é uma necessidade de pais e educadores, nas relações que estabelecem entre si, com as crianças e com os adolescentes. Essas formas de sentir são *soft skills* que demandam a mediação de um adulto cuidadoso. Por meio dessas habilidades, caminhamos para o desenvolvimento da empatia – componente tão necessário para a formação de pessoas responsivas, que atuem de maneira criteriosa e respeitosa mediante os desafios que se apresentarão ao longo da vida. Em contrapartida, a sensibilidade é uma *soft skill* que se apresenta como elo estrutural, porque a partir dela muito se aprende por vivências zelosas, pela relação construída com o outro como ser sensível e por trocas que acontecem por meio de escutas e presenças atentas. Para que todo esse caminho aconteça, o papel do adulto é essencial na relação com o adolescente.

Nos próximos dois capítulos, as autoras Maria Thereza Valadares e Thaís Tallo trarão uma abordagem atual e coerente para que pais e educadores visualizem situações do cotidiano, que podem estimular e permitir que essa nova geração alcance essas *soft skills*.

Lucedile Antunes e Beatriz Montenegro

13
___

RESILIÊNCIA

Nada do que foi será, de novo, do jeito que já foi um dia... Tudo passa, tudo sempre passará... A vida vem em ondas, como o mar... Um indo e vindo infinito...
LULU SANTOS

**MARIA THEREZA
MACEDO VALADARES**

Maria Thereza Macedo Valadares

Contatos
Instagram: @valadarespediatria
31 99119 5576

Mãe de dois meninos encantadores, Joaquim e João, que, apesar da pouca idade, 6 e 4 anos, são seus maiores e melhores professores, ensinando sobre viver e bem. A maternidade é o seu "trabalho" mais sério e, paradoxalmente, o mais leve. É pediatra e mestra pela Universidade Federal de Minas Gerais. Especialista em Medicina do Adolescente pela Sociedade Brasileira de Pediatria e educadora parental com ênfase em atuação consciente na infância. Hebiatra do ambulatório de medicina do adolescente no Hospital da Polícia Militar de Minas Gerais e atende também em seu consultório. A paixão pela trajetória inicial da vida foi herdada de sua mãe, pediatra há mais de 20 anos e sua maior inspiração. Encantada pelo desenvolvimento humano, busca acolher e caminhar ao lado das famílias no processo de transformação das crianças e dos adolescentes, pois compreende os desafios, mas, acima de tudo, as maravilhas dessa faixa etária. Busca semear sementes para um lindo florescer, um verdadeiro "adoleSer".

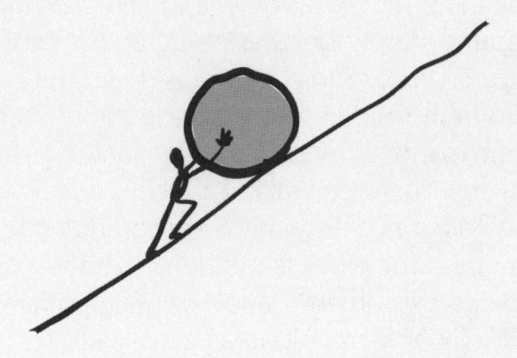

Adolescência x resiliência

A adolescência é um período peculiar do desenvolvimento humano, marcado por alterações intensas e diversas. Mudanças físicas, mentais e sociais. Crescimento acelerado, transformações corporais. Busca por identidade, desprendimento da "autoridade" dos pais. Tendência grupal, sensação de invulnerabilidade. Uma preparação para a vida adulta. Literalmente, uma metamorfose.

Resiliência, palavra latina, usada desde o século XVII. Vem de RESILIRE, "saltar de volta", formado por RE-, "de novo, outra vez", mais SALIRE, "saltar". Utilizada inicialmente para se referir apenas a objetos: capacidade de um objeto retornar à sua forma inicial. Flexibilidade, elasticidade. A partir do século XIX, o termo ultrapassou seu sentido literal e começou a ser empregado para descrever pessoas.

Podemos, então, falar sobre resiliência humana. Significado mais amplo. Capacidade de recuperação diante de uma situação desafiadora. Mas aqui não retornamos à nossa forma inicial. "Nada do que foi será, de novo, do jeito que já foi um dia...". Aprendemos. Saímos fortalecidos. Mudamos. "Tudo passa, tudo sempre passará...".

Mudança. Desafio. Resiliência e adolescência têm muito em comum. Vamos imaginar que a travessia da infância para a vida adulta é feita via oceano. Nossos barcos estão prontos. Preparados. Tivemos mais de uma década para essa preparação. Alguns barcos foram lapidados, estão mais fortes e robustos. Seus marinheiros confiantes. Outros nem tanto. Pequenos e remendados. Marinheiros inseguros. Mas todos irão atravessar o mar. E todos enfrentarão tempestades, trovoadas a mar aberto. E, claro, todos terão dias de sol, brisa e tranquilidade.

Mas como iremos lidar com esses desafios? Somente os barcos lapidados com marinheiros confiantes chegarão ao final da travessia? É sobre isso que queremos falar. Situações adversas e desafiadoras existem para todos nós. Estejamos preparados ou não, temos uma certeza: a tempestade virá. De pequena a grande magnitude.

Durante o desenvolvimento, adolescentes irão vivenciar circunstâncias adversas diariamente. Algumas mais leves, como chuvas no fim da tarde. Discussão com os amigos, derrotas esportivas, nota ruim na prova. Outras mais intensas, como tempestades repletas de raios e trovões. Perda de um ente querido, diagnóstico de uma doença grave, bullying na escola.

Nessa travessia, nem todos ficarão fortalecidos até o final. E não teremos apenas barcos lapidados com marinheiros confiantes comemorando a conquista. Acredite. Alguns desses chegarão aos pedaços. E dentre os barcos pequenos, remendados, teremos também marinheiros fortalecidos, celebrando a trajetória.

O que mudou? Por que alguns alcançaram o porto mais fortes? Seja com o barco lapidado ou remendado, alguns marinheiros cresceram nessa travessia. Esses, certamente, estarão mais preparados para a próxima jornada. Outros, por sua vez, aportaram destroçados, desanimados, sem ânimo para a próxima viagem.

Por trás dos marinheiros que cresceram ao longo da travessia, havia uma grande rede de proteção. Isso fez que tivessem maior possibilidade de sucesso e, consequentemente, felicidade ao término. Fortalecidos. Mas temos esperança. Podemos igualmente ensinar aos marinheiros que se sentiram devastados como enfrentar novamente esse mar da vida. As ondas não param.

O oceano de Marvin

Marvin nasceu no ano 2000. Filho de pais adolescentes, ambos com 17 anos na época. Estudantes. Ficaram juntos até os 2 anos de Marvin. Ele morava com sua mãe e seu avô paterno. Ocasionalmente, seu pai ia visitá-lo. A mãe dele, desde o início da adolescência, dava sinais de pouca saúde mental. Ansiedade, depressão, comportamentos compulsivos.

Quando Marvin estava com 4 anos, sua mãe foi aprovada em uma faculdade em outro estado. Precisava se mudar para agarrar a oportunidade de estudo, mas não seria possível levar a criança. O pai não tinha condições de ficar com o menino. E a rotina do avô materno também não permitia um cuidado melhor para ele.

A bisavó de Marvin, pessoa que demonstrava muito afeto e respeito pelo menino desde o seu nascimento, ofereceu-se para abrigá-lo. E assim o fez. Marvin foi recebido por ela: acolhido em sua casa e, principalmente, em seu coração.

Os anos se passavam. A mãe de Marvin ficava cada vez mais distante do menino. Perdeu-se nos estudos. Perdeu-se na vida. Comportamentos inadequados, transtornos psíquicos. Tentou se reencontrar fora do país. Não foi possível. O menino continuava com a bisavó.

Aos 10 anos, Marvin inicia suas mudanças puberais. Voz mais grossa, interesses diferentes. Nessa época, além das tempestades hormonais, começou a vivenciar também as tormentas familiares: tentativa de autoextermínio da mãe, briga entre a mãe e o avô materno. Tempos difíceis. Mas Marvin seguia firme. Sua bisavó o acompanhava nessa travessia. E momentos leves apareciam para suavizar o caminho.

Aos 15 anos, o céu de Marvin começou a se fechar novamente. Cinzento, escuro demais. Uma tempestade diferente de todas as vivenciadas até então. Em meio a ondas gigantescas, traiçoeiras e revoltas, Marvin perde sua bisavó. E sua alegria. E sua esperança.

Marvin não se encontrava no oceano. Estava literalmente perdido. Mas entre uma e outra emboscada, enxerga uma ilha. Muda sua rota. E encontra-se com uma tia materna que lhe oferecia algo parecido com o que recebeu aos 4 anos. Acolhimento, afeto e segurança. A tia materna assegura a Marvin que sua trajetória deve ser continuada. E que, a partir de agora, ela estará do seu lado. Casa, alimentação, estudos. Marvin sente a brisa. E prossegue.

O tempo passa. Marvin cresce; 18 anos, aprovado para a faculdade; 24 anos, ingressa no mercado de trabalho; 27 anos, casamento e filhos. Segue sua trajetória.

Eventualmente o mar se agita. As ondas vêm fortes, imensas. Chuvas e mais chuvas. Mas Marvin não solta o timão. E consegue ter paz, alegria e descanso nos dias de céu aberto, limpo. Aproveita e sente o calor do sol. Corpo e coração aquecidos.

O sucesso da trajetória

Não se é resiliente sozinho. Não se é adolescente sozinho. Inúmeros estudos apontam que o principal fator para auxiliar na construção da resiliência, essa capacidade de adaptação bem-sucedida diante de situações adversas, é a presença de uma rede de suporte, formada por uma ou várias pessoas que sejam referência para aquele adolescente. Pais com quem o adolescente tenha um bom vínculo, parentes e professores que demonstram afeto por ele.

O adolescente pode enxergar por si só essas referências. Mas também pode ser recebido. E como essa rede de suporte o apoia?

Acolhimento, afeto, segurança e proteção. Adolescentes que se sentem amados e seguros tendem a se recuperar melhor após os desafios vivenciados.

A rede de apoio também pode ajudá-lo a desenvolver sua autoestima e, acima de tudo, sua autoconfiança. Quando você tem uma autoestima elevada, possui uma boa percepção sobre si mesmo. Mas a autoconfiança vai além. Adolescentes autoconfiantes acreditam que são capazes de realizar algo. Para aprimorar essas habilidades, autoestima e autoconfiança, a rede de suporte do adolescente pode incentivá-lo a realizar atividades que trabalhem mente e corpo, como a prática de atividades físicas, alimentação balanceada e um período de sono adequado. Estimular também as qualidades, as individualidades daquele adolescente, é um ótimo caminho.

Soma-se à rede de apoio e às características individuais (como autoestima e autoconfiança) a importância do meio. Ambiente familiar, escolar e comunidade que se voltem para a adolescência e que estejam atentos às suas peculiaridades, procurando promover saúde: um bem-estar biopsicossocial.

Parece desafiador fazer a ligação entre adolescência e resiliência. Adolescentes, muitas vezes, são vistos como imaturos, desobedientes, ariscos. Neurologicamente, o cérebro, especialmente o córtex pré-frontal, ainda está em fase de maturação. A busca por sensações prazerosas e a impulsividade podem ser facilmente explicadas pela neurociência. Mas é a própria neurociência que nos mostra também a possibilidade de aperfeiçoar essa grande capacidade de lidar com situações difíceis, aprender com elas e nos tornar mais fortes.

Cada adolescente navega um oceano. São desbravadores. Marvin enfrentou o seu. Teve tempestade, trovoada. Teve dias de sol e mar calmo. E com esse balanço, desbalanço, ele se tornou resiliente. Conseguiu se fortalecer. Conseguiu crescer. Adolescer. Da melhor maneira possível.

Referências

MORGAN, N. *Be Resilient: For to Build a Strong Teenage Mind for Tough Times*. Londres: Walker Books, 2021.

PAPALIA, D. E.; FELDMAN, R. D. *Desenvolvimento humano*. 12.ed. Porto Alegre: Artmed, 2013.

SIEGEL, D. J. *O cérebro adolescente: o grande potencial, a coragem e a criatividade da mente dos 12 anos aos 24 anos.* São Paulo: nVersos, 2016.

SIEGEL, D. J. *O cérebro que diz sim: como criar filhos corajosos, curiosos e resilientes.* São Paulo: Planeta do Brasil, 2019.

14
___

SENSIBILIDADE

Neste capítulo, falo sobre a importância da sensibilidade como caminho para a formação de relações pautadas em experiências que validam a singularidade do vivido. Por meio dela, podemos olhar para o outro, como todo e como parte, afastando-nos, assim, do lugar de reprodução da verdade. Crianças e adolescentes, mediados pela sensibilidade, podem aprender a conviver com as diversas situações da vida, zelar por suas emoções com mais autonomia e subsistir processos de aprendizagens dialogados e colaborativos.

THAÍS TALLO

Thaís Tallo

Contatos
thais.tpt@hotmail.com
LinkedIn: Thais Pereira Tallo
Instagram: @_thais.tallo_

Mãe da Lívia, pedagoga e cientista social pela Pontifícia Universidade Católica de São Paulo (PUC-SP), tenho a escola como espaço mais profundo de atuação, com aplicação de pesquisas e trabalhos desde à educação Infantil, passando pelos anos iniciais e pelos anos finais do ensino fundamental. Para além da sala de aula e, como coordenadora pedagógica, pude olhar para a gestão escolar e aprofundar minhas ações por meio de estudos teóricos, participando do curso de pós-graduação, pela Universidade de São Paulo (USP), em Gestão Escolar. Fora da escola, cuido dos processos de aprendizagem das crianças como psicopedagoga, formação que realizei pelo Instituto Singularidades. Ao longo do meu caminho com a infância e na educação, mergulhei no universo das artes e especializei-me em artes plásticas. Sou fascinada pela força sensível e poética da arte e de como, por ela, podemos nos deslocar no tempo e no espaço e conectar passado, presente e futuro. Esse afeto pelas artes levou-me também a atuar como arteterapeuta em ONGs de São Paulo. Hoje, na escola, toda essa bagagem torna possível construir relações profundas e respeitosas com meus pares e com a infância. Entusiasmada por estar onde quero e realizada por atuar onde escolhi, sigo fazendo valer a frase que me representa: "O coração é como a árvore – onde quiser, volta a nascer"! (adaptação de um provérbio moçambicano por Mia Couto, no livro *O fio das missangas*).

Adolescência: resiliência e sensibilidade

> O eu antidialógico, dominador, transforma o tu dominado, conquistado num mero "isto". O eu dialógico, pelo contrário, sabe que é exatamente o tu que o constitui. Sabe, também, que, constituído por um tu – um não eu – esse tu que o constitui se constitui, por sua vez, como eu, ao ter no seu eu um tu. Desta forma, o eu e o tu passam a ser, na dialética destas relações constitutivas, dois tu que se fazem dois eu (FREIRE, 1983, p. 196).

A vida é presença, acontecimento e experiência, uma força transformadora. Chegar ao mundo é irromper a fronteira entre um ciclo embrionário-potencial para uma permanência nascente-cinética. A partir do nascimento, passamos a ter vida exterior no mundo. Ocupamos um plano manifesto: estamos, somos, desejamos. E as inúmeras temporalidades/espacialidades da existência exigem de nós movimentos constantes para o criar(-se) e para o recriar(-se). Do latim *vita*, a vida é um estado de atividade incessante e proporcional ao tempo de uma existência. Precisamos aprender a estar aqui e esse aprender a viver precisa de mediações, de acolhimentos e tempo-espaço para muitos ensaios.

"Aprender a viver exige uma vida inteira...", dizia Sêneca. Aprender é um acontecimento ininterrupto, uma ação irrevogável. A vida, apreendida como jugo experimental-existencial, nos exige diligência, resiliência, entrega e muita sensibilidade. A essência de nosso estado vital gravita pelo par energia e sensibilidade. Somos processo sensível de construção, somos fluxos em movimento, fazeduras e artesanias complexas, um delicado cerzir feito de retalhos, experiências, memórias... Somos tramas repletas de texturas e remendos, suturas e junções. Viver se faz na própria ação vivificante, numa atividade continuada individual, coletiva e intransferível do sentir e do escolher caminhos. Tecemos com linhas (des)contínuas e prolongadas idas e vindas, voltas e reviravoltas, cursos e decursos. Somos, simultaneamente, o micro e o macro; somos organismos múltiplos e interligados, temos o mundo e a humanidade como parte de cada ser vivente.

> Tal como ocorre na aritmética, o múltiplo é sempre um processo, uma operação, uma ação. A diversidade é estática... A multiplicidade é ativa, é um fluxo, é produtiva. A multiplicidade é uma máquina de produzir diferenças – diferenças que são irredutíveis à identidade. A diversidade limita-se ao existente... A multiplicidade é um movimento. A diversidade reafirma o idêntico. A multiplicidade produz a diferença que se recusa a se fundir ao idêntico (TADEU, 2014, p. 100).

Essa passagem, desenhada pela "filosofia da diferença", traz em si uma reflexão encorpada acerca da distinção entre os termos "diverso e múltiplo". A partir dela, podemos olhar com mais cuidado para as designações comuns e homogeneizantes que nos são impostas e tomar posse de uma existência pautada numa sensibilidade que legitima o outro em sua diferença e que assume a própria existência como jornada singular e intransferível, longe de verdades fixas ou fases agrilhoadas.

O encontro de si e a juventude

A juventude é um momento em que o singular e o múltiplo entram em ponto de ebulição. Com força e por meio das diferenças, ela faz resistência aos limites, aos enquadramentos e ao idêntico. No corpo, jovens marcam enfrentamentos necessários diante das fronteiras ou das "fases" que não traduzem seus questionamentos. O corpo jovem torna-se, portanto, "[...] uma espécie de escudo às limitações, pois nele, de forma evidente, as juventudes mostram o que pensam e sentem. Os corpos "penduram" os acessórios, demonstram as cores, apresentam maquiagens, registram os perfumes e traduzem alegrias e tristezas" (FERREIRA, 2022). Tais mudanças e atravessamentos de fronteiras realizados ao longo da vida dos jovens são caminhaduras[1] complexas e sensíveis... Caminhadas perenes que precisam ser respeitadas em sua singularidade processual, tanto em relação a seu tempo de ensaio como em relação às soluções e seus desenlaçamentos.

A juventude é atravessamento, a adolescência, uma caminhadura. E, como toda fronteira a ser cruzada, ela exige colaboração, cooperação, combinação, coadjuvação, coparticipação, parceiragem... E a sensibilidade é o elo entre a experiência a ser vivida e a mediação meticulosa, minuciosa, amorosa. É a partir da parceria sensível que as fronteiras podem ser transpostas de maneira empática, resiliente e afetiva. A partir da sensibilidade, um corpo que grita pode, também, dialogar. O corpo que irrompe linhas pode, também, tornar-se próximo, achegar-se, aconchegar-se. Simultaneidades desejantes. Nós, adultos, a partir da receptibilidade, podemos ler melhor o que nos é transmitido por meio de sinais. A sensibilidade, quando se torna familiar, faz-se lugar de transformação mútua porque, a partir dela, ativam-se os olhares para as diferenças, para o singular e para a multiplicidade. Por isso, "sensibilizar-se" significa realizar um exercício radical e transversal de pensamento a partir da "unitas multiplex"[2], que nos ajuda a perceber a diversidade e a heterogeneidade das partes sob o ângulo do todo uno e homogêneo. A atitude mental de associar as ideias de unidade e multiplicidade, em lugar de opô-las, estimula nosso pensar e nos descortina um novo universo de compreensão da realidade.

Dores emocionais não são simples de serem compreendidas nem fáceis de serem identificadas. Sem a sensibilidade de olharmos simultaneamente para o outro, como um todo e como parte, o mais corrente é se estabelecer silêncios e distanciamentos, níveis profundos de difi-

---

1 "Caminhadura" em alusão à música "Drão", de Gilberto Gil. Ao longo da música, a ordem das palavras se inverte e caminhadura se transforma em dura caminhada, ponto em que o eu lírico reconhece os percalços do caminho e as dificuldades presentes na vida.

2 A perspectiva da unitas multiplex torna plenamente inteligível a simultaneidade dessas afirmações aparentemente contraditórias: "o todo é mais que as partes; as partes são mais que o todo". O todo é mais que as partes pelo fato de que a inter-relação em que estas estão produz a emergência de algo novo no todo (ANGYAL, A. Foundations for a Science of Personality. Cambridge: Harvard University Press, 1941, *apud* MORIN, E. O método 1: A natureza da natureza. 3.ed. [s. l.]: Editora Sulina, 2003, p. 102).

culdade que geram outras dores, talvez físicas... Abrir-se radicalmente para o sensível significa afastarmo-nos do lugar de reprodução do mesmo ou do idêntico, do absoluto ou da verdade. Blanchot (1969), em uma de suas passagens, nos faz o convite de "procurar acolher o outro como outro e o estrangeiro como estrangeiro; acolher outrem, pois, em sua irredutível diferença, em sua estrangeiridade infinita, uma estrangereidade tal que apenas uma descontinuidade essencial pode conservar a afirmação que lhe é própria".

O papel da escuta sensível

Na prática, vejo que escutas sensíveis e plurais, afáveis e receptivas desenham, por si e em si, caminhos para a legitimação de processos dialogados que validam vozes e expressões da juventude, escutas que fazem do universo inanimado da verdade estanque predefinida por um adulto uma articulação comunicativa outra que adere à diferença e que (trans)configura possíveis posicionamentos repetidos e limitantes. Para Judith Butler (1999),

> A repetição pode ser interrompida. A repetição pode ser questionada e contestada. É nessa interrupção que residem as possibilidades de instauração de identidades que não representem simplesmente a reprodução das relações de poder existentes. É essa possibilidade de interromper o processo de 'recorte e colagem' [...] que torna possível pensar na produção de novas e renovadas identidades.

Assembleias, mediadas por literatura, artigos, obras de arte, letras de música, dentre tantos outros disparadores, são ricas possibilidades para experiências ativas que procuram interromper repetições. Dar vozes aos jovens, a partir da escuta plural, renova o protagonismo entre eles e salvaguarda atitudes autônomas diante do cuidado de si e da própria subjetividade.

Rodas deliberantes, pautadas em mediações críticas e construtivas, perpetram uma "[...] cultura transversal que vem ao encontro da interseção dos saberes, dos conhecimentos, da ação e da vida. É preciso valorizar a criação de ambientes estimulantes para a aprendizagem e incentivar o desenvolvimento da criatividade" (TAVARES e ALARCÃO, 1985) e da sensibilidade para que o fio da infância não esteja desconectado do ingresso à juventude, que os conflitos internos – desgastantes e dolorosos – tão presentes nesse momento da vida possam ser escutados e abrandados e que o crescimento e a existência possam ser entendidos como processos e não como "fases" simplificadoras e universalizantes. Ouvir com sensibilidade é manter-se em [...] estado de hiperobservação, de suprema atenção –, o contrário de um estado dispersivo de consciência. E por isso a escuta, nesse caso, é de uma sutileza sem igual. A escuta é sempre uma escuta-ação espontânea. Ela age sem mesmo pensar nisso. A ação é completamente imediata e adapta-se com perfeição ao acontecimento. "A escuta sensível é o modo de tomar consciência e de interferir próprio do pesquisador ou educador que incorpora a lógica de abordagem transversal" (BARBIER, 1998, p. 172).

O diálogo como transversalidade e colaboração

Transversal. Transversalidade sensível. A juventude como transversalidade e como possibilidade de se instituir diálogos. Diálogos, de coração, entre o tu e o eu; conversações pautadas na simultaneidade, num movimento entre conhecimentos teoricamente sistematizados (aprender sobre a realidade) e as questões da vida real (aprender na realidade e da realidade). Na teoria dialógica freireana, inclusive, o diálogo funda ações colaborativas. Por isso, professores e estudantes são, ao mesmo tempo, sujeitos do conhecimento e sujeitos aprendentes. A aula, por sua vez, é o encontro entre as partes que buscam conhecimentos. Por esse prisma, a juventude como unidade e como multiplicidade em si pode, substancialmente, tornar-se poema.

> Chamo poema tudo aquilo que ensina o coração, que inventa o coração; enfim, tudo aquilo que a palavra coração parece querer dizer. Logo: o coração lhe bate para além das oposições do interior e do exterior, da representação consciente e do arquivo abandonado. Um coração se abate, nos atalhos ou estradas, livre da sua presença, humilde, próximo da terra, bem baixo. Reitera murmurando: nunca repete. Em um só algarismo, o poema (o aprender de cor) sela juntos o sentido e a letra como um ritmo espaçando o tempo (DERRIDA, 1992).

Referências

BARBIER, R. A escuta sensível na abordagem transversal. *In*: BARBOSA, J. *Multirreferencialidade nas ciências e na educação*. São Carlos: Editora da UFSCar, 1998.

BLANCHOT, M. *L'entretien infini*. Paris: Gallimard, 1969.

DEBONI, C. *Desafios da adolescência na contemporaneidade: uma conversa com pais e educadores*. São Paulo: Summus Editorial, 2023.

DERRIDA, J. *Che cos'è la poesia?* Disponível em: <https://www.cidade-futura.com.br/wp-content/uploads/Derrida_Che-Cosa-la-poesia.pdf>. Acesso em: jun. de 2023.

DERRIDA, J. Que cos'è la poesia? *In*: DERRIDA, J. *Points de suspension*. Paris: Galilée, 1992.

FERREIRA, H. M. *A geração do quarto: quando as crianças e adolescentes nos ensinam a amar*. 3.ed. Rio de Janeiro: Record, 2022.

FREIRE, P. *Pedagogia do oprimido*. 12. ed. Rio de Janeiro: Paz e Terra, 1983.

HALL, S. *A identidade cultural na pós-modernidade*. 11. ed. Rio de Janeiro: DP&A, 2006.

LOURO, G. L. (org.). *O corpo educado: pedagogias da sexualidade*. Belo Horizonte: Autêntica, 1999.

PARDO, J. L. El sujeto inevitahle. *In*: CRUZ, Manuel (org.). *Tiempo de subjetividad*. Barcelona: Paidós, 1996.

SILVA, T. T. (org.). *Identidade e diferença: a perspectiva dos estudos culturais*. Petrópolis: Vozes, 2000.

TAVARES, J.; ALARCÃO, I. *Psicologia do desenvolvimento e da aprendizagem*. Coimbra: Livraria Almedina, 1985.

ORGANIZAÇÃO E FLEXIBILIDADE

Organização e flexibilidade, duas *soft skills* essenciais para a vida e que transformam a rotina de qualquer pessoa. Ser organizado está relacionado a uma capacidade interna e externa de gerir compromissos, obrigações e prazeres de modo que eles se encaixem em uma engrenagem harmônica.

A flexibilidade vem da capacidade de estabelecer prioridades e lidar com a imprevisibilidade que a vida apresenta, sem se desestruturar, mas conseguindo fazer essas escolhas de modo coerente com a essência e os objetivos de cada um.

Quando pais e educadores conseguem auxiliar adolescentes e jovens na conquista de uma vida organizada e flexível, nota-se o quanto eles "ganham" em sua vida pessoal, amorosa, de estudos e amizades. Em cada fase do desenvolvimento humano, sempre teremos atividades que são essenciais e prioritárias; contar com essas habilidades é muito importante.

Nos próximos dois capítulos, os autores Viviana Palou e Ricardo Gaspar trarão um aprofundamento sobre essas *soft skills* e sugestões de maneiras por meio das quais podem ser desenvolvidas, a partir de situações reais com jovens.

Lucedile Antunes e Beatriz Montenegro

15

ORGANIZAÇÃO

"É no caos que me organizo,
é no caos que recomeço e nele me transformo".

VIVIANA BOCCARDI PALOU

Viviana Boccardi Palou

Contatos
vivianapalou@gmail.com
Instagram: @palouviviana
11 99496 4341

Bióloga, trabalhou no setor de Neurologia Experimental (Laboratórios de Investigação Médica – LIM15) no Hospital das Clínicas da Faculdade de Medicina da Universidade de São Paulo (HC-FMUSP). Neuropsicopedagoga clínica e psicopedagoga clínica e Institucional. Trabalha no diagnóstico e na intervenção clínicos relacionados a problemas de aprendizagem em crianças, jovens e adultos. Monitora internacional (nível I) do Método Neuropoint (COMAU – Universidade de Ciências Pedagógicas Enrique José Verona (UCP) – Havana, Cuba). Especialista em Reabilitação Neuropsicológica (Hospital Israelita Albert Einstein, São Paulo), intervenção preventiva e terapêutica em pós-trauma, problemas de aprendizagem e processos cognitivos correlatos à senilidade e à senescência.

Caos e organização são elementos inseparáveis sem ordem entre eles, só se complementam, fazem parte de nossa vida, dão a essência ao ser.

No caos, existe o começo, a transformação como um motor que impulsiona e modifica aquilo que tira o sentido do que fazemos e o que nos faz recomeçar.

Gostaria de falar do caos da adolescência como marco de incalculáveis oportunidades que, se bem direcionadas, lapidam um adulto autônomo e consciente de si.

A adolescência não é linear nem unidirecional; vai além: tem abrangência holística mediada por ganhos e perdas que fazem parte do crescimento do indivíduo e o torna singular, não há outro igual. E que bom que assim seja.

O adolescente foge de padrões concretos e mergulha no abstrato, porque, longe de formalidades, consegue modelar a própria realidade com padrões filosóficos e de autoconhecimento, de acordo com os próprios modelos de vida.

O jovem atual é cibernético, digital, vivendo em uma era de poucas relações físicas e contato social real, na qual a empatia está pouco internalizada. Nesse mundo caótico, com informações de todo tipo e qualidade, como mostrar ao jovem a necessidade de se organizar e qual é o verdadeiro mérito nessa questão?

Adolescência: um pouco de história

O conceito de adolescência como a transição entre a infância e a vida adulta começa a ser descrito e considerado por volta do século XX, principalmente no âmbito da Psicologia. Ela é tida como crucial e decisiva no curso da vida, pois nela os contextos sociais poderiam ser fatores benéficos para o desenvolvimento da saúde e da família. Então, por que temos a visão de que na adolescência o jovem está fadado a percorrer um caminho tenebroso, escuro e incerto?

Podemos mudar essa leitura se consideramos que as transições incluem mudanças e que estas são processos de renovação, transformação e – por que não dizer – de renascimento. Sendo assim, proponho ter outra visão dessa fase. Vamos lá?

Mudando o foco: bem-vinda, adolescência!

Para começar, a adolescência provoca desordem; desorganização; falta de planejamento, de otimização e de equilíbrio, tão necessários para o bem-estar, a proatividade e a autonomia de todo indivíduo. Então, como mostrar a importância da organização a um adolescente que está no meio da turbulência?

Erramos quando pensamos, como pais e adultos, que as adaptações que o adolescente deve desenvolver são centradas somente nele, desconsiderando que são inerentes a todos e a todo o contexto, principalmente o familiar. Partindo desse princípio, cabe a nós, como pais, usar mecanismos facilitadores da organização e equilíbrio de nossos filhos nesse conturbado período.

Consideremos que a organização externa, do ambiente e das relações tem impacto em nosso equilíbrio interno, criando a resiliência do seu filho e primeiramente a "sua" como pai ou mãe, não é mesmo?

E para mudar o foco de vez, cito algumas situações que podem ser precursoras de mudanças positivas e que tanto você quanto seu filho podem praticar juntos, já que a organização e o planejamento não são restritos aos adolescentes.

Onde está meu corpo de criança?

O corpo da criança se transforma rapidamente, sem controle desfalece e dele surge um novo indivíduo.

Como é a visão que esse adolescente tem do seu "novo corpo" e com o entorno, ou seja, como adultos e outros jovens enxergam e valorizam?

O ponto importante são as mudanças internas que as externas provocam.

Sendo parceiros de nossos filhos, porque também estamos em constantes transformações, devemos ensiná-los a lidar com as transformações físicas decorrentes de cada idade e a gostar de nós mesmos, embora às vezes seja difícil, certo?

Aprenda a gostar de suas transformações com as de seu filho.

Organizando meu corpo

Sabemos que fatores hormonais, genéticos e hábitos alimentares influenciam nas mudanças físicas. Como organizá-las?

Podemos desenvolver o hábito de praticar atividades físicas, não apenas em uma academia, mas também em locais abertos, como ferramentas facilitadoras de condicionamento físico e equilíbrio emocional.

Para os jovens, as atividades grupais com seus pares são importantes referências de identidade social. Então, por que não organizar um grupo de caminhada ou outro exercício com seus filhos e amigos?

"Lembre a seu adolescente que a constância e a persistência (resultantes de uma boa organização) desenvolvem hábitos, mas que sejam de qualidade". E mais: ensine a seu filho como planejar e organizar uma atividade usando ferramentas úteis e acessíveis em outras situações com essas estratégias:

- Faça junto e elabore com ele uma planilha para organizar informações relevantes (use computador, celular ou lápis e papel).
- Ensine-o a ser "flexível" na escolha dos dados a serem considerados, já que fatores imprevisíveis podem interferir no que foi planejado.
- Uma planilha com nome, endereço e telefone dos colegas que vão participar é indispensável ajuda para conhecer outros pais e os amigos de seus filhos.

O adolescente apresenta dificuldades na "organização temporal", então:

- Construa com ele um calendário customizado, especificando atividades, locais, dia da semana e horário.

- Estimule-o a utilizar agendas digitais – já temos isso no celular – e outros dispositivos como alarmes, lembretes digitais que ajudarão na organização desta atividade.
- Organize grupos com os pais e os amigos de seus filhos. A tecnologia nos ajuda para isso. Grupos de WhatsApp incentivam as novas relações, conhecendo outras opiniões e experiências.

Ah! E lembre-se de que a organização física, mental e social não tem idade, não é mesmo?

Incentive-se e incentive seu filho adolescente a ter sempre uma visão positiva do próprio corpo.

Cérebro em transformação: organizando uma linha de pensamento

Nesse período de desenvolvimento global, o cérebro do adolescente está sofrendo mudanças e transformações.

Sabemos que o crescimento e o amadurecimento cerebral são processos longos, que vão aproximadamente até os 25 anos, e é na adolescência que mudanças anatômicas e fisiológicas ocorrem paralelamente ao aprimoramento de habilidades cognitivas.

O jovem está preparado para aprender a elaborar uma linha de pensamento sobre uma ideia e expressar sua opinião, fazer escolhas, tomar decisões e, dessa forma, preparar-se para a vida adulta, moldando seu futuro com valores morais próprios, organizando informações para elaborar critérios e criar soluções.

E, no meio desse processo, surge a personalidade do adolescente, inicialmente inconstante, na qual a emoção prevalece sobre a razão e suas decisões são mais impulsivas do que lógicas.

O pensamento do jovem é curioso, criativo, influenciado pelo ambiente, que oferece, às vezes, experiências pouco interessantes e o leva a procurar novas sensações e vivências. E, neste último caso, é essencial que você mostre a seu filho que as escolhas que ele realiza têm 50% de chance de darem certo, mas, por favor, prepare-o para os outros 50%.

Mostre a seu filho as experiências negativas que a vida e a mídia oferecem: drogas, abuso de bebida alcoólica, delinquência; acompanhe as relações "virtuais e reais" dele, já que podem ir muito além do que é saudável e, nesse ponto, sua vigília será incansável; não se esqueça dos outros 50%, certo?

O adolescente deve aprender a escolher. Para isso, a organização de critérios o levará a criar uma linha de pensamento que favorecerá as boas escolhas.

Apesar de tudo, você ainda me ama: organizando critérios de escolha para a tomada de decisão

Falamos que o cérebro do adolescente sofre transformações, novas habilidades vão se formando e, com elas, a de raciocinar sobre as consequências de seus atos e decisões, porém nem sempre ele faz uso correto dessas novas atribuições e assume riscos impensados como moeda de troca para a aceitação social e de seus pares.

Jovens com frequência se envolvem em situações não saudáveis motivados pelo ambiente, por seus amigos e pela mídia, que o incentivam a escolher os riscos que desejam correr, alguns "pela influência dos colegas" e outros por estar à procura de novas sensações, principalmente as de retorno a curto prazo. Não se esqueça de que o jovem é imediatista.

Fale e mostre que, apesar de tudo, das escolhas erradas e das tentativas frustradas, o amor que você sente por ele é incondicional e que estão juntos na mesma caminhada, seja ela boa ou ruim. Conte suas experiências e mostre que as incertezas e os erros ocorrem para todos e em qualquer idade, porque você já passou e passará ainda por isso.

Fazer trabalhos voluntários sociais mostrará como ele é importante para outros, sem restrição de idade e dos erros que alguém possa ter cometido. Façam atividades de convivência e apoio social juntos, porque não existe melhor exemplo que a realidade do outro para elaborar valores morais e alcançar a liderança positiva. Como?

- Contação de histórias em orfanatos e ONGs.
- Visita a lar de idosos. Levem música se tocarem algum instrumento, leiam alguma história ou apenas conversem com alguém que está em outra fase da vida e tem muito a lhes contar.
- Visitas a centros de reabilitação ensinarão seu filho a ter uma visão menos crítica e mais acolhedora para aqueles que não tiveram uma boa vivência em suas escolhas.

Aprenderão juntos:

- Novas maneiras de se comunicar.
- A pensar nas consequências perante situações de risco.
- A elaborar mecanismos de autorregulação e autocontrole.
- A desenvolver a empatia.

Pense que, no caos do insucesso das decisões alheias, seu filho pode aprender a organizar novas maneiras de pensar, analisar critérios, prioridades e entender as consequências das próprias escolhas.

Nem sempre a recompensa imediata por aquilo que decidimos fazer é a melhor resposta.

Preciso mudar o mundo: Ótimo! Começamos pelo seu quarto?

O quarto do adolescente é seu "santuário" e nele tudo acontece, tudo é vivenciado.

É nessa desordem sem tempo nem espaço físico que objetos dos mais variados se misturam como os pensamentos e as incertezas do jovem. Então, como ajudá-lo?

- Converse com seu filho na hora de conhecer as personalidades que ele admira, as ideias que apoia e os valores que considera. Isso modela a própria identidade, sua marca.
- Ajude-o a organizar o quarto respeitando os gostos dele, deixando esse mundo mais funcional, a começar por como guardar as roupas no armário.
- Explique que a organização de um quarto começa por etapas, primeiro o que está à vista e o incomoda ou incomoda os outros (roupas no chão) e, depois, aquilo que está mais guardado, que só nós sabemos organizar porque o incômodo daquilo é só nosso (fotos, cartas etc.).
- Diga que a vida é assim, como um quarto bagunçado, que organizamos de fora para dentro, mas deixando nossa marca.

Na organização, primeiramente de um quarto, e, depois, de nossa vida, selamos nossa identidade e deixamos nossa marca. A propósito, qual é sua marca?

Para concluir

A adolescência é uma trilha cheia de obstáculos e, no final dela, obtemos o mérito do autoconhecimento e da evolução pessoal. Então, considere cada obstáculo de sua vida como se fosse uma nova adolescência. Aceite esses desafios e transforme-se em cada um deles, sempre – pense nisso.

Para organizar minha vida, devo ser flexível às mudanças que ela me oferece. Vamos ao próximo capítulo?

Referências

FELDMAN, R.; PAPALIA, D. *Desenvolvimento humano*. 12. ed. Porto Alegre: Artmed, 2013.

VALLE, L. *et al*. Adolescência: as contradições da idade. *Revista Psicopedagogia*, v. 28, n. 87, 2011.

16

FLEXIBILIDADE

Cérebros adolescentes são, para nós adultos, confusos, complexos, desafiadores e, perigosamente, quase sem limites. Entenda por que as evidentes dificuldades dessa fase guardam um gigantesco potencial, que, bem orientado, alçará seu jovem para o caminho da plena realização.

RICARDO GASPAR

Ricardo Gaspar

Contatos
ricardo@geniumeducation.com
Instagram: @ricardogaspar.educ

Nos últimos 34 anos de vida, me dediquei de corpo, mente e alma à área da Educação. Tenho um apetite insaciável por aprender, por isso nunca deixarei de ser um estudante. Fundei diversas instituições na área de educação: Colégio Petrópolis, a escola Liceu Jardim, a Genium High School e o Instituto do Caráter. Também sou autor do projeto educacional da PEN Life International School. Atualmente, sou diretor geral do Colégio Petrópolis, da Escola Aquarela, da PEN Life International School e da Genium High School, além de trabalhar com formação de educadores – pais, mães e professores – em diversas instituições de ensino.

Graduado em odontologia pela Universidade Camilo Castelo Branco (1989). Coautor do Livro *Soft skills kids*, cursei pós-graduação em neurociência na USP e mestrado em Psicologia do Desenvolvimento pela Fundação Universitária Ibero-Americana. Participei do instituto MBE (Mind, Brain and Education), na Universidade de Harvard, em 2009. Tenho me dedicado à área de intervenção no desenvolvimento psicológico e educação. Sou *master trainer* para implantação de Educação do Caráter, pela CharacterPlus - Saint Louis/USA.

A adolescência é muito mais do que um fenômeno, descrito equivocadamente pelo senso comum, como uma aventura na "montanha-russa emocional", com subidas vertiginosas e descidas alucinantes sobre "trilhos" das descargas hormonais. Não! A adolescência é muito mais complexa do que as alterações hormonais e muito mais importante do que as típicas oscilações de humor.

Nessa fase, sob os surtos de rebeldia, dos *looks* radicais, da idolatria pelo grupo de amigos, da busca pelo prazer, da luta pela liberdade e independência e dos comportamentos de risco, oculta-se uma transformação absolutamente decisiva no desenvolvimento humano: a passagem da infância para a vida adulta.

A adolescência, apesar das mudanças físicas e hormonais, é essencialmente um fenômeno de maturação neurológica.

Entre crises e conflitos, nessa fase ocorre o processo de individuação, no qual, em um primeiro momento, o adolescente tentará construir a própria identidade para que, em uma segunda etapa, seja possível resolver a grande questão: seu papel no mundo.

Sim! A adolescência pode ser entendida como uma grande "fronteira existencial" que deve ser ultrapassada para se chegar ao "mundo" das pessoas adultas.

A grande contradição entre a necessidade de liberdade e a dependência dos pais é o pano de fundo e o cenário onde se desenvolve um enredo que dura mais de uma década. Dez anos de muita emoção, que começa com a puberdade e o epílogo é marcado pela conclusão do processo de maturação do córtex pré-frontal, por volta dos 25 anos.

Não ficou claro? Eu explico. A adolescência, como um fenômeno de maturação neurológica, inicia-se com a menarca, para as meninas, e, para os meninos, quando começam a produzir espermatozoides. As meninas, normalmente, entram na adolescência um pouco antes que os meninos. Nesse momento, algumas áreas neurológicas já atingiram um estágio avançado de maturação, a exemplo do sistema límbico responsável pelo processamento das emoções, enquanto outras ainda estão imaturas, como o córtex pré-frontal, em que residem as famosas funções executivas.

Como o córtex pré-frontal está maturando durante a adolescência, fica claro que este ainda não tem a capacidade de operar como um cérebro adulto e maduro.

Mas quais seriam essas funções executivas? As funções executivas basicamente se definem como as múltiplas dimensões de autorregulação. Estas são expressas pela capacidade de gerenciar estados emocionais e frustrações, sustentar atenção, ignorar distrações, planejar e priorizar tarefas, memória de trabalho e ajustar o nível de esforço nas atividades, alterando, quando necessário, o foco para algo mais relevante, isto é, flexibilidade cognitiva.

Se ainda não leu o capítulo sobre organização, visite o texto de minha colega Viviana Palou neste livro, que discorre brilhantemente sobre essas transformações traduzidas em mudanças de comportamentos. Fica claro que, no processo de maturação, essas funções se organizam, desde que orientadas e estimuladas adequadamente, construindo um indivíduo cada vez mais autônomo e mais capaz de se autogerir.

O cérebro do adolescente é uma incrível máquina de aprender

Estudos conduzidos em renomadas universidades, como Harvard e Columbia, corroboram que as sinapses no hipocampo adolescente, área cerebral relacionada com a aprendizagem, apresentam um potencial 100% superior na codificação de novas informações quando comparado com o do adulto. Portanto, desafiar o adolescente academicamente é importante e necessário.

Renan, desde o 6º ano, mostrou-se capaz de fazer boas escolhas sobre o uso do próprio tempo. Apesar de se engajar em diversas atividades de esporte e arte, sempre teve foco nas aulas e tarefas de casa. No último ano do Ensino Médio, participou do grupo de teatro e chegou à final do concurso de canto da escola com uma emocionante interpretação de "My Way", de Frank Sinatra. Mesmo assim, Renan não perdeu o foco nos estudos para os vestibulares. Formou-se com dupla certificação internacional, que inclui a high school norte-americana, e foi aprovado no vestibular da FGV, da USP e ainda, de modo excepcional, em uma das melhores universidades norte-americanas, a UCLA, que está no seleto grupo das TOP 20 do mundo.

Cuidado com as premiações

Outro aspecto importante é a relação encontrada entre a ativação dos mecanismos neurológicos relacionados à aprendizagem e os estímulos de reforço positivo ou recompensa. O cérebro adolescente responde mais intensamente quando estimulado por uma premiação. A armadilha aqui, que pode levar o jovem à apatia, reside no fato de que esses estímulos de recompensa, quando relacionados ao ter e não ao ser ou quando são externos e não internos, podem levar ao condicionamento de comportamentos vinculados às premiações e à condição de completa falta de automotivação. Por isso, grandes pesquisadores e autores que fundamentam as práticas de disciplina positiva, como Adler (1992), Dreikurs e Nelsen (2019) insistem na importância de trocar os velhos métodos de criação, pautados pelo castigo e/ou premiação, por práticas mais emancipadoras, de encorajamento e de consequências lógicas.

Cada vez mais jovens, ao final do Ensino Médio e diante da escolha de cursos e universidades, demonstram total falta de entusiasmo com a nova fase da vida e suas possibilidades. Em vez de planos, sobram incertezas e preocupações. Muitos entram em crise, pois não querem se afastar dos amigos e das rotinas do colégio. Quase pedindo para não crescer, esses jovens parecem carentes de um "drive" interno que os impulsione para a vida. Realmente, essa dinâmica de "pagar" ou premiar para que eles cumpram o papel que devem cumprir, cobra um preço muito alto para uma vida adulta que ainda nem começou. Por isso, se vocês são pais que desejam ver seus filhos conquistarem autonomia e realizações, valorizem e encorajem o esforço, ressaltem a importância da contribuição deles no dia a dia da família e da escola e, principalmente, preocupem-se em fazer com que os adolescentes se sintam pertencentes, isto é, amados pelo que eles são.

O cérebro adolescente, a busca pelo prazer e os comportamentos de risco

No processo de individuação, o movimento de construção da própria identidade leva naturalmente ao comportamento exploratório e à busca por novas experiências. Nessa dinâmica, o grupo de amigos e a necessidade de superação de novos desafios ocupa um lugar de destaque. Acontece que nessa fase, como bem pontuado por renomados neurocientistas, como Suzana Herculano-Houzel (2005), o centro de recompensa no cérebro adolescente está "sabotado". Isto é, quando acontece algo positivo em nossa vida, algumas substâncias, chamadas endorfinas, são liberadas e captadas por receptores do Núcleo Acumbente, gerando uma sensação de prazer. É assim que funciona nosso sistema de recompensa, é assim que sentimos prazer ao comer, ao recebermos uma notícia boa, ao abraçarmos uma pessoa querida, ao fazermos sexo etc.

Entretanto, no cérebro adolescente, esse sistema de recompensa está alterado, sendo necessário maior estimulação para ativar as sensações de prazer. Isso explica o fato de que o adolescente, quase sempre, assume comportamentos radicais. A música precisa ser mais alta, o visual mais estravagante, a montanha-russa tem que ser mais emocionante e andar de skate no condomínio não tem mais graça. Muito do que divertia na infância agora aborrece e entedia. Alguns adultos, sem entender esse fenômeno neurológico, maldosamente, costumam apelidar essa incrível fase de desenvolvimento de "aborrescência".

Não façam isso!

Certa vez, adolescentes voltando de uma festa tarde da noite resolveram pular o muro do clube para tomar um banho de piscina. No dia seguinte a mãe de um deles, dando falta do filho, procurou saber se ele havia dormido na casa de alguém. Para o desespero da família, o adolescente não estava na casa de nenhum amigo. Também ninguém foi capaz de lembrar se o jovem tinha saído do clube com a turma. Na verdade, ele ainda estava naquela piscina. Afogado sem que ninguém tivesse se dado conta do acidente. Como tantas festas que rolam nessa idade, havia muita bebida e o grupo estava totalmente embriagado. Essa tragédia, relatada no livro *Teenager Brain*, infelizmente, é cada vez mais recorrente.

Os adolescentes de "antigamente"

Na evolução da humanidade, essa dinâmica de maturação, típica da adolescência, sempre funcionou muito bem. Acontece que esses comportamentos exploratórios e a necessidade de obter prazer, aliada à dificuldade de calcular consequências, sempre colocaram o adolescente em múltiplas situações de problemas e estresse. Lidar com essas questões é fundamental para a aprendizagem de habilidades sociais e capacidades de resolução de conflitos e problemas.

Resolver os próprios problemas contribui para o desenvolvimento das funções executivas, especialmente da flexibilidade cognitiva, essencial para a plena realização humana.

Porém, em nossa história recente, uma geração de pais "superpreocupados" com a saúde mental dos filhos começou a "superproteger" o adolescente que, diante da falta de estímulo gerado pelas oportunidades de aprender com os próprios erros, não desenvolve as competências necessárias para uma vida adulta e autônoma.

No afã de proteger a cria, pais têm condenado jovens à "adolescência eterna".

Provavelmente você conhece um "adolescente" de meia-idade, irresponsável, improdutivo e completamente dependente de alguém que o sustente.

A flexibilidade cognitiva é essencial para a plena realização

Como qualquer habilidade, competência e conhecimento, o desenvolvimento da flexibilidade cognitiva depende de treino. Se definimos a flexibilidade como a capacidade de gerenciar e priorizar tarefas, ajustar o foco atencional, empenhar conhecimentos para de maneira ponderada, analítica e crítica resolver problemas e conflitos, precisamos dar espaço e oportunidades para que o adolescente pratique essas habilidades.

Para ajudar nessa jornada, deixo aqui algumas orientações corroboradas pelos especialistas citados neste capítulo, bem como por muitos outros que estudam o tema:

1. Pratique uma comunicação ativa, positiva e construtiva. Em vez de falar "para", fale "com" seu adolescente. Evite inquisições e faça uma escuta ativa e sincera, procurando não julgar ou recriminar as ideias ou pensamentos. Convide para refletir, exponha seu ponto de vista e tente se lembrar de quando você tinha a mesma idade.
2. Estimule a empatia e a compaixão. Essas são virtudes e forças de caráter que se aprendem por exemplos e modelos. Crianças e adolescentes tendem a repetir os comportamentos dos pais e educadores. Portanto, seu engajamento em ações solidárias estimulará o desenvolvimento da compaixão. Ajude seu adolescente a tomar outras perspectivas, convidando-o para a reflexão de se colocar no lugar do outro. Acolha sempre antes de corrigir.
3. Nunca resolva os problemas que o adolescente pode, por si mesmo, resolver. Em vez de fazer por eles, permaneça ao lado e ofereça apoio para que eles mesmos encontrem soluções.
4. Seja firme e gentil. Não destile raiva, não seja irônico e tente não imputar culpa ou vergonha. Quando eles errarem, use as consequências lógicas, que devem ser previamente estabelecidas em combinados respeitosos e coerentes.
5. Encoraje seu adolescente sempre!

Espero que essas reflexões possam ter ajudado, minimamente, com o entendimento do que acontece e de como lidar com essa fantástica e decisiva fase do desenvolvimento chamada adolescência.

Lembre-se de que seu adolescente está no processo de passagem para vida adulta, que ele tem um cérebro ainda imaturo e que, muitas vezes, será necessário emprestar seu córtex pré-frontal maduro. Afinal, o adulto da história é você!

Referências

ADLER, A. *Understanding Human Nature*. Londres: Oneworld Publication, 1992.

BRONFENBRENNER, U. *Making Human Beings Human: Bioecological Perspectives on Human Development*. [s. l.]: Sage, 2005.

GAZZANIGA, M. S.; IVRY, R. B.; MANGU, G. R. *Neurociência cognitiva*. Porto Alegre: Artmed, 2006.

HERCULANO-HOUZEL, S. *O cérebro em transformação*. Rio de Janeiro: Objetiva, 2005.

NELSEN, J.; LYNN, L. *Disciplina positiva para adolescentes: uma abordagem gentil e firme na educação dos filhos*. 3.ed. Barueri: Manole, 2019.

PETERSON, C.; SELIGMAN, M. E. P. Character Strengths and Virtues: A Handbook and Classification. [s. l.]: *American Psychological Association/Oxford University*, 2004.

LIDERANÇA ALTRUÍSTA E COMPAIXÃO

Líder, substantivo dado à pessoa que possui a função de coordenar, dirigir um grupo, sempre respeitando o objetivo que foi acordado anteriormente. No mundo atual, muito se fala de líderes tóxicos e do quanto eles influenciam a vida de todos que estão a sua volta, prejudicando sua saúde física e mental. Como podemos educar nossos adolescentes para que sejam líderes altruístas, que consigam olhar para o outro com totalidade, de maneira ampla e amorosa?

Compaixão, a arte de compreender a dor do outro, de ter um olhar empático e sensível, permitindo assim ajudar e dar o consolo, o direcionamento à ideia da qual ele necessite.

Ser um líder altruísta é ter compaixão por todos que compõem sua equipe, seja esta uma equipe familiar, uma roda de amigos ou um time em sua vida profissional. É também saber conduzir um grupo de pessoas que estejam focadas na direção de um objetivo em comum, acolhendo a todos que necessitarem ao longo do processo. Assim, observamos que liderança altruísta e compaixão caminham juntas.

Nos próximos dois capítulos, Jusley Valle e Maria Teresa Casamassima conduzirão essa conversa, de modo que você, leitor, compreenda a amplitude e a necessidade dessas *soft skills*. Além disso, poderá se inspirar em casos reais para que pratique essas habilidades, favorecendo seu desenvolvimento junto aos jovens de sua convivência.

Lucedile Antunes e Beatriz Montenegro

17
___

LIDERANÇA ALTRUÍSTA

A liderança altruísta ensina aos adolescentes valores primordiais como generosidade, empatia, respeito e cooperação, além de prepará-los para a vida adulta, desenvolvendo habilidades que são importantes para o sucesso pessoal e profissional. Liderança altruísta é uma *soft skill* que pode ser desenvolvida nos adolescentes com o apoio dos pais. Venha comigo para entender como!

JUSLEY VALLE

Jusley Valle

Contatos
jvconseducacional@gmail.com
LinkedIn: Jusley Valle
Instagram: @jvconseducacional
@academiadepaisconscientes
YouTube: Academia de Pais Conscientes
21 99719 7909

Determinação é meu segundo nome. Não meço esforços para concretizar meus projetos e aquilo que me realiza. Sou uma estudiosa e, há mais de oito anos, me dedico à educação e ao desenvolvimento de soft skills nas crianças e jovens. Meu papel nessa jornada é estimular o potencial dos pais na formação de seus filhos, contribuindo com a educação socioemocional, gestão de comportamentos e emoções, desenvolvendo cooperação, responsabilidade, autorregulação e inteligência emocional para a vida adulta. Autora dos livros *Competências socioemocionais: apontando para o futuro* e *Educação socioemocional: memória afetiva, acolhimento e escuta*. Coautora do livro *Soft skills kids* e fundadora da Academia de Pais Conscientes. *Coach* credenciada pela International Coach Federation (ICF), pós-graduada em Pedagogia, educadora parental, professora de inglês voluntária e psicanalista em formação. Mulher, empreendedora e mãe da Juliana – minha fonte de inspiração, com quem aprendo sempre.

Introdução

Quando o tema é liderança, você pensa somente no mundo corporativo ou se lembra de que a liderança permeia diversas áreas de nossa vida, além da profissional, esportiva ou espiritual? Acredita que os pais têm total condição de desenvolver a habilidade de liderança em seus filhos?

Levantei dúvidas em sua mente? Ótimo! Já atingi meu primeiro objetivo ao escrever este capítulo. Os próximos são definir o que é a liderança – em especial, a liderança altruísta e o que a difere entre caridade, ego e estrelato –, falar sobre a importância da liderança altruísta na educação socioemocional dos jovens, explicar qual é a contribuição da escola na construção da liderança altruísta e mostrar o papel dos pais no desenvolvimento da liderança altruísta.

O que é liderança?

Como pontapé inicial, vamos definir o que é liderança: é o processo de influenciar e guiar um grupo de pessoas em direção a um objetivo comum. Um líder tem a capacidade de inspirar e motivar pessoas para a trabalharem juntas e atingirem resultados positivos. A liderança envolve habilidades como comunicação, tomada de decisão, resolução de conflitos, delegação de tarefas e gestão de pessoas. O líder tem uma visão clara do objetivo a ser alcançado e é capaz de transmiti-la de maneira inspiradora. Liderança é uma *soft skill* que pode ser desenvolvida por meio de aprendizagem, prática e desenvolvimento pessoal.

O que é a liderança altruísta?

Por definição, liderança altruísta é um tipo de liderança que se concentra em servir aos outros, em vez de focar exclusivamente em si mesmo. O líder altruísta não busca fama, poder ou dinheiro, mas o bem-estar e o sucesso, considerando alcançar objetivos, ter senso de realização e de pertencimento na organização, na família ou na comunidade. Esse tipo de liderança é baseado em valores como humildade, compaixão e generosidade. Uma das principais características do típico líder altruísta é usar as *soft skills* empatia e escuta ativa, por meio das quais estabelece conexão com os envolvidos com foco na solução de problemas e nas necessidades individuais, mas que atendam, também, à coletividade. Além disso, o líder altruísta é capaz de reconhecer e celebrar as conquistas, sem buscar reconhecimento pessoal, valorizando o papel de todos no processo. O líder altruísta é motivado por uma profunda crença no potencial humano e no poder da cooperação e da empatia.

Liderança altruísta, caridade, ego e estrelato são iguais?

Liderança altruísta e caridade são conceitos diferentes, embora ambas enfatizem a importância de ajudar os outros. Liderança altruísta prevê a disposição de colocar as necessidades dos outros acima dos interesses pessoais. Envolve empatia, compaixão e generosidade, para alcançar objetivos em benefício do grupo ou da comunidade. Já a caridade é uma forma de ajuda direta a indivíduos ou grupos em necessidade, por meio de doações, abrigo ou serviços. Embora a liderança altruísta possa considerar a prática da caridade, concentra-se, principalmente, na capacidade de liderar e guiar um grupo em direção a um objetivo comum, promovendo um ambiente cooperativo, ajudando os outros a crescer e se desenvolver.

Por outro lado, ego e estrelato são comportamentos do indivíduo que privilegiam seus interesses, ignorando desejos e necessidades das demais pessoas. Com meu chapéu de consultora educacional, separei alguns pontos para ajudar você nessa diferenciação:

- **Foco no bem comum:** a liderança altruísta foca no bem comum e na realização de objetivos em benefício de um grupo ou comunidade, enquanto o ego e o estrelato estão preocupados com a promoção do indivíduo e seus interesses.
- **Empatia:** enquanto o ego e o estrelato são caracterizados pela falta de empatia e pela preocupação com a própria imagem, a liderança altruísta é caracterizada pela empatia e pela capacidade de colocar-se no lugar dos outros.
- **Generosidade:** é uma característica forte da liderança altruísta, enquanto o ego e o estrelato são caracterizados pela busca de benefícios próprios.
- **Comunicação:** a liderança altruísta envolve a comunicação aberta e honesta, já o ego e o estrelato promovem o próprio discurso, sem considerar as perspectivas dos outros.
- **Reconhecimento:** o ego e o estrelato buscam reconhecimento e glória por suas ações. A liderança altruísta, ao contrário, reconhece e valoriza as contribuições de todos.

Para evitar a confusão entre liderança altruísta, ego ou estrelato, é fundamental ter em mente o bem comum, a empatia, a generosidade, a comunicação aberta e honesta, reconhecimento e valorização da contribuição de todos. Focar nesses aspectos ajudará a promover uma liderança altruísta.

Em tempo, a liderança altruísta também pode ajudar os adolescentes a desenvolverem compaixão, que será a *soft skill* do próximo capítulo de nossa querida Teca. Mas calma, não darei *spoiler*!

A importância da liderança altruísta na educação socioemocional dos jovens

A liderança altruísta é especialmente importante na adolescência, quando os jovens desenvolvem identidade e buscam seu lugar no mundo. Um líder altruísta adolescente tem consciência das necessidades e preocupações de seus colegas e está disposto a ouvi-los e apoiá-los, liderando pelo exemplo, trabalhando e sendo um modelo positivo para os outros sem se concentrar, exclusivamente, em seus interesses. Esta *soft skill* está diretamente conectada ao senso de coletividade e à generosidade dentro das famílias.

Qual é a contribuição da escola na construção da liderança altruísta?

É impossível falar sobre liderança altruísta e não refletir sobre o contexto escolar, tendo em vista que a escola desempenha papel essencial em ajudar os adolescentes a desenvolverem *soft skills*. A escola é um dos ambientes mais favoráveis para promover a liderança altruísta entre os alunos de todas as idades, ainda mais dos adolescentes que buscam seu lugar no mundo, fazendo a diferença. Mas de que forma a equipe pedagógica pode atuar e contribuir com um currículo que promova a liderança altruísta nos alunos adolescentes? Com meu chapéu de pedagoga, trouxe algumas sugestões como inspiração:

- **Programas de liderança:** implantando programas que ensinem habilidades de liderança, trabalho em equipe, comunicação eficaz e resolução de problemas. Esses programas incentivam a prática altruísta, enfatizando a importância de se concentrar nas necessidades dos outros e trabalhar em prol de um objetivo comum.
- **Atividades extracurriculares:** oferecendo atividades que incentivem a liderança altruísta, como clubes de voluntariado, equipes esportivas e grupos de apoio a pares. Tais atividades ajudam os alunos a desenvolverem habilidades de liderança e a entenderem a importância de trabalhar em equipe e ajudar os outros.
- **Aprendizado baseado em projetos:** adotando uma abordagem de aprendizado baseada em projetos, na qual os alunos trabalham juntos sobre questões sociais ou comunitárias relevantes. Essa abordagem incentiva a prática altruísta, promovendo o trabalho em conjunto, a fim de encontrar soluções criativas para problemas do mundo real.
- **Modelagem de comportamento:** professores, gestores e todo o time de educadores podem inspirar os alunos como modelos de liderança altruísta, demonstrando valores como empatia, compaixão e generosidade dentro da comunidade escolar.
- **Criação de uma cultura positiva:** a escola pode implantar uma cultura positiva e colaborativa, incentivando a criatividade e a inovação em projetos ou resolução de problemas em equipe. Assim,

potencializa o desenvolvimento da liderança altruísta, criando um ambiente que valoriza a empatia, a colaboração e o senso coletivo.

Em resumo, a escola desempenha papel relevante em ajudar os adolescentes a desenvolverem habilidades de liderança altruísta, oferecendo programas de liderança, atividades extracurriculares, aprendizado baseado em projetos, modelando comportamentos e atitudes positivas, criando uma cultura colaborativa e coletiva. Além disso, educadores líderes altruístas estimulam o senso de propósito e significado para os jovens trabalharem em prol de um objetivo comum e ajudarem os outros, promovendo um ambiente escolar onde se sentem valorizados e apoiados, tornando-se líderes altruístas e importantes para a sociedade.

Qual é o papel dos pais no desenvolvimento da liderança altruísta em seus filhos adolescentes?

Os pais desempenham um papel relevante na ajuda aos filhos a desenvolverem as *soft skills* e não seria diferente com a habilidade de liderança altruísta. Aliás, a família, como primeiro ambiente social onde a criança é inserida, é a incubadora de todas as *soft skills*. À medida que a criança cresce, novas habilidades são inseridas e seu repertório de *soft skills* fica mais robusto. A construção da liderança altruísta com os adolescentes é um processo muito importante para ajudá-los a se tornarem adultos responsáveis e solidários, e os pais ocupam o papel de protagonistas no desenvolvimento da liderança altruísta nos filhos. Existem algumas maneiras pelas quais os pais podem desenvolver essa habilidade em seus filhos dentro de casa.

Trocando de chapéu, agora como educadora parental, proponho algumas estratégias úteis nesse desafio:

- **Incentive a empatia:** a empatia é uma habilidade imprescindível para a liderança altruísta. Os pais podem incentivar o desenvolvimento dessa *skill* por meio do espelhamento. Ou seja, com uma atitude empática perante os filhos, adotando uma postura de escuta e de acolhimento às dores e às inseguranças dos adolescentes que são inúmeras e em constante efervescência. Assim, os pais humanizam a relação e ampliam a conexão, à medida que o adolescente se sente acolhido e sem julgamento de suas emoções.

- **Ensine habilidades de resolução de problemas:** uma ótima ferramenta para encontrar soluções criativas e democráticas é criar a rotina de "reuniões de família". São momentos em que os membros se reúnem, para discutir, de maneira organizada, questões que afetam a família com foco em soluções e não em busca de culpados. As reuniões de família são oportunidades de integração e participação de todos. Essa estratégia fortalece a capacidade de tomar decisões com base em considerações justas e igualitárias.
- **Ajude-os a se voluntariar:** ensinem seus filhos sobre a importância de ajudar os outros, seja por meio de histórias, exemplos ou até mesmo voluntariado juntos. Proponha o voluntariado interno, sem barganha ou premiações, distribuindo tarefas domésticas, como separar o lixo, cuidar do pet ou organizar as compras. Assim você cria uma mentalidade de que a preocupação com o bem-estar dos outros é um processo natural dentro da família.
- **Seja um modelo de liderança altruísta:** pais que demonstram comportamentos altruístas inspiram seus filhos a agirem pelo exemplo. Mais uma vez aqui, os pais são exemplos de liderança altruísta ao pedir desculpas, escutar os filhos, demonstrar compaixão e generosidade entre os integrantes da família.
- **Promova o cuidar coletivo:** o genuíno líder altruísta está preocupado com o bem-estar de todos. Um belo exemplo de liderança altruísta na família é adotar hábitos saudáveis e encorajar os outros a fazerem o mesmo – praticar exercícios juntos, cozinhar refeições saudáveis em família e incentivar o outro a manter uma rotina de sono adequada. Adolescentes educados com o cuidar coletivo são capazes de desenvolver a liderança altruísta com mais sucesso, pois entendem que podem se ajudar mutuamente, demonstrando amor e cuidado uns pelos outros.

Conclusão

Tenho certeza de que, ao chegar ao final deste capítulo, você terá claro em sua mente como apoiar seus filhos a desenvolverem a *soft skill* liderança altruísta, aplicando conceitos e práticas sugeridas com base em estudos e vivências, durante a minha trajetória como profissional dedicada à educação de crianças, adolescentes e pais.

Com o chapéu de mãe, sempre finalizo minha escrita com uma mensagem autoral direcionada a seu coração: não escolhemos a forma como fomos educados, mas podemos decidir como vamos agir com nossos filhos. E você, qual será sua escolha?

18

COMPAIXÃO

Escrever sobre compaixão aos jovens é um desafio. Como entender e autorregular essa habilidade que facilmente pode ser confundida com empatia e tratada como emoção? Alguns jovens me ajudaram a desenrolar o tema e o resultado foi um texto leve e delicioso! Vamos, juntos, pensar mais sobre o assunto? Como já dizia Renato Russo: "Disciplina é liberdade, compaixão é fortaleza, ter bondade é ter coragem!".

MARIA TERESA CASAMASSIMA

Maria Teresa Casamassima

Contatos
teca_london@hotmail.com
Instagram: @mariateresacasamassima
LinkedIn: Maria Teresa Casamassima
11 97514 9214

Apaixonada pela educação, com formação dedicada à prática pedagógica Reggio Emília e, por assim acreditar, empreendedora e fundadora do Berçário e Escola de Educação Infantil Playteca, onde atua como diretora. Com mais de 30 anos de paixão e experiência na área da educação, auxilia no desenvolvimento cognitivo e emocional de crianças e famílias. Orientadora parental, promove *workshops* e cursos na área da primeira infância, abordando a educação humanizada. É mãe de Pedro e Matheus; e a vivência de estar na Inglaterra durante o período de alfabetização deles despertou interesse e, consequentemente, uma sólida experiência com crianças bilíngues expostas a ambientes multiculturais, tendo alfabetizado crianças brasileiras durante o período de expatriação. Graduada em Letras, Pedagogia, Bilinguismo e Gestão.

A intenção deste capítulo é trazer algumas definições de compaixão; definições essas oriundas de pesquisas e, também, recebidas de jovens que percebem que exercer essa habilidade acontece de maneira não intencional, natural e muitas vezes espontânea.

Pensar e escrever sobre esse tema gerou muitos questionamentos, o primeiro deles foi: como falar dessa habilidade para pais de jovens e para adolescentes? Outra pergunta que me veio à mente foi se compaixão seria uma habilidade emocional ou um sentimento? O que você acha?

A palavra *compaixão* vem do latim e significa "sofrer com", uma habilidade para lá de altruísta que pode ser fortalecida desde cedo no desenvolvimento das habilidades socioemocionais, como já lido no capítulo sobre liderança altruísta, da autora Jusley. No dicionário, está definida como: "Sentimento piedoso de simpatia para com a tragédia pessoal de outrem, acompanhado do desejo de minorá-la; participação espiritual na infelicidade alheia que suscita um impulso altruísta de ternura para com o sofredor".

Atualmente, a psicologia define a compaixão como um sentimento que surge quando se testemunha o mal-estar, o sofrimento, o estresse do outro ou de si próprio. Esse sentimento gera uma motivação ou um desejo de ajudar, ou de se cuidar, podendo ser vista como uma intenção de ajudar ou se compadecer por algo ou alguém.

A compaixão é uma das bases da inteligência emocional, uma das habilidades socioemocionais, sendo cada vez mais valorizada nas comunicações interpessoais e, muitas vezes, inconscientemente acessada em relacionamentos, sejam eles no âmbito pessoal ou comercial.

Para escrever sobre o que os jovens pensam a respeito dessa habilidade emocional, pedi a alguns deles que me explicassem como entendem a compaixão e se já haviam se percebido em alguma situação em que a compaixão tivesse aflorado de modo marcante, a ponto de gerar uma lembrança.

Pensei que, ao perguntar a um adolescente o que ele entenderia por compaixão, a resposta tenderia para uma definição de "piedade" ou "dó", mas me surpreendi com as respostas, com os conceitos que recebi e que discutirei neste capítulo com vocês.

Para esses adolescentes, sentir compaixão não gera uma sensação de superioridade em relação ao outro ou à pessoa que está mal; pelo contrário, gera uma ação, movida pela empatia.

Compaixão e empatia andam de mãos dadas, uma coisa acaba acontecendo em função da outra. Compaixão é a sabedoria silenciosa que temos de que todos nós somos iguais, quando vimos alguém passando por algum problema, em sofrimento, em dor, perdendo ou até ganhando. É você sentir que poderia ser você, ser com você. Caminhar com isso bem perto de seu coração ajuda você a ter presença de espírito para se colocar no lugar do outro, ter empatia pelos outros.

Compaixão e empatia podem ser confundidas facilmente porque são, em alguns pontos, similares. A primeira é muito envolver-se na situação, estar junto do outro, entendendo o contexto do momento de mal-estar. Acaba sendo o presente, estar com a pessoa que está passando pelo problema, entendendo a dor e lamentando por isso. Já a segunda é mais pontual, aparece de modo natural e nem sempre percebemos o que estamos sentindo; ao mesmo tempo, apesar de mais natural, é menos marcante que a compaixão. Por isso, entendemos que as competências de empatia e de inteligência emocional se associam com a autocompaixão. Por exemplo, para uma futura médica, compaixão é conseguir se colocar no lugar do outro em diferentes situações, mesmo você nunca tendo ocupado esse lugar, mesmo sem saber como realmente é estar no lugar do outro. Quando ajuda em situações difíceis e tenta entender o que está se passando com o outro, ao conversar com pacientes em momento de fragilidade, por exemplo, desempenha a compaixão de maneira instintiva e natural.

Podemos ver a compaixão também como um sentido de educação e altruísmo, sentimentos ligados a você mesmo e ao outro. Sobretudo, demonstrar compaixão faz parte de um exercício que precisa e pode ser praticado em qualquer atividade, já que está presente em pequenas ou grandes ações, desde falar "bom dia" a alguém até parar o que se está fazendo a fim de prestar atenção em outra pessoa para ajudá-la. Por exemplo, quando um grupo de amigos deixa de fazer um simulado para dar apoio a uma das amigas de sala, no funeral de avó dela. Esse sentimento de estar fazendo a coisa certa e – no fim das contas – estar. Ou ainda quando entramos em um restaurante e percebemos alguém que precisa comer e não pode comprar, oferecer-se para pagar é um ato de compaixão; esse sentimento que temos em relação a alguém desconhecido e faz que nossas ações a essa pessoa sejam de ajuda.

Quando você tem a capacidade e a sensibilidade de respeitar e validar a dor do outro e é capaz de entender que cada pessoa tem seu jeito de sentir e reagir a situações, quando você transmite sua energia e amor sem esperar nada em troca, também pode ser entendido como compaixão. Por exemplo, quando você entende a dor do outro e é capaz de passar quase uma hora em silêncio sentada no sofá ao lado dele, só para fazer companhia e para que ele sinta seu respeito, amor e acolhimento.

Compaixão também é a sensação que, instintivamente, aparece quando sentimos vontade de acalmar as dores do próximo, sanar o sofrimento do outro e ajudá-lo por, racionalmente, definir que essa pessoa não merece o fardo que carrega. Difere de dó ou pena, porque nos equiparamos com essas pessoas. Quando criança, temos mais facilidade em apresentar os "sintomas" da compaixão e, no início da adolescência, temos mais medo de demonstrá-los às pessoas a nosso redor, como se sentir compaixão pelo próximo fosse uma demonstração de fraqueza de quem a demonstra. Na infância, essa habilidade já é aflorada, pode ser percebida quando, por exemplo, uma criança chora e outra facilmente também chora por pressentir o que o outro está sentindo.

Todos somos passíveis de sofrer por erros, por tristeza, nervosismo ou momentos ruins, e compaixão também é saber reconhecer esses momentos e tentar ajudar, entendendo que se o outro está passando por algo, talvez não consiga perceber que, mesmo assim, vai ficar tudo bem. Por exemplo, quando um morador de rua lhe dirige a palavra e, mesmo com receio, você consegue desenvolver um diálogo e percebe que isso causou bem-estar a ele. Ou simplesmente quando um veterinário vê um animal desconhecido ou algum animal doente e, no ímpeto, decide ajudá-lo.

Mas como desenvolver a compaixão?

Na adolescência, passamos por uma fase de mistura de egocentrismo (reafirmação do EU) e necessidade do reconhecimento dos iguais (consolidação do NÓS da mesma idade). Nessa dinâmica interna, onde fica perceber o sofrimento do outro? Em que lugar caberia a compaixão, essa habilidade muitas vezes abstrata?

Os adolescentes que conseguem demonstrar sua dor e que tenham suficiente experiência em sentir-se amados, protegidos, respeitados nesses momentos difíceis podem mostrar compaixão com seus iguais. Esse adolescente é capaz de expressar a dor/sofrimento, seja pelo entorno familiar ou pela exigência de pertencimento a um grupo, perceberá nos outros a dor e poderá apoiar quem está sofrendo. Esse ciclo não se fecha, pois há adolescentes que sofrem em silêncio, escondem a dor e não conseguem entender ou enxergar que seus pares ou pais são essenciais, que poderiam ajudá-los a romper essa barreira e a criar caminhos para desenvolver a autocompaixão.

De acordo com a autora Kristin Neff, ao aplicarmos a compaixão a nós mesmos (autocompaixão), criamos a possibilidade de entender o mal-estar ou sofrimento de outra perspectiva, a do outro. Ou seja, seria a possibilidade de entender que o que a outra pessoa está sofrendo ou sentindo é algo compartilhado por todos nós, é da natureza humana. Esse sentimento gera uma relação mais horizontal e permite que se estabeleça uma motivação em ajudar e não apenas em sentir uma comoção.

Segundo a pesquisadora, que é considerada pioneira em pesquisas sobre o assunto, para entender a importância dessa habilidade, precisamos compreender os três componentes da autocompaixão: autogentileza – ou bondade consigo –, humanidade compartilhada e *mindfulness*.

- **A bondade consigo** (autogentileza) é definida como uma postura gentil e compreensiva do indivíduo com ele próprio, uma postura solidária e simpática diante de situações de falha e sofrimento em vez de uma postura autocrítica, utilizando a tolerância, compreensão e benevolência em vez de pensamentos rígidos.

- **Humanidade compartilhada** é a capacidade do indivíduo de estabelecer conexões interpessoais, é perceber que suas experiências são inerentes à natureza humana, sendo elas positivas ou não. Esse componente ajuda a compreender que não somos únicos em cometer algumas falhas e todos temos imperfeições, assim nos sentimos mais próximos e conectados ao outro.
- *Mindfulness* envolve uma postura de observar nossos próprios sentimentos. A capacidade de *mindfulness* nos possibilita reconhecer nosso próprio sofrimento e o dos outros, sem julgamento ou crítica na forma de sentir do outro.

Sendo assim, a autocompaixão é uma estratégia de regulação emocional, que envolve uma atitude sensível, em momentos de sofrimento, e um desejo de cuidar do bem-estar de si mesmo, e isso gera o cuidar do outro.

> *Compaixão é uma sensibilidade ao sofrimento de si mesmo e dos outros, com um profundo compromisso de tentar aliviá-lo.*
> Dalai Lama

No que diz respeito às relações interpessoais, o adolescente, ao buscar fazer parte e se sentir aceito em grupos, pode experimentar sentimentos de vulnerabilidade à rejeição, exclusão e, até mesmo, ao envolvimento em experiências de violência, como o *bullying*. E, em contrapartida, é notório que os adolescentes com níveis mais elevados de autocompaixão apresentaram níveis menores de experiências de *bullying* e maiores no papel de defensor das vítimas, além de demonstrarem maiores níveis de bem-estar, melhores estratégias de regulação emocional e menores níveis de depressão, ansiedade e estresse.

As experiências com os pares têm um papel significativo na construção dessas percepções e na sensação de bem-estar e pertencimento social. Quando há interação, o adolescente tende a enfrentar novos desafios como o desempenho acadêmico, a imagem de seu corpo, dentre outros desafios esperados.

Um dos teóricos que fala sobre a origem da compaixão, Paul Gilbert, desenvolveu a abordagem da terapia focada na compaixão (TFC) para pacientes que apresentavam altos níveis de vergonha e autocrítica. Gilbert se baseou principalmente na psicologia evolucionista, na neurofisiologia de dar e receber cuidados e na teoria do apego, na qual a compaixão é entendida como um comportamento pró-social, desenvolvido com a cooperação e na busca de fornecimento de cuidados. A TFC implica flexibilizar a forma como a pessoa se cobra diante de algumas situações, diminuir a vergonha exacerbada e organizar a maneira como as pessoas lidam com suas emoções. A ideia é chegar ao ponto de se aceitar e se autorregular para exercer a autocompaixão, de forma aconchegante em vez de uma autocrítica exagerada.

A compaixão está ligada a sistemas de regulação de afeto; esses sistemas auxiliam na sobrevivência e na evolução da espécie humana. Ativa os sistemas de regulação e experiências do indivíduo com sua família e em relacionamentos interpessoais que ocorrem ao longo da infância e adolescência e contribui para que suas atitudes sejam coerentes com o que vivenciou; dessa forma, o adolescente verá o mundo com os olhos de quem olhou para ele na infância.

Referências

CUNHA, M.; XAVIER, A.; VITÓRIA, I. Avaliação da auto-compaixão em adolescentes: adaptação e propriedades psicométricas da escala de autocompaixão. *Journal of Child and Adolescent Psychology*, 4, 95-117, 2013.

CAMPAYO, J. G.; DEMARZO, M. *¿Que sabemos del mindfulness?* Barcelona: Kairós Editorial, 2018.

GASPAR, I. *Autocompaixão e regulação emocional na adolescência. Dissertação* (mestrado) – Faculdade de Psicologia e de Ciências da Educação, Universidade de Coimbra, Portugal, 2014.

GILBERT, P. Faculdade de Psicologia e de Ciências da Educação, Universidade de Coimbra, Portugal, 2019. NEFF, K. D.; MCGEHEE, P. Self-compassion and psychological resilience among adolescents and young adults. *Self and Identity*, 9(3), 225-240, 2010.

GILBERT, P. *Terapia focada na compaixão.* São Paulo: Hogrefe, 2019.

GILBERT, P. The Origins and Nature of Compassion Focused Therapy. *British Journal of Clinical Psychology*, n. 53, v. 1, pp. 6-41, mar. 2014.

ESCOLHA GENUÍNA E EQUILÍBRIO

Equilíbrio, uma *soft skill* tão essencial e almejada em tempos atuais. Ao mesmo tempo, há tantos questionamentos a seu respeito... "Será que vivo com equilíbrio? Será que meu filho vive em equilíbrio?"; "Como permitir que o adolescente saia, aproveite sua fase e mantenha o equilíbrio?" É importante destacar que o equilíbrio é uma conquista do mundo dos adultos; o adolescente experiencia as relações e experimenta momentos de equilíbrio.

Todos esses questionamentos permeiam pais e educadores. Em uma sociedade focada em resultados, em alta performance, onde entra o equilíbrio?

Estar em equilíbrio envolve realizar escolhas genuínas, tomar decisões coerentes com nosso mundo interior e com nossa essência. Assim, essas serão as próximas *soft skills* com as quais você terá a oportunidade de se conectar. O desenvolvimento dessas capacidades, em todas as situações, é extremamente imprescindível, já que a juventude sofre com muita cobrança social e muitos desses jovens se sentem confusos entre atender seus sonhos e anseios ou corresponder às expectativas sociais.

Assim, nos próximos capítulos, Ricardo Lima e Maria Juliana Audi tratarão sobre essas *soft skills*, possibilitando que você enxergue seu adolescente de modo integral e possa permitir o desenvolvimento dessas habilidades.

Lucedile Antunes e Beatriz Montenegro

19

ESCOLHA GENUÍNA

Escolher é uma delícia! Quando possível, o ato de escolher possibilita realizar nossos desejos. Mas nem todas as escolhas são genuínas. Essas são verdadeiros privilégios, tal qual o convite que recebi para escrever sobre esse tema a pais e educadores. Como sou um deles também, sei o quanto necessitamos de acolhimento e orientação para lidar com os jovens em processos decisórios, especialmente os vocacionais. Então aceitei, pois tal escolha já me habitava!

RICARDO LIMA

Ricardo Lima

Contatos
ricardolima.psi@gmail.com
Instagram: @ricardolima.psi
11 98562 6644

Pai da Alice e do Lucas, psicólogo, especialista em Didática do Ensino Superior, mestre em Educação pela Universidade Mackenzie-SP e doutor em Psicologia do Desenvolvimento Humano pelo Instituto de Psicologia da Universidade de São Paulo (IP-USP). Atua em clínica de adultos, famílias, casais, supervisão profissional e orientação vocacional/carreira desde 1995. Idealizador e coordenador do Projeto Encontros e Reencontros em São Paulo (@encontros.reencontros). Ministra aulas em cursos de pós-graduação e realiza palestras/*workshops* sobre conjugalidade, família, desenvolvimento humano, escolhas genuínas e orientação vocacional.

Em minha profissão, sou convidado a percorrer os processos emocionais e racionais daqueles que buscam auxílio para tomar decisões importantes como escolha/mudança de carreira, ter filhos, divorciar-se etc. Entro em contato também com queixas e sofrimentos relativos às consequências das escolhas de vida, como lidar com elas e seguir adiante. No aprendizado diário com meus pacientes e orientandos, identifico recorrentemente dois tipos de escolhas: as genéricas e as genuínas. As primeiras são originadas principalmente por gatilhos de ansiedade, na maior parte das vezes associados a sentimentos de culpa, raiva, medo e intolerância. Por exemplo, naquelas situações em que desejamos intimamente uma alternativa, mas decidimos por outra para não magoar alguém. Ou mesmo quando agimos por impulso, como quem quer se livrar de uma pressão interna (ou externa) provocada pela demora em nossas indecisões.

Já uma escolha genuína é composta por alguns elementos, para muitos, imperceptíveis. Mais do que uma habilidade, escolher genuinamente é um direito que conquistamos ao longo de nosso desenvolvimento neuropsicossocial, ao mesmo tempo que se torna também um dever já na adolescência, com relação à profissão e carreira, por exemplo. Mas para isso é necessário que atentemos sobre como e o que aprendemos a respeito de nossos padrões de escolhas e de que forma estes podem nos levar ao tão almejado "sucesso".

A habilidade de escolhermos genuinamente apresenta relação direta com o desenvolvimento da autonomia. Ou seja, quanto mais conseguimos fazer algo por conta própria em determinada área da vida, melhores são as perspectivas para realizarmos escolhas genuínas nesse campo. E vice-versa. Assim, a prontidão para essa habilidade é processo incessante, sendo nossa jornada para além da infância fonte inesgotável de demandas decisórias. Por isso precisamos do tempo que, nesse caso, está a nosso favor para que possamos lapidar essa habilidade, reconhecer nossos pontos fortes/fracos e construir um repertório de alternativas adaptativas para tomarmos decisões ao longo da vida. A partir dos atendimentos e das pesquisas clínicas, identifiquei quatro elementos fundamentais para a elaboração de escolhas genuínas.

O primeiro refere-se ao nível de consciência que temos sobre nossos desejos e nossas necessidades. Mais do que informações sobre o mundo e as alternativas que ele nos apresenta, sabemos o que de fato queremos e precisamos? Isso só acontece a partir do autoconhecimento. Tenho observado pessoas escolhendo coisas importantes na vida com precário nível de consciência de si mesmas. Só quando lançamos luz sobre o que nos constitui, somos capazes de escolher alternativas que melhor nos representam. Além disso, temos que considerar que nossa formação cultural (ocidental capitalista) não nos permite lidar muito bem com o fato de que para nos desenvolvermos precisamos deixar algo pelo caminho: ideias, valores, relacionamentos, carreiras, dinheiro etc. Este é o segundo aspecto dessa trajetória: toda escolha envolve ao menos uma renúncia. Quando não, várias! Ao escolhermos uma alternativa, abrimos mão de outras tantas. Simples assim? Nem tanto... Nesse processo não abdicamos apenas das alternativas não escolhidas, mas com elas vão-se fragmentos de nós mesmos, como desejos e expectativas. Identifico aqui uma das dificuldades mais cruciais para tomarmos decisões, porque renunciar deflagra em nós sentimentos como medo, confusão, sofrimento e impotência. Se não soubermos lidar com esses conflitos, ficamos às voltas com as indecisões, terreno fértil à procrastinação.

O terceiro elemento que identifico na escolha genuína traz à tona um tema que gera aversão na maior parte das pessoas: o risco de errar. Acredito que temos mais condições de tomarmos boas decisões para nossa vida quando nos apropriamos do direito de nos arrepender. Vale notar que o processo de escolha é um fenômeno íntimo e silencioso enquanto está protegido pelo sigilo da elaboração mental e emocional. Em algum momento torna-se decisão e precisa ser concretizado em um ato, tornar-se público e notório. Porém, se os resultados denunciarem para o mundo que a alternativa eleita não foi a melhor, não podemos nos arrepender? É claro que sim! Mas para isso precisamos assumir o remorso, recalcular a rota e, só assim, seguir noutra direção.

A boa notícia é que fenômenos como a globalização, o avanço tecnológico e o maior acesso ao autoconhecimento nos privilegiaram com melhores recursos para realizarmos escolhas com mais consciência, autonomia e equilíbrio. O quarto aspecto deriva dessa ideia, pois podemos mudar o rumo das escolhas no futuro não somente porque consideramos nossas decisões equivocadas, mas também porque escolhas têm prazo de validade. Elas duram apenas enquanto suas consequências nos trazem mais benefícios que prejuízos, pois o tempo e as mudanças da vida inevitavelmente evidenciam as obsolescências de nossas decisões... Até das mais acertadas.

Esses conceitos aplicados à prática da orientação vocacional com jovens, pais e educadores têm apresentado bons resultados. A seguir, trago algumas considerações sobre essas conexões.

A profissão, a carreira e o adolescente: afinal, quem escolhe quem?

Às portas da faculdade, muitos jovens se deparam com uma questão inevitável: qual caminho devo seguir? Se a dúvida é legítima, decidir não é nada fácil.

A decisão envolve investimento de recursos preciosos como tempo, expectativas próprias, familiares e sociais, dinheiro, esforço físico e mental, entre outros. Então, a habilidade da escolha genuína está presente já na elaboração da estratégia para a transição nessa complexa jornada.

Atualmente, a escolha vocacional genuína apresenta muito mais alternativas e dinamismo quando comparada àquela de trinta anos atrás. Nesse período, a quantidade e a velocidade com que cursos, profissões e carreiras apareceram e desapareceram têm aumentado significativamente, tornando o processo de escolha genuína proporcionalmente mais complexo. O processo de orientação vocacional auxilia o jovem e seus pais nessa jornada, pois ocupa-se de diagnosticar o perfil vocacional, possibilitando descobrirem cenários e caminhos mais adequados de formações e carreiras. O perfil vocacional é composto por um conjunto de características relativas à personalidade, às habilidades e aos interesses, muitos deles inconscientes na adolescência. Conhecer esses traços nos revela alguns recursos pessoais preciosos, além de sermos capazes de detectar padrões de ação inúteis e de autossabotagem quanto aos processos decisórios.

É fato que, ao não ser auxiliado, o jovem pode tomar decisões vocacionais baseadas em ideias enviesadas sobre as profissões, carreiras e instituições formadoras, transmitidas principalmente pelas mídias e crenças culturais. Aumentam os riscos de se enveredar por caminhos tortuosos sem os recursos necessários para percorrê-los, ou mesmo abdicar de boas alternativas por ignorar os reais potenciais.

Além das observações dos trabalhos com os jovens, os conceitos aqui apresentados surgem nos diálogos com pais e educadores, principalmente no espaço de ensino médio. Assim, tenho aprendido a identificar e elaborar estratégias mais realistas e, portanto, eficazes para acompanhar os adolescentes tanto no caminho das escolhas vocacionais genuínas, como na transição da vida escolar para o mundo universitário.

Um caso, infelizmente, não tão raro...

Marcou-me profundamente uma experiência clínica com um rapaz que, após seis anos de cursinho, finalmente foi aprovado em um famoso e bem avaliado curso público de Engenharia. Oito meses depois, estava em meu consultório para psicoterapia. Com sintomas de ansiedade e depressão, relatou-me que se esforçou muito para estar naquela faculdade, mas não se adaptou aos grupos de pessoas que ali estudavam, às rotinas das aulas, com muitas das matérias e surpreendeu-se com a falta de infraestrutura em alguns laboratórios. Indaguei se ele já havia visitado aquele local antes de ser aprovado no vestibular ou mesmo se informado sobre a grade curricular daquele curso. Com expressão de surpresa nos olhos, ele me respondeu com as perguntas: "Era possível? Como?".

Muitas pessoas acreditam que a universidade é uma espécie de templo sagrado de acesso restrito somente após a efetivação da matrícula. Mitos como esses são criados e alimentados em nossa cultura, por diversos motivos e interesses. É fundamental saber que temos alternativas aos caminhos que nos impõem como únicos e corretos. Afinal, se antes de escolher coisas simples da vida (como um par de sapatos, o sabor do sorvete ou a academia de ginástica), você as experimenta, por que não faria isso com algo tão importante quanto sua parceira de formação profissional? Vale lembrar que, para a maioria dos jovens, essa é a primeira vez na vida que poderão escolher o que e em qual lugar vão estudar. E eles precisam de suporte cuidadoso nesse processo; ou o que pensam serem escolhas nada mais serão do que reproduções de preconceitos individuais, familiares ou de determinado grupo social.

Esse rapaz era filho único, tinha pouco conhecimento de si mesmo e estava em uma família que se considerava bem-sucedida profissionalmente; há duas gerações formadas neste curso e nesta instituição. Era claro para eles que qualquer outra alternativa vocacional significava interromper essa linhagem de sucesso. Recaía sobre o jovem a responsabilidade de não frustrar os pais, que investiram todos os recursos possíveis para a concretização desse projeto, privilegiando o legado familiar em detrimento da individualidade do filho. A psicoterapia foi iniciada com a introdução pontual de sessões de orientação vocacional e parental. Foram sensibilizados sobre a importância do autoconhecimento para seu filho, por meio da identificação de suas necessidades, desejos e de seu perfil vocacional, para uma trajetória acadêmico-profissional mais segura e saudável. Foi trabalhada também a aceitação às revisões e às renúncias necessárias, principalmente relativas às crenças familiares relativas a trabalho, amor e felicidade. A remissão dos sintomas do jovem começou a acontecer na medida em que o autoritário abria espaço à alteridade. Os pais foram se permitindo lidar com o filho como ele ia se descobrindo ser, não apenas como um missionário das expectativas familiares. Já consideravam que o ingresso em outro curso e em outra instituição, além de não significar desonra familiar, inaugurava um novo e rico ciclo vital para esse grupo de pessoas.

Conclusão

O lugar que ocupamos na vida, como estamos e de que forma chegamos até aqui refletem os padrões de nossas escolhas. Ao longo do tempo, podemos nos apropriar da autoria de nossas decisões ou continuar a esperar que outras pessoas escolham por nós. Quando se trata da escolha vocacional, esse processo é mais delicado, pois, na maioria das vezes, quem escolhe pelo adolescente é a concorrência vestibular, que está fora do alcance da proteção escolar e familiar. E, como visto aqui, a jornada das escolhas vocacionais genuínas é longa e complexa. Entretanto, quando há planejamento prévio, disposição, boa vontade e acolhimento para esse aprendizado, os resultados têm se mostrado bastante positivos. Mais do que uma simples testagem, a orientação vocacional visa realizar uma reflexão por outra perspectiva que não seja a do senso comum, mas sim a do próprio indivíduo. Há técnicas válidas e específicas que estão muito mais acessíveis agora do que em qualquer outra época. Isso nos ajuda a correr os riscos inerentes às escolhas genuínas de maneira mais segura, responsável e autêntica. Assim, para que possamos desenvolver essa habilidade, é preciso encarar a nós mesmos, as renúncias necessárias, os eventuais arrependimentos e, também, o fato de que a natural finitude dos projetos de vida implicam (re)avaliar genuína e continuamente nossas escolhas.

Razões e emoções harmonizadas em decisões conscientes tendem a gerar equilíbrio em todas as áreas da vida. Para saber mais sobre essa outra habilidade, recomendo a leitura que vem a seguir.

20

EQUILÍBRIO

Agora que já leu a respeito de escolhas genuínas, convido você a refletir sobre o privilégio de ver os filhos crescerem, equilibrando os pratos, os pitacos e o medo de vê-los sofrer. Vamos juntos?

MARIA JULIANA AUDI

Maria Juliana Audi

Contatos
mariajuliana.servicosocial@gmail.com
Instagram: @surtosdeumamae
71 98392 5036

Assistente social, pedagoga e psicopedagoga, acredita na educação como pilar de transformação social. Uma mulher feliz e em constante transformação. Mãe do Enzo (anjo) e da Melissa, que escolhe diariamente caminhar de mãos dadas, atenta às belezas do caminho.

Equilibrar para crescer com e ao lado dos filhos

Quando penso em equilíbrio me vem subitamente à cabeça uma imagem registrada na infância. Cresci no interior da Bahia, em um distrito muito pequeno. Ali, todos se conheciam, e aquele contexto particular proporcionou uma infância de pés descalços, em contato com outras crianças que desbravavam os espaços e celebravam a chegada da fantasia, pois nós amávamos ver o circo chegar.

Toda a comunidade se vestia de expectativas e se aglomerava em lonas gastas com pouquíssima infraestrutura e muita magia. Corríamos em coro pelas ruas, repetindo o que um engraçadíssimo palhaço de roupas coloridas e enormes pernas de pau dizia, esperando avidamente um carimbo nas mãos, o passe para uma entrada gratuita naquele espetáculo que movimentava o íntimo de toda a população. Nesse cenário, no qual famílias de artistas lutavam para sobreviver e driblar condições precárias de vida e trabalho, levando encantamento e beleza para os mais remotos lugares, gravei no inconsciente a imagem que me vem ainda hoje quando penso em equilíbrio.

Um pneu pequeno deslizando sobre uma corda bamba, a tensão e a expectativa nos rostos, os aplausos encantados da plateia e o agradecimento do equilibrista corajoso, durante um espetáculo que me hipnotizava de modo particular. Viva o circo que passeia em muitas das minhas memórias afetivas.

Penso que equilíbrio seja andar sobre a corda bamba da rotina diária que nos atravessa de diferentes maneiras, mergulhar no íntimo vencendo o barulho da plateia, para então descobrir aquilo que sustenta quem somos. É também desenvolver autocontrole para gastar energia com o mais importante, assumindo a postura constante de aprendiz.

Equilíbrio é internalizar que cair e levantar faz parte do show e, assim como os espetáculos mudam continuamente, devemos estar abertos às transformações que nos tornam seres complexos e absolutamente fascinantes. Equilíbrio não é um lugar para se alcançar; pelo contrário, é o movimento permanente de sentir, mudar, perceber-se, para, então, acolher tudo o que somos e todos que amamos.

Não em vão, trouxe uma memória da infância para começar a falar da adolescência. Como seres biopsicossociais, temos histórias distintas que vão tecendo os caminhos que trilhamos ao longo da vida. Os espaços de afeto e segurança que construímos na infância, as múltiplas habilidades desenvolvidas, a autonomia alcançada, os degraus de escuta e acolhimento também vão permear essa adolescência que é orgânica, necessária, cíclica, intensa e tão bonita.

A sociedade tem mania de rotular e caracterizar adolescentes como seres transgressores e inconsequentes, mas convido você para ampliar o olhar e mergulhar nesse período da vida com lentes mais esclarecedoras. Antes de tudo, é necessário que se compreenda as grandes mudanças físicas, emocionais e sociais que atravessam essa fase e que merecem atenção especial, para acolher o adolescente que tem nas mãos. Pais precisam entender de desenvolvimento humano, então comecem já.

Ouse se perguntar: "O que foi construído até aqui (na infância)?", "O que vamos precisar ressignificar a partir de agora (na adolescência)?", "Quais são os novos combinados e espaços que precisam ser desenvolvidos?".

Pode parecer assustador perceber que, da noite para o dia, sua criança está mais introspectiva, impaciente e perceptiva, que já é capaz de criar roteiros elaborados para algumas mentiras, exatamente como os adultos que ela observa e convive. Que não quer as brincadeiras que até ontem faziam parte do imaginário e agora perde muito tempo se observando e criando uma percepção de si e de sua aparência.

Ali na frente vai querer um espaço só seu e vai se distanciar de você para construir a própria identidade, e os amigos vão ter um lugar primordial. Virão relacionamentos, escolhas próprias, erros catastróficos e muitas individualidades. Ver filho crescer dói, e não é como dor de barriga que se cura com chá quente. É dor que corrói fundo, que embaralha nossa própria identidade, que mexe com os rumos que escolhemos para a vida.

Podemos acompanhar o crescimento dos filhos por dois caminhos.

Caminho da queda de braços e conflitos intermináveis

Nesse percurso, vocês passam muito tempo brigando para saber quem grita mais alto, quem é o mais forte, quem machuca mais fundo. É um caminho escuro no qual a autoridade substitui o equilíbrio e, em nome da razão absoluta, não se constrói paradas para combinados e fortalecimento de vínculos. Nessa estrada só crescem árvores secas de punições, ameaças e julgamentos. No final do percurso, cansados e tão distantes um do outro, descobrem que não há vencedores. É uma trilha triste e solitária.

Caminho do equilíbrio

Esse percurso é permeado de dúvidas, medos e muitos recomeços. É um caminho cheio de ladeiras, mas com árvores frondosas e sombras de diálogo. Há combinados e responsabilidades, erros e colo, vínculo fortalecido e espaço para que o outro seja o que precisa ser. Tem escuta, gerenciamento das emoções e limites claros dados com respeito e interesse pelo universo do adolescente.

Tem NÃOS barulhentos e SINS calorosos.

Nessa estrada vemos flores perfumadas e espinhos que volta e meia machucam todos os envolvidos. Há insônias que só passam quando o filho chega em casa e algumas mentiras que, quando descobertas, ficam mais leves, ainda que doam tanto. Nessa rota não existe vencedores, só pessoas reais assumindo responsabilidades, falando sobre suas dificuldades e buscando um jeito próprio de crescer sem ferir em demasia.

Não existe caminho fácil para educar filhos, mas sempre existirão possibilidades respeitosas de se posicionar no mundo. Qual você deseja escolher?

Um dia desses, enquanto tomava café com uma amiga e dividíamos nossas angústias maternas, abraçamos uma conversa profunda sobre o caminho solitário da maternagem. Mulheres e mães precisam conversar com constância; historicamente, nossas dores foram silenciadas e isso acarretou cargas emocionais altíssimas. Estamos adoecendo com tantas demandas, precisamos falar e ouvir sem julgar, buscar estratégias de apoio e cura.

Essa amiga me falava do luto pela infância da filha e que isso estava causando uma estranheza. Ela não sabia em que momento o véu da infância havia se perdido, mas via a olho nu que aquela menininha estava passando por uma grande transformação. Mudaram os interesses, as roupas, a reatividade, o tempo no espelho, o humor e as opiniões. Confessou que assimilar essa nova menina tinha a ver com se despedir de sua criança e mergulhar em um universo desconhecido até então.

Do outro lado, percebia que sua menina também estava lutando para se reconhecer nesse novo momento, ainda não era uma adolescente, mas deixava de ser criança. Ela também estava de luto, em um período de transição que exigia muito de todas as partes. Dei colo para aquela mãe que agora ia precisar se transformar com sua borboleta. Isso é equilíbrio, estar presente e se adaptar às mudanças.

Talvez o mais desafiador de vivenciar a adolescência dos filhos é saber que eles nos observam continuamente. Que espelho eu sou?

A gente precisa mergulhar profundamente para dentro de si e acreditar nas escolhas que fizemos ou reajustar as que causarem incômodo. Não refletir é uma opção inexistente.

Atualmente, nossa sociedade impõe desafios enormes: uma mídia cruel que tem padrão para tudo: para nossos corpos e construção da autoimagem; para nossa sexualidade e relacionamentos; para definir quais profissões garantem um futuro promissor. Já pararam para pensar em todos os desafios impostos aos adolescentes? Justamente em uma fase de construção da identidade, com o córtex pré-frontal ainda em desenvolvimento, precisam tomar decisões importantíssimas e são bombardeados por estereótipos.

Recebi a feliz notícia de que o filho de uma grande amiga tinha passado na faculdade a que tanto almejava. Quando me ligou para contar, ela disse: "Ele passou na Federal! O pai ficou arrasado. Meu filho tem o direito de escolher, não tem?". Ela comemorava com alegria a conquista do filho, mas seguia aflita por ter que administrar as projeções do marido, que tinha criado um futuro pronto para o filho único, uma carreira promissora na medicina, enquanto ele queria a música. O lugar de fala daquele pai sempre foi o de saber mais, de já ter passado por tudo o que o filho poderia trilhar e, logo, que sabia como tomar as decisões certas, colocando aquele adolescente de 19 anos em um lugar de constante incapacidade.

Esse é um caminho que definitivamente não vale a pena percorrer com filhos adolescentes, ou seja, entender que temos todas as respostas porque já participamos de um jogo com cartas e repertórios diferentes não vai ajudar. Conheça o universo de seu filho, suas ambições e medos, o que faz o coração dele palpitar. Esteja atento para estabelecer diálogos quando as brechas e espaços aparecerem, mas também sempre aberto a ouvir, a discordar sem impor suas opiniões, a entender que aqui e agora é o tempo certo para vocês refletirem. Sabe aquele velho ditado: "No meu tempo não era assim"? Não era mesmo, porque o tempo ideal para vocês crescerem juntos é agora.

Como coautora do *Soft skills kids*, escrevi sobre o melhor presente que podemos dar a um filho: enxergá-lo como ele realmente é. Acredito piamente nisso e reitero: só podemos fortalecer vínculos e criar memórias com o filho real, só conseguimos estabelecer equilíbrio nas relações quando nos despimos de máscaras e projeções e damos ao outro o direito de ser quem precisa.

Trilhando caminhos para fomentar equilíbrio

Interesse-se pelo universo de seu filho

Conheça os games preferidos, as músicas que fazem parte de sua *playlist*, os lugares que prefere visitar, os amigos que passam muito tempo ao lado dele. A gente só pode fazer parte daquilo que demonstra interesse; logo, não crie distâncias.

Surpreenda-o com uma camiseta da banda preferida, diga que passou pela vitrine e se lembrou dele. Receba os amigos com alegria.

A minha casa sempre foi o lugar preferido dos meus amigos na adolescência e isso me dá um orgulho danado. Minha mãe é acolhedora. Era ela quem cedia a casa para a noite do cinema, fazia nossa comida preferida e se sentava na roda para conversar sobre coisas aleatórias. Você não precisa ser igual à minha mãe, eu também não, mas seja o lugar de confiança e afeto para seus filhos. Esteja por perto.

Não tenha medo de impor limites e estabelecer responsabilidades

Cada família tem seus combinados; diga NÃO sempre que for necessário ou quando algo ferir e invadir os limites e combinados da família. Adolescentes precisam de limites claros, delineados com respeito e dialogados com clareza. Conversem sempre e muito.

Incentive a participação nas tarefas diárias da casa, acompanhe a rotina escolar e busquem juntos soluções para os problemas cotidianos, demonstrando que a liberdade vem abraçada com responsabilidades.

Crie uma rotina para estarem juntos

Comece a inserir tradições e motivos para o encontro. Vale tudo: churrasco aos domingos, noite da pizza, jogos de tabuleiro às quintas, pastel na feira nas manhãs de sábado, ou mesmo um esporte coletivo em família, se isso fizer parte do repertório.

Os rituais familiares são momentos de fortalecer vínculos e consolidar laços. Veja o que faz sentido para a realidade de sua casa.

Gerencie as emoções

Lembre-se continuamente de que somos espelhos para os filhos e isso não tem nada a ver com inspirar perfeição. Filhos preferem pais felizes, conscientes de suas escolhas e abertos a novos pontos de vista.

Todo pai e toda mãe gostariam de colocar o que aprenderam ao longo da vida em uma caixa e presentear os filhos para que eles errem menos, mas não será possível nem teria valor. Podemos acompanhar a caminhada, devemos incentivar os passos; entretanto, eles farão as escolhas. Sejam gentis com as próprias falhas e, também, com os atos falhos dos filhos. Amem sem medo: amor cura.

EMPATIA E ATITUDE ASSERTIVA

Empatia, uma *soft skill* fundamental para se relacionar com o outro e com o mundo. Ela se traduz na capacidade de sentir de maneira tão intensa a dor do outro que você passa a compreender, mesmo que nunca a tenha vivido; a partir dali, consegue acolher, dar escuta, permitir que o outro encontre um abrigo seguro e construir conexões fortes e duradouras.

A atitude assertiva é a habilidade de tomar decisões compreendendo o contexto e não apenas seguindo um único parâmetro. A assertividade requisita autoconhecimento. Assim, as *soft skills* empatia e atitude assertiva são complementares. Se sou empática nas minhas relações, consigo encontrar – em meu repertório interno – uma atitude assertiva, coerente com o que quero transmitir, respeitando o outro. O contrário também é verdadeiro.

Pensando na importância do desenvolvimento dessas *skills*, escolhemos uni-las para que os desafios da arte de educar e de estar acompanhando um adolescente sejam permeados por empatia e atitude assertiva. Nos próximos dois capítulos, Julianna Lima trará a ampliação da *soft skill* empatia e Roberta Bonamigo Leal e Caroline tratarão sobre atitude assertiva. As autoras rechearam ambos os capítulos com exemplos de situações reais e apropriadas, além de caminhos seguros para que você consiga praticar e incentivar o desenvolvimento dessas habilidades junto a seus jovens.

Lucedile Antunes e Beatriz Montenegro

21

EMPATIA

"Empatia é a capacidade de ver o outro não só com os olhos, mas também com o coração. É o sentimento que torna o mundo um lugar melhor para se viver".

JULIANNA COSTA LIMA

Julianna Costa Lima

Contatos
juliannalimacoach@gmail.com
www.juliannalimacoach.com.br
LinkedIn: Julianna C. da Costa Lima
Instagram: @juliannalimacoach

Coach executiva e de carreira, credenciada como *Associate Certified Coach* pela International Coach Federation (ICF) e pelo Integrated Coaching Institute (ICI). Graduada em Pedagogia pela Pontifícia Universidade Católica do Rio de Janeiro e pós-graduada em *Business Administration* pela Harvard Extension School. Sua metodologia de trabalho tem como premissa impactar positivamente o outro para que atinja seus objetivos e metas. Esse propósito começou com uma carreira executiva em RH e, desde 2012, é exercido pelo *coaching*. Hoje, ajuda as pessoas a promoverem mudanças comportamentais positivas e a repensarem suas carreiras, além de auxiliar os jovens na escolha da graduação e da profissão. É coautora dos livros *Soft skills: competências essenciais para os novos tempos* e *Soft skills: habilidades do futuro para o profissional do agora*.

Escrever um capítulo sobre empatia direcionado aos pais de adolescentes, educadores e aos próprios jovens foi um sonho realizado. No livro *Soft skills: competências essenciais para os novos tempos*, lançado em 2020, meu artigo abordou este tema, mas com foco em seu desenvolvimento em adultos e na melhoria das relações pessoais e profissionais. Agora, tenho a oportunidade de dividir com vocês meus conhecimentos voltados para os adolescentes, baseados tanto nos atendimentos aos meus jovens clientes quanto nos aprendizados como mãe de três meninos maravilhosos, que me permitem vivenciar muitas das experiências que propiciam o desenvolvimento da empatia e das atitudes que evidenciam essa competência.

E por que falo tanto das pessoas e de suas histórias e vivências? Porque a empatia tem a ver não só com autoconhecimento, mas também com o conhecimento do outro. Desenvolver a empatia emocional depende, antes de tudo, de entender os próprios sentimentos.

Pessoas empáticas têm mais facilidade em estabelecer vínculos, comunicar-se com o outro e criar relacionamentos fortes e duradouros. Essa capacidade relacional é um alicerce fundamental para o sucesso, na carreira e em suas realizações pessoais, independentemente da trajetória escolhida. Logo após os históricos ataques do 11 de setembro, o escritor Ian McEwan disse: "Imaginar o que é ser outra pessoa, que não você, está no centro da nossa humanidade. É a essência da compaixão e o início da moral".

A neurociência tem um processo denominado "neurônios-espelho", que é responsável por facilitar a imitação do outro desde que somos pequenos. Um exemplo simples é quando vemos alguém bocejar e imediatamente fazemos o mesmo – são esses neurônios-espelho em ação. Com base nesse conceito, podemos estimular crianças desde pequenas a treinarem a empatia, com ações como contribuir em casa com as atividades do lar, doar brinquedos e roupas aos mais necessitados ou ajudar os irmãos e os avós.

Mas é possível treinar a empatia nos jovens? Um estudo feito pelo Programa de Empatia e Ciências do Relacionamento, do Hospital Geral de Boston (EUA), afirma que é possível desenvolver a empatia, estimulando-os e propiciando oportunidades de sentir o que a outra pessoa sente, seja em situações boas ou difíceis. Fazemos a leitura correta das emoções do outro por nossas amígdalas cerebrais, também conhecidas como "sentinelas das emoções", pois são responsáveis por nossas reações emocionais e pela aprendizagem de conteúdos emocionalmente importantes. Elas são ativadas toda vez que vivenciamos estímulos relevantes.

A tríade da empatia, segundo Daniel Goleman

Quando falamos de empatia, geralmente nos referimos a uma única habilidade. Mas existem três vertentes, todas relevantes:

1. Empatia cognitiva: a capacidade de entender o ponto de vista do outro.
2. Empatia emocional: a habilidade de sentir o que o outro sente. Sabe aquela dor no coração quando você fica sabendo que uma pessoa querida está com uma doença muito grave? É esse sentimento.
3. Preocupação empática: a capacidade de sentir o que o outro precisa que você faça por ele, mesmo que ele não diga. Diz respeito à antecipação, que vai além da empatia cognitiva e da emocional. É a capacidade de antever o que o outro precisa sem que ele tenha que dizer ou pedir. A origem da preocupação empática exige que administremos nossa angústia sem sofrer em excesso com a dor de alguém.

A atitude assertiva e a empatia

A atitude assertiva, também abordada neste livro, é a habilidade de tomar decisões compreendendo o contexto, e não apenas seguindo parâmetro e repertório únicos – assim, a empatia e a atitude assertiva se complementam. Se sou empática nas minhas relações, consigo encontrar, no meu arsenal interno, uma atitude assertiva e coerente com o que quero transmitir. Quanto mais enriqueço essas minhas ferramentas com experiências variadas, mais eu amplio o meu repertório para agir de maneira empática e assertiva com o outro.

Sofia e uma história de empatia

Há alguns meses, uma jovem cliente me procurou, pois estava em dúvida sobre qual graduação cursar. Ela se interessava por carreiras bem diversas, tinha múltiplos talentos e seu olhar se direcionava para os mais diferentes assuntos. Ao longo de nossas sessões de *coaching* de carreira, Sofia relatou experiências das mais variadas vividas em seus 17 anos de vida. Desde pequena, ela apresentava uma curiosidade genuína pelos outros e se interessava por vivências que expandiam seus horizontes, aumentavam seu repertório e permitiam que ela conhecesse e criasse laços com pessoas cujas histórias de vida eram bem diferentes da sua.

Alguns exemplos dessas experiências que, a meu ver, agregaram no desenvolvimento dessa habilidade: participar de algumas edições nacionais e uma internacional do programa CISV[1]; receber uma adolescente estrangeira em sua casa por alguns meses e ajudá-la em diversos desafios; trabalhar como voluntária durante suas férias escolares em um acampamento no interior de São Paulo, cuidando de crianças e elaborando atividades para entretê-las; além de participar de um trabalho voluntário organizado por sua escola e por profissionais do Hospital Albert Einstein, realizando ações de melhorias da higiene e qualidade de vida dos moradores do Quilombo Ivaporunduva.

Ao final do processo de *coaching* de carreira, ela decidiu que a graduação que mais a interessava e na qual poderia usar seus maiores

---

[1] CISV: sigla de Children's International Summer Villages, organização internacional independente, voluntária, apartidária e não religiosa que promove educação para a paz e amizade intercultural.

talentos e habilidades era a Medicina. E, nessa profissão, é mais do que sabido que a empatia é fundamental!

E por que conto essa história a vocês? Pois percebo que nós, como pais e educadores, podemos fazer toda a diferença no desenvolvimento da empatia em nossas crianças e jovens, sendo exemplo, modelo e inspiração.

Por que ajudar nossos filhos e alunos adolescentes a desenvolverem a empatia?

A empatia é algo natural para algumas pessoas; para outras, exige aprimoramento constante. E treiná-la é extremamente importante para termos melhores relações em todas as esferas de nossas vidas.

Além disso, todas as atividades profissionais exigem que o indivíduo demonstre empatia. Para algumas ocupações, como médicos, enfermeiros, fisioterapeutas, professores, *coachs*, psicólogos, cuidadores e vendedores, essa competência é ainda mais relevante: é uma condição essencial para o exercício profissional com qualidade.

Empatia na prática

As perguntas que fazemos a nossos filhos são excelentes intervenções que podemos aplicar como pais. Iniciar conversas com questões como "Quem você ajudou hoje na escola? Quem o ajudou hoje na escola? O que ela/ele fez? Como você se sentiu ao ajudar? Como você acha que seu colega se sentiu?" pode conduzi-los a observar as boas atitudes dos demais e aprender com essas boas ações, além de estimulá-los a perceber as próprias emoções e sentimentos. Só conseguimos perceber as emoções do outro se entendemos as nossas e, ao fazermos questionamentos, eles aprendem a refletir sobre as mesmas perguntas.

Para ajudá-lo ainda mais nesse processo, apresento algumas sugestões baseadas em minhas próprias vivências como mãe de dois adolescentes e nas experiências relatadas por meus jovens clientes de *coaching*.

Assistir com seus filhos a filmes e séries e conversar com eles sobre o que observaram, qual mensagem perceberam, o que sentiram e aprenderam. Algumas sugestões para esse momento de entretenimento em família, que podem render diálogos essenciais e ricos aprendizados: a série *Playbook*, da Netflix; o filme *Invictus*, que mostra o quanto a união de uma equipe de rúgbi faz a diferença para a vitória de um time; e o filme *A baleia*, bastante profundo e sensível, que fala sobre perdão, autoaceitação e autenticidade.

1. Levá-los a exposições culturais diferentes é uma experiência que ajuda a desenvolver a sensibilidade e amplia o olhar e a mente.
2. Apresentar livros e artigos que você já conhece para que eles também possam ler. Depois dessas leituras, você pode questioná-los: "O que será que se passa na vida dessa pessoa?". Estimular conversas a partir disso.
3. Ressaltar de seu dia a dia alguma situação em que o uso da empatia promoveu o bom relacionamento ou resolveu algum conflito, por exemplo. Aproveite o momento das refeições para conversar com seus filhos sobre algo que você aprendeu naquele dia ou alguma situação que fez a diferença na vida de alguém.
4. Ser sempre um exemplo em suas atitudes e em sua fala. Os filhos estão o tempo todo observando os pais; aproveite as pequenas situações cotidianas e pratique atos de bondade. Abra a porta do elevador para um vizinho, entregue um pedaço de bolo a seu porteiro, elogie o serviço de um garçom em um restaurante ou pare na vaga do estacionamento de modo que outro carro consiga estacionar bem a seu lado. Tudo o que você faz, todos os seus atos, são oportunidades de ensinar a seus filhos sobre empatia, mesmo que nada seja dito.
5. Estimular as crianças e jovens a se colocarem no lugar do outro: seu filho arrumou a mesa do jantar para a família com os talheres desajeitados e faltando os guardanapos. Pergunte a ele: "Vi que você arrumou a mesa de qualquer jeito... às vezes, estamos com pressa e isso acaba acontecendo mesmo. Mas, se tivesse sido outra pessoa a colocar a mesa e você fosse comer, como você se sentiria? Não é gostoso sentar-se em uma mesa arrumada com carinho e atenção?".
6. Quando for mal atendido em um restaurante, estimule-o a pensar: "Realmente esse garçom deveria estar nos atendendo bem, pois esse é seu papel, mas talvez ele não esteja em um bom dia." Crescer em uma família que valoriza a autorresponsabilidade, mas também pratica a compaixão, a generosidade e a empatia tem muito impacto na formação socioemocional.
7. Usar questionamentos simples ao buscar seu filho na escola: "Como tem sido na aula? Qual foi a última vez que você elogiou

sua professora? Você tem feito perguntas na escola? Tem algum amigo seu que não está bem ou você observa que está com alguma dificuldade? O que poderia fazer para ajudar?".

8. Cuidado com os elogios e rótulos positivos. Em seu livro *Mindset*, a autora Carol S. Dweck (2017) menciona: "Precisamos aprender a fazer elogios inteligentes. Elogie o esforço, as boas atitudes e ações dos seus alunos e filhos". Pais e professores precisam elogiar não a boa nota, mas sim o esforço feito para conseguir o bom desempenho na prova ou trabalho. A minha sugestão é que façamos comentários como "Parabéns! Está vendo que, quando você se esforça e dá seu melhor, o resultado positivo acontece?" ou "Fiquei orgulhosa por você ter chamado o aluno novo da classe para almoçar e fazer parte do grupo de estudos".

9. Delegue a seus filhos as funções e atividades que eles estão aptos a realizar. Assim, eles conseguirão perceber o tamanho do trabalho que os pais têm e desenvolvem a autonomia e o protagonismo.

10. Proponha um jogo de troca de identidades durante o jantar: os filhos viram os pais e os pais viram os filhos.

Apoiar seus filhos e alunos adolescentes a desenvolver a empatia fará com que suas relações sejam mais saudáveis, produtivas e baseadas em confiança. É um processo que auxilia na proximidade com o outro e na criação de vínculos mais fortes, além de promover crescimento e expansão para quem a pratica e para quem a recebe.

O foco da empatia é sempre o outro, mas os benefícios são para todos, principalmente para eles. Sucesso nessa jornada!

Referências

ANTUNES, L. *Soft skills: competências essenciais para os novos tempos*. São Paulo: Literare Books International, 2020.

DWECK, C. *Mindset: a nova psicologia do sucesso*. São Paulo: Objetiva, 2017.

EMPATHY: Harvard Business Review Emotional Intelligence Series. [s. l.]: HBR Press, 2017.

22

ATITUDE ASSERTIVA

A adolescência é crucial para desenvolver a individualidade e buscar identidade. A assertividade impulsiona a expressão clara e respeitosa de sentimentos. Para que o adolescente possa treinar esta habilidade, é importante promover um ambiente seguro e comunicativo. A autorregulação dos pais é fundamental nesse processo. Comunicação aberta fortalece laços familiares e ajuda a enfrentar os desafios.

**CAROLINE LEAL E
ROBERTA GUIMARÃES BONAMIGO**

Caroline Leal e Roberta Guimarães Bonamigo

Contatos Caroline
caroline_leal@hotmail.com
Instagram: @caroline_terapia

Contatos Roberta
robertabonamigo@gmail.com
Instagram: @roberta.bonamigo

A escolha de Caroline pela profissão sempre esteve ligada a seu interesse pela infância e pela adolescência. Gaúcha, palestrante e psicóloga graduada pela Pontifícia Universidade Católica do Rio Grande do Sul (PUC-RS), em 2001. Vive em São Paulo desde 2004, quando iniciou seu mestrado em Psicologia Médica pela Unifesp, onde atuou em ambulatório por dois anos, avaliando os pacientes e seus familiares e investigando comunicação, assertividade e sua relação com os transtornos emocionais. Essa experiência fez com que se tornasse especialista em Terapia Sistêmica para lidar com as relações familiares de seus pacientes. Mãe do Rodrigo, apaixonada pelo desenvolvimento humano, por tudo o que envolve criatividade e transformação. Atua na clínica há mais de 20 anos, com crianças, adolescentes e famílias, orientação parental e muito amor por esse trabalho tão gratificante.

Roberta é gaúcha, morou em Porto Alegre/RS até os 22 anos, quando se formou em Psicologia pela PUC-RS, em 2001, e, logo após, mudou-se para a Austrália. Viveu por lá por quatro anos e esta foi, após a maternidade, uma das fases de maior transformação em sua vida. Regressou para São Paulo em 2004, onde vive até hoje. Sempre atuou na área clínica e em RH, mas também soube experienciar trabalhos em escolas e hospitais na época de estágio. Especializou-se em Terapia de Família e Casal (Escola Vínculo Vida, SP, 2007) e possui formações em *Coaching* (Erickson College [2014] e Andaraluz Institut [2016]). Em 2023, concluiu pós-graduação em Gestão Emocional – *Cultivating Emotional Balance*, pela Faculdade Einstein (SP). Ama viajar, gosta muito de praia e natureza, música e leituras sobre comportamento humano. É mãe da querida Bianca e de uma cachorrinha maltês chamada Xixa.

Por que devemos ser assertivos?

A adolescência é o período de maior importância para a individualidade. É o momento em que deixamos de ser crianças e precisamos buscar nossa identidade. Esse processo se inicia com a diferenciação dos cuidadores. O medo de ser o que os pais desejam e não o "verdadeiro eu" faz com que o adolescente se afaste, conteste, confronte e surpreenda a cada dia. Mas é possível, diante de tais características, desenvolver assertividade? Poderíamos dizer que mais do que isso! Essa é a fase em que necessitamos mais do que nunca buscar assertividade, tanto dos pais como do adolescente, para que a comunicação flua.

A assertividade é a capacidade de expressar o que sentimos de modo que o outro seja capaz de compreender. Para isso, precisamos nos conhecer o suficiente a fim de nomearmos nossos sentimentos e nos comunicarmos de uma forma que não desrespeite o outro. Portanto, essa é uma fase desafiadora para todos os lados. O processo de desidealização dos pais, que antes estavam no pedestal da criança e agora despencam aceleradamente, é assustador. Então, primeiro devemos compreender que a função que os pais exercem mudou, mas a importância, não. A diferenciação acontece principalmente com os cuidadores. O adolescente se afasta das expectativas, sem receio de perdê-los, confiante da presença do amor incondicional deles. Os pais, nesse momento, representam o mundo lá fora e o teste começa em casa.

Tendo esse entendimento e sabendo que ele se faz necessário, como conduzir essa etapa do melhor modo possível?

Existem três maneiras de nos posicionarmos diante do mundo: passiva, agressiva ou assertiva.

- **Atitude passiva:** geralmente adotada por pessoas que não ativam muito a emoção da raiva, personalidades mais introspectivas ou com uma necessidade muito grande de agradar o outro. Tendem a acessar mais a emoção tristeza e se culpam em demasia. Quando se adota uma postura passiva, a pessoa cede para o outro ou não manifesta seu desagrado fazendo mal para si mesma.
- **Atitude agressiva:** utilizada por pessoas que acessam a emoção da raiva com muita facilidade, personalidades mais impulsivas, explosivas e intensas. Conseguem manifestar seu desagrado ou impor limites, mas o fazem de um jeito que desrespeita o outro, provocando, assim, muitas vezes a ira ou o afastamento.
- **Atitude assertiva:** empregada por pessoas capazes de ter empatia, acessam as emoções e conseguem usar a função de cada uma delas na situação certa. São capazes de compreender o que pensam, sentem e transmitem para o outro de maneira firme, mas respeitosa. Fazem-se entender com facilidade e estabelecem seus limites com clareza.

É comum transitar entre essas três atitudes, a depender das pessoas e situações em que nos encontramos. Porém, muitas vezes é mais confortável nos calarmos ou, depois de muito engolir, explodirmos. A atitude assertiva é um aprendizado diário de autoconhecimento, empatia e prática.

Voltando para os adolescentes e seus desafios, podemos ajudá-los a desenvolver essa habilidade sendo assertivos com eles, com a ajuda de um modelo de respeito e comunicação clara.

Muitas vezes, na prática clínica, os pais nos procuram para voltarem a se comunicar com os filhos, pois não conseguem mais encontrar uma maneira de aproximação e diálogo. Outras vezes, na maioria delas, são os adolescentes que buscam apoio para lidar com os conflitos em casa. A proposta é a mesma: aprender a se ouvir e a transmitir isso de maneira empática.

Há alguns anos venho acompanhando uma adolescente que agora está se tornando uma grande mulher. Ela iniciou a terapia aos 13 anos, com mil questionamentos e conflitos familiares. Os pais haviam se separado quando ela era muito pequena. Vivia com a mãe e visitava o pai de quinze em quinze dias. O pai se casou novamente e teve um filho. A maneira como se relacionava com os pais variava de passiva a agressiva, dependendo da situação. Com a mãe, a postura era agressiva. Nos momentos de conflitos, sentia-se à vontade para ofender e, muitas vezes, perdia a linha do respeito. Na casa do pai era ao contrário, era ameaçada pela madrasta e sentia medo de se expor, com frequência se calando. O sentimento de raiva e como expressá-lo sem destruir as relações à sua volta sempre foi o principal tema da terapia. Na escola, sempre entrava em conflitos por não conseguir controlar seus impulsos.

Relacionar-se com o mundo de uma forma diferente foi um exercício diário, mudar um padrão familiar conhecido e acalmar uma predisposição genética ainda é um enorme desafio. Aprender a refletir antes de agir, pesar os prós e contras de cada situação, escolher as consequências com as quais aguentaria lidar foi um processo de autoconhecimento dos mais lindos que já vi. Muitas cartas foram escritas antes de uma conversa importante, enquanto redigia se entendia, refletia, desafogava e selecionava o que deveria ir adiante. Hoje ela está com 25 anos, formada e trabalhando em uma empresa em um ótimo cargo, o qual exige flexibilidade emocional e posicionamento firme. Entre idas e vindas, tive a chance de acompanhar seu crescimento, escolha profissional, vivências no exterior, relacionamentos amorosos etc. O esforço diário por buscar qualidade em seus relacionamentos e uma vida plena de sucesso fazem que ela não desista nunca de buscar cada vez mais por atitudes assertivas. Portanto, é em um ambiente seguro que o treino da habilidade assertiva se dá mais facilmente. Na prática clínica, estimulamos o adolescente a observar e entender suas limitações, aceitá-las e realizar as leituras de seus comportamentos. Muitas vezes, ao ser confrontado com suas dúvidas e angústias, inicia-se o entendimento das consequências de suas escolhas e ações.

Nesse lindo e árduo processo de individuação, na busca por entender-se e aceitar-se, o terreno familiar também deve propiciar uma fonte segura e amorosa para projetar ações e lidar com o vulcão de emoções que emergem. Nessa fase, a tônica é o relacionar-se.

No campo de relacionamentos e tomando como exemplo as atitudes descritas (passiva, agressiva e assertiva), faz-se importante estimular a reflexão com o adolescente. Lembrei-me de um caso de atendimento, no qual havia um distanciamento sendo instalado entre uma paciente e sua mãe. A relação sempre havia sido aberta e com diálogo. No início da adolescência, a relação com seu padrasto e sua mãe começou a ganhar outra nuance. Ela se sentia de lado e não participante da relação. Por vezes, sentia que não era incluída na família. A adolescente tinha dificuldade em verbalizar situações que a desagradavam, ficando mais e mais reclusa, em uma atitude passiva.

Levá-la a navegar nessas cenas, provocando pensamentos, fazendo que entendesse as necessidades que estavam por trás dos comportamentos de sua mãe, treinou a adolescente a sair de sua tela mental, de seus pressupostos, e a instigou a pensar e sentir de forma mais empática. Ampliar sua autoconsciência trouxe fortalecimento e assertividade para suas comunicações. Na ocasião, trabalhamos as três posições perante a comunicação. Convidei-a para refletir sobre qual era a posição que estava adotando com esse comportamento de não expressão e os receios que tinha de que a relação fosse impactada, caso comunicasse suas frustrações. Com isso, construímos como conseguiria expor suas ideias, respeitando a si e à sua mãe de maneira clara. Chamei a mãe a um atendimento para fazer a mediação dessa conversa, na qual a adolescente expôs sua insatisfação e houve o acolhimento da mãe, dando escuta respeitosa para a filha. Isso permitiu que ela se expressasse de modo assertivo, reduzindo as fantasias que a adolescente tinha em sua mente.

Apoiar o adolescente a realizar um balanço das emoções e entender como está sua fluência no alfabeto emocional é outra forma de ajudá-lo a compreender melhor os desafios que vivencia. Explicar por onde transitam as emoções, o que elas geram em nosso corpo, a importância de experienciá-las. Uma ferramenta que auxilia o jovem nesse processo, impulsiona esse olhar para dentro e é bastante prática é o **Atlas das Emoções** (https://atlasofemotions.org/). Esse guia contém cinco "continentes", que são os cinco grupos principais de emoções: raiva, tristeza, alegria, medo e nojo. Cada um deles possui uma ampla gama de emoções, que são classificadas das menos intensas para as mais impetuosas.

Ao falarmos da raiva, por exemplo, podemos entender que essa emoção tem suas intensidades, desde uma irritação ou frustração até mesmo um episódio de fúria. No adolescer, a raiva aparece para exercer o confronto necessário no processo de individuação. E, muitas vezes, é "ativada" no adulto pelo comportamento do adolescente, seja pelo questionamento, pela recusa ou pela exclusão dos pais. Em momentos mais calorosos, é sempre importante recuar, dar um tempo para o adolescente aquietar-se, até porque se nós, adultos, formos para o confronto sem essa organização interna, as chances de distanciamento e brigas se potencializam.

Assim também acontece com as demais emoções. Ou seja, como nós mesmos, adultos, em nossos relacionamentos, entendemos como se dá o desencadeamento das emoções? De que jeito respondo a elas? Quão disponível estou a olhar para minhas emoções e entender que, quando cultivo o equilíbrio emocional, ajo com assertividade nas situações que me rodeiam? É indispensável frisar que – se até pouco tempo tínhamos crianças ao nosso redor, que exigiam determinados cuidados – agora, no adolescer, outras competências são exigidas nessa relação. Precisamos "aprender" a sermos pais de adolescentes.

Atitude assertiva requer treino na capacidade de enxergar com clareza, de se conectar com emoções e sentimentos, de entender como nossas ações impactam as relações, de empatizar e entender qual é a melhor forma de comunicar e expressar o que se sente, de buscar um caminho que nos conecte ao outro, adaptando-nos ao estilo de comunicação das pessoas ao nosso redor. Em um mundo BANI (conceito criado no ano de 2018 pelo autor futurista e antropólogo norte-americano Jamais Cascio, que se refere a um mundo frágil, ansioso, não linear e incompreensível), apoiar adolescentes a se autorregularem, criarem consciência de seus valores, propósitos, com responsabilidade e cidadania, se torna urgente. E nós, pais e educadores, temos como facilitar esse processo à medida que nos educamos sobre as próprias emoções.

Conclusão

- Atitudes assertivas trazem respostas assertivas. Comportamentos agressivos levam a respostas agressivas. Lembrem-se de que nós, adultos, somos espelhos.
- A comunicação assertiva ajuda o adolescente a ter um posicionamento assertivo.
- Na adolescência, dialogar é a chave na relação entre pais e filhos.
- Assim como o diálogo, a relação deve ser firmada no respeito. Escute o que o adolescente tem a dizer.
- Adolescentes contestam e isso exige dos pais autorregulação. Eles assumem essa atitude para treinar a individuação, ou seja, é um importante aspecto nessa fase.
- Mesmo que o adolescente o exclua em alguns momentos, mostrar apoio e respaldo constantes e assegurar essa disponibilidade é fundamental para que ele se sinta seguro e, assim, o vínculo continue fortalecido.
- Entenda quais são os motivadores do adolescente, o que o faz vibrar. Aí está a fonte de energia para que possa tocar seus projetos. Cuide para não tolher sonhos dele.
- Observe o próprio vocabulário emocional. Busque leituras sobre as emoções e conheça episódios emocionais.
- Diante do descontrole do adolescente, procure entender as razões pelas quais se desregulou. Veja se você está bem para interagir. Observe-se. Caso não esteja, organize-se para voltar a interagir.
- Converse com o adolescente para que ele entenda que você também está no processo de busca pela autorregulação. Você pode voltar, pedir desculpas, dizer que errou e que está procurando a melhor forma de se comunicar.

Referências

ATLAS OF EMOTIONS. Atlas of emotions, c 2023. Página inicial. Disponível em: <http://atlasofemotions.org/#introduction/>. Acesso em: 20 jun. 2023.

CAMINHA, R. M.; GUSMÃO, M. *Baralho das emoções*. 4.ed. Porto Alegre: Synopsis Editora, 2016.

AUTOCONTROLE E AUTORRESPONSABILIDADE

Autocontrole e autorresponsabilidade, dois grandes desafios para o adolescente, pois este transita por uma etapa de vida análoga a uma verdadeira montanha-russa, temperada com uma mistura de emoções e descobertas. Uma fase incrementada pelo despertar de desejos e interesses; pela busca por independência e pela consolidação dos valores que darão embasamento às suas escolhas e decisões, mediante seu processo de desenvolvimento e liberdade de interação com o mundo.

Nesta grande montanha-russa, entram o autocontrole e a autorresponsabilidade, habilidades essenciais para a construção de relações saudáveis.

O autocontrole é uma *skill* desenvolvida ao longo da vida. Esta consiste na capacidade de se autorregular, buscar o equilíbrio para ter um autodomínio ao lidar com as adversidades e desafios que surgirão. Estudos da neurociência demonstram que a área do cérebro responsável pelo autocontrole ainda não está totalmente desenvolvida na adolescência.

A autorresponsabilidade é a capacidade de se responsabilizar e não se colocar no papel de vítima, de reagir positivamente e de maneira proativa em situações de pressão e da busca pela superação das adversidades. Assim, nos próximos capítulos, os autores Paulo Pio e Rejane Villas Boas falarão sobre essas *soft skills*, permitindo que você possa apoiar os adolescentes no desenvolvimento dessas fundamentais capacidades para a vida.

Lucedile Antunes e Beatriz Montenegro

23

AUTOCONTROLE

Neste capítulo, relato sobre a importância do autocontrole no dia a dia das relações interpessoais, principalmente em família e junto dos filhos adolescentes, objeto basilar desta obra. Ressalto também como o equilíbrio emocional pode auxiliar na prevenção de eventos nocivos como o uso de drogas e outros impulsos e dependências na adolescência.

PAULO CESAR PIO

Paulo Cesar Pio

Contatos
paisatentospreven.com.br
familiaatenta.com.br
paisatentospio@gmail.com
11 98397 1788

Idealizador do programa de educação parental preventiva – Pais Atentos, filhos felizes, alunos saudáveis e do programa de prevenção à violência e educação para a paz – Família Atenta, com atuação junto às escolas públicas e particulares do Brasil. Sua missão de vida é auxiliar as pessoas e organizações a buscarem caminhos possíveis para tornarem o mundo melhor. É um humanista que acredita em valores etéreos como a compaixão, a empatia e a boa vontade, e em como essas habilidades podem auxiliar a humanidade. Autor dos livros: *Plano de marketing para pais ocupados*; *Educação para a paz: família e escola juntas na prevenção* e *Virtudes: habilidades socioemocionais no dia a dia*.

Introdução

O autocontrole é a capacidade de gerenciar emoções e comportamentos em situações desafiadoras, mantendo a calma e agindo de maneira consciente e equilibrada. Em outras palavras, é a competência de pensar antes de agir, controlar impulsos e manter o foco em objetivos de longo prazo.

Nos adolescentes, o autocontrole pode ser particularmente difícil de desenvolver. Eles estão passando por um período de mudanças e descobertas, e muitas vezes têm dificuldade em lidar com emoções e impulsos. No entanto, é importante que as famílias ajudem seus filhos adolescentes na aquisição dessa habilidade, para que possam enfrentar desafios e tomar decisões com consciência e ponderação.

Uma das maneiras de desenvolvê-lo é por meio da prática da meditação e da atenção plena. Essas técnicas ajudam os adolescentes a se concentrarem em sua respiração e a estarem "presentes no momento presente", o que pode ajudá-los a lidar com emoções fortes e a manter a calma em situações difíceis.

A prática esportiva e as atividades físicas também auxiliam muito no controle das emoções. Os esportes ajudam na conquista da paciência, da perseverança e na capacidade de trabalhar em equipe.

É essencial que as famílias incentivem seus filhos adolescentes a estabelecerem metas realistas e a trabalharem para alcançá-las. Isso pode ajudá-los a manter o foco em objetivos de longo prazo e a desenvolver a capacidade de adiar a gratificação, outra habilidade relevante para o autocontrole.

A família tem um papel fundamental nesse processo. É essencial o cultivo de uma comunicação aberta e honesta entre todos. Isso significa estar sempre disponível para ouvir os filhos e encorajá-los a expressar sentimentos e a discutir soluções para os desafios da vida. Deve-se também estabelecer limites, regras claras, deveres e obrigações inerentes ao período da adolescência.

A importância da família

A família é a principal influência na vida de um adolescente, porém, muitas vezes, os pais se esquecem de que são modelos de conduta para seus filhos. O exemplo que eles dão no dia a dia pode ser determinante para a formação de hábitos saudáveis e comportamentos responsáveis.

Um exemplo concreto disso é a história de Miguel. Ele cresceu em um ambiente em que o consumo de álcool era frequente em festas e comemorações. Seus pais bebiam regularmente, e Miguel cresceu vendo essa atitude como algo normal. Quando chegou à adolescência, ele começou a experimentar bebidas alcoólicas e acabou se tornando um consumidor abusivo do álcool. Seus pais, ao perceberem a situação, ficaram chocados e não entenderam como aquilo havia acontecido. Mas a resposta era simples: Miguel aprendeu que o consumo de álcool era aceitável e normal por meio do exemplo da família.

Temos também a história de Maria. Ela cresceu em uma família em que seus pais eram muito conscientes sobre alimentação saudável e praticavam atividades físicas regularmente. Desde criança, ela aprendeu a ter uma rotina saudável e equilibrada, com alimentação balanceada e exercícios físicos frequentes. Quando entrou na adolescência, Maria se tornou uma pessoa saudável e feliz, graças ao exemplo dos pais, que mostraram a ela a importância do cuidado com a saúde e do autocontrole em relação aos hábitos cotidianos.

O autocontrole em relação às atitudes cotidianas da vida é um dos principais aspectos que podem ser desenvolvidos por meio do exemplo dos pais. É muito mais fácil ensinar algo quando se pratica aquilo que se prega.

Relato a seguir mais três histórias de superação que pude constatar na minha vida profissional e que mostram como o controle das emoções pode ajudar os adolescentes em sua jornada evolutiva.

A história de João

João é um adolescente que gosta muito de videogames. Um dia, ele foi convidado para uma festa do pijama na casa de um amigo que tinha um videogame novo. Durante a festa todos estavam jogando, mas João notou que estava ficando irritado por não estar ganhando. Ele decidiu se afastar e fazer outra atividade, sabendo que ficar jogando poderia prejudicar sua relação com seus amigos.

A história de Ana

Ana é uma adolescente que se preparava para uma apresentação importante na escola. No dia da apresentação, ela estava muito nervosa e ansiosa, mas decidiu usar algumas técnicas de respiração que aprendeu em um curso de yoga para se acalmar. Essas técnicas de respiração ajudaram Ana a controlar suas emoções e fazer uma ótima apresentação.

A história de Pedro

Pedro é um adolescente que adora comer doces e *junk food*. No entanto, ele sabe que comer esses alimentos em excesso pode ser prejudicial à sua saúde. Quando Pedro sente vontade de comer algo doce, ele tenta distrair sua mente com outras atividades, como ler um livro ou jogar um jogo de tabuleiro. Essa técnica ajuda Pedro a controlar seus impulsos e tomar decisões saudáveis para seu corpo.

Autocontrole na adolescência e sua relação na prevenção ao uso de drogas

Sou um profissional que atua na prevenção ao uso de drogas e ao *bullying* escolar há 22 anos; durante esse tempo, pude constatar a importância de se manter o controle das emoções, mormente na adolescência.

Um adolescente com autocontrole é capaz de resistir às pressões dos amigos e de avaliar as consequências de suas escolhas. Ele pensa: "OK, todo mundo está usando drogas, mas eu sei que isso pode prejudicar minha saúde e minha vida no futuro. Vou resistir e não usar". Sem estar de posse dessa habilidade emocional, ele poderia ceder às pressões e experimentar drogas sem pensar nas consequências. E é aí que começa um caminho perigoso. Além disso, o autocontrole também pode auxiliar os jovens a lidar com as emoções intensas da adolescência, como ansiedade e depressão.

Um exemplo disso é o caso de Cesar, um adolescente que estava passando por problemas em casa e na escola. Seus amigos ofereceram drogas como uma forma de "aliviar o estresse". Mas Cesar, que tinha aprendido a importância do autocontrole em casa, resistiu à tentação e procurou ajuda com um psicólogo. Ele aprendeu a lidar com suas emoções de maneira saudável e não recorreu às drogas para aliviar sua dor. Então, se você é um pai, mãe ou responsável e preocupa-se com a saúde e a segurança de seus filhos, fique atento às dicas a seguir, que auxiliarão a mantê-los longe das drogas.

Não estimule a iniciação dentro do lar

Pesquisas apontam que, quanto mais cedo for o primeiro consumo, maiores as chances de um prognóstico ruim no futuro. Muitos jovens começam a consumir drogas como o álcool e o cigarro dentro de casa, por intermédio dos pais e parentes próximos. Lembre-se: o consumo dessas substâncias é proibido para menores de 18 anos. O exemplo deve vir de casa; o ideal é que o pai não consuma álcool nem cigarro; porém, se isso não for possível, não ofereça a seu filho e procure falar sempre das implicações negativas desse ato.

Os pais devem manter o discurso

Pais com opiniões diferentes sobre o modo de orientar seus filhos são facilmente manipulados por eles. Os pais devem "falar a mesma língua" e apontar para o mesmo lado. Pais separados, algo tão comum hoje em dia, devem se unir em torno da educação dos filhos.

Discursos desencontrados, brigas e discussões podem ter graves desfechos no futuro.

Regras e limites devem ser estabelecidos desde cedo

Sempre com base no amor e no respeito ao indivíduo, as regras devem ser estabelecidas desde a infância nos lares. Consequências por mau comportamento e desobediências, dicas de procedimentos sadios, preceitos sobre saúde e normas de sustentabilidade devem ser ensinados e cobrados, sempre com muito diálogo e bom senso. Conceitos como estes irão valer para toda a vida.

Incentive a prática de esportes saudáveis

O esporte pode ser considerado um grande fator de proteção ao uso de drogas. A endorfina liberada durante uma atividade física acalma e relaxa, além dos conceitos de disciplina, liderança e trabalho de equipe que o esporte proporciona. Se possível, pratique esportes com seu filho desde a infância.

Procure ser um exemplo de conduta

Suas atitudes e seus comportamentos terão uma enorme influência na vida de seu filho. Não adianta nada falar em calma e paciência no lar, mas ficar irado no trânsito diante dele. Os valores éticos e morais dele estão sendo formados; portanto, um exemplo vale mais do que mil palavras.

Pratique a espiritualidade

Ensine desde cedo para seu filho conceitos sobre respeito, honestidade, perdão, caridade e outros valores etéreos que, muitas vezes, ele não vai aprender na escola. Existem diversas crenças que procuram levar o indivíduo ao caminho do acerto e das coisas belas da vida. Incentive seu filho no caminho das ações comunitárias e do desempenho de sua cidadania. Pesquisas apontam que este é um fator de proteção muito importante.

Busque informações sobre drogas de fontes seguras

Como falar de maneira segura sobre os malefícios das drogas, se não conhecemos a fundo o problema? Tenha certeza: seu filho irá buscar informações sobre as drogas e nem sempre elas virão de fontes seguras. Muitas vezes, você terá que confrontá-lo em um diálogo sobre esta ou aquela droga. Esteja preparado e fuja de notícias falsas e sem procedência.

Procure, sempre, ser amigo de seu filho

A amizade, o amor e o respeito mútuo entre pais e filhos deve ser a meta a ser atingida em uma família. Procure demonstrar este amor em atos, palavras, gestos de carinho, perdão incondicional, orientação firme e segura, com disciplina na medida certa. É de dentro dos lares que vão sair os bons valores para a sociedade.

Conclusão

O autocontrole na adolescência é fundamental para a construção de um futuro saudável e próspero; para isso, é necessário um desejo sincero de mudança. Não basta apenas "pensar" em mudar, é preciso agir com determinação e força, encarando os desafios e superando as dificuldades do caminho; para isso, o autocontrole é a chave.

Não podemos permitir que nossos filhos fiquem presos em um ciclo de indecisão e inércia; isso pode levar a consequências negativas e imprevisíveis. É preciso encorajá-los a buscarem uma vida mais equilibrada e saudável e a ter coragem para agir com determinação em busca de seus sonhos e objetivos.

Adolescentes emocionalmente estáveis são mais capazes de resistir às pressões sociais e tomar decisões conscientes e responsáveis, evitando, assim, o uso de drogas e outros comportamentos de risco. Então, não perca tempo, auxilie seu filho, filha ou tutelado, pois essa é a chave para um futuro feliz e pleno de realizações.

Convido-os para que leiam o capítulo da minha colega Rejane sobre autorresponsabilidade. Essa habilidade emocional é essencial para o desenvolvimento do autocontrole e complementa perfeitamente o que acabamos de discutir. Tenho certeza de que esta leitura trará ainda mais *insights* e conhecimentos valiosos para nossa reflexão sobre como podemos auxiliar os adolescentes em sua jornada pela vida.

Referências

BAUMEISTER, R.; TIERNEY, J. *A força do autodomínio: como controlar a si mesmo, dominar seus desejos e conseguir o que quer*. [s. l.]: [s. n.], 2012.

CURY, A. *Mente disciplinada, vida disciplinada*. [s. l.]: [s. n.], 2015.

DUHIGG, C. *O poder do hábito: por que fazemos o que fazemos na vida e nos negócios*. Rio de Janeiro: Objetiva, 2012.

McGONIGAL, K. *Autocontrole: como dominar a arte de viver*. [s. l.]: [s. n.], 2011.

24

AUTORRESPONSABILIDADE

Neste capítulo, falo sobre uma expansão na forma de ver a autorresponsabilidade. Não é somente sobre assumir ou não o que se faz. Mas, sobretudo, o que envolve assumir responsabilidades a respeito das escolhas e das consequências. Onde começa e os porquês que impulsionam os adolescentes a não desenvolverem essa habilidade.

REJANE VILLAS BOAS

Rejane Villas Boas

Contatos
rejanevbtc@gmail.com
LinkedIn: Rejane Villas Boas
Instagram: rejanevb_psico
14 98170 9129

Desde o início da faculdade de Psicologia, o estudo de inteligência emocional foi o que a encantou. Dedicou-se aos estudos no tema desde 1995. Naquela época, já entendia a forma sistêmica de olhar o ser humano e se especializou em terapia sistêmica de casais e famílias. Em seguida, conduziu um trabalho focado em psicologia intercultural, preparando intercambistas e familiares durante o tempo de permanência no exterior. Percebendo que alguns pacientes adoeciam nesse processo, realizou uma especialização em Psicologia da Saúde e Psicossomática. Buscando aprimorar sua comunicação interna e com o mundo, tornou-se *practitioner* em programação neurolinguística. Hoje, reside nos Estados Unidos e atua como psicoeducadora parental com certificação internacional em Disciplina Positiva pela PDA, Atuação Consciente e Comunicação Não Violenta. É membro e pesquisadora do grupo Prevenção ao Abuso Sexual (PAS) e pós-graduada em Educação Parental e Inteligência Emocional. Possui uma comunidade com mães sobre educação consciente, positiva e respeitosa e coordena uma comunidade de profissionais brasileiros que apoiam e orientam sobre os processos interculturais de imigrantes nos Estados Unidos. Atua também como colunista da revista *Mulher Brazil*. Escreveu, em coautoria, os livros *Habilidades socioemocionais: por que essas competências precisam ser desenvolvidas na primeira infância?*, *Educação consciente: criando com empatia*, *Intenção de mãe* e *Soft skills kids*. Coordena os livros *Pais em construção* e *Apanhei e não morri: frases da infância que ecoam na vida adulta*.

O que é autorresponsabilidade?

Afinal de contas, para que tanta polêmica sobre isso se assumir o que fez é o mínimo que os adultos devem fazer? Só explicar para seus filhos que o que fazemos temos que assumir e pronto.

Quiçá fosse tão simples assim... Esse é um tema que eu gosto muito e estudo muito também. Para mim, é uma habilidade que envolve muitas coisas e não somente uma decisão de dizer verdades ou assumir um posicionamento. Vamos debater mais sobre isso, aproveitando para refletir sobre nossa história.

Autorresponsabilidade é construída na infância, enfatizada na adolescência e vivida em plenitude (ou não) na vida adulta. Ela pode ser (e muitas vezes é) destruída em segundos, paralisar o indivíduo e precisar de muita intervenção para ser exercida. Vamos então ao que interessa e começar lá de trás.

Nascemos à imagem e semelhança de Deus: amorosos, bondosos, caridosos, generosos, compassivos, cheios de fé em si e no mundo, esperançosos, autênticos em sua essência. Essa autenticidade faz que estejamos mais atentos a nossas necessidades. Pausa para uma explicação importante: distanciamo-nos dessa nossa essência para cumprir papéis, para nos encaixar, para pertencer, para garantir o amor de quem está perto de nós (pais, principalmente). Deixamos de lado muitas dessas virtudes de nossa essência em prol do pertencimento àquele ambiente em que estamos. "Não posso correr o risco de perder o amor de meus pais. Melhor ser como eles dizem que devo ser porque ser como sou deixa-os bravos e tristes". Esse é o pensamento da criança quando leva broncas desmedidas, sofre violências verbais, emocionais, repreensão excessiva, desvalorização, ofensas, injustiças, punições, acusações daqueles que ela espera amor, acolhimento, compreensão, previsibilidade, segurança e conforto.

Era para ajudar, mas deve estar dando um nó na cabeça aí. Vamos mais a fundo. Criar filhos é bem fácil e consiste em um pacote básico: provemos o melhor que conseguimos nos quesitos alimentação, escola, saúde, moradia, higiene, segurança e vida que segue. Porém, educar filhos é um pouco mais complexo.

No sentido técnico da palavra, educação "é o processo contínuo de desenvolvimento das faculdades físicas, intelectuais e morais do ser humano, a fim de melhor se integrar na sociedade ou no seu próprio grupo". Então, aquele pacote básico serve aqui para que a criança seja educada. Mas me parece que ainda falta algo. Já no sentido filosófico, é "fazer a criança passar da potência ao ato, da virtualidade à realidade". Aqui já me deixa com mais certeza de que precisa de um "pacote plus". Precisamos deixar essa essência que citei logo acima ser vivida. Não basta só alimentar e prover. É preciso ter intenção do melhor. Mas também é preciso atenção para ajudá-los nessa potência.

Agora sim podemos começar então! Vamos falar sobre necessidades, respeito, consciência, intenção, atenção, presença e chegaremos na autorresponsabilidade.

Necessidades. Vamos voltar à criação dos filhos. A maioria de nós veio de uma educação machista, patriarcal, autoritária. Aprendemos que o mais forte vence, que é preciso obedecer, que a autoridade é exercida por quem tem mais poder. Também aprendemos e vivenciamos que sentir algumas coisas é sinal de fraqueza, que a vida é dura e que só existe o certo ou o errado. Esse tipo de educação nos limitou a muitas reflexões e tomar algumas decisões, já que sempre deixa o indivíduo dentro de uma caixa preestabelecida.

Quando se usa dessa educação, não olhamos para o indivíduo e suas necessidades, mas sim para os papéis a serem cumpridos, metas a serem alcançadas, julgamento dos outros e expectativas que os pais colocaram nos filhos. Ao mesmo tempo que vivemos em uma sociedade e que existem muitas regras a serem cumpridas, esquecemo-nos de olhar que ela é formada por seres humanos com necessidades básicas, universais e um sistema cerebral que termina sua formação normalmente aos 25 anos de idade. Ou seja, muitas coisas acontecem na vida de uma pessoa sem que ela esteja neurologicamente pronta.

No capítulo sobre autocontrole, meu colega Paulo Pio citará a importância desse conhecimento a respeito do desenvolvimento neurológico e como o autocontrole acontece, sendo parte essencial para o evoluir da autorresponsabilidade.

Olhar para as necessidades do filho não é atender desejos. Que fique bem clara aqui a diferença. Necessidades são básicas, universais e todos temos. Queremos ser amados, pertencentes, importantes, vistos, ouvidos. Marshall Rosenberg, em seu livro *Nonviolent Communication: A Language of Life*, ainda mostra dezenas de necessidades sobre autonomia, integridade, celebração, interdependência, diversão e comunhão espiritual além das necessidades físicas como sono, fome, ar...

Ter essa informação nos faz começar a entender que a tal "birra" pode acontecer quando nossos filhos precisam ser atendidos em alguma(s) necessidade(s) e não conseguimos essa interpretação tão rapidamente. Será que eles sabem dizer que precisam de amor e carinho, colo e companhia, que se sentem só? Ou manifestam isso gritando e esperneando a princípio? Nós adultos somos analfabetos emocionais! Imaginem nossos filhos se têm inteligência emocional o suficiente para isso?

Um exemplo prático: a maioria de nós quando está com fome ou sono fica irritada, não é mesmo? Essas são necessidades físicas básicas. Também costumamos agir assim quando outras necessidades não são atendidas. Quando nos sentimos invadidos e violados naquilo que é importante para nós, reagimos! Assim são as crianças e os adolescentes também.

O que isso tem a ver com autorresponsabilidade? Não é somente sobre assumir responsabilidade pelo brinquedo do amigo que pegou escondido. É também sobre identificar o que está por trás dessa atitude. Comportamentos são a ponta do iceberg. O que nos move a fazer, falar ou ir em busca de algo é aquilo que está imerso no oceano:

necessidades que precisam ser atendidas. Também emoções, sentimentos, crenças, valores e pensamentos. Compreender isso nos faz ter mais respeito, compaixão e empatia com as atitudes das pessoas.

Necessidades não identificadas e não atendidas podem se transformar em desejos. Quem nunca comeu uma barra de chocolate quando estava carente? Não seria mais congruente pedir um colo, atenção ou carinho? Mas o chocolate libera endorfina e estimula a produção de serotonina e dopamina. Rapidamente sentimos o acolhimento. Mas não era exatamente isso que precisávamos, certo? Pois bem. Isso é uma necessidade que foi transformada em desejo. Às vezes queremos o telefone mais novo do mercado não por causa de sua alta tecnologia. Mas sim porque queremos nos sentir pertencentes, empoderados, importantes. Comportamento comunicando necessidades.

Nossos adolescentes, quando não têm suas necessidades de amor, pertencimento e importância atendidas em casa buscam nas "tribos" suprir isso. Muitas vezes, utilizam-se de estratégias não saudáveis para tal. Ficam em lugares e aceitam papéis para se sentirem pertencentes. E podem utilizar as respostas "todo mundo faz", "mas meu amigo pediu para eu ir" justamente porque não sabem exatamente o que estão buscando e não utilizam a autorresponsabilidade.

Reconhecendo isso, começamos a poder assumir responsabilidade por aquilo que queremos e fazemos. Começamos! E seguimos...

Além das necessidades, temos emoções que nos guiam. Medo, raiva, tristeza e alegria são as básicas. Também temos sentimentos que nos movem. Os sentimentos derivam das emoções e perpassam nosso racional. Enquanto na primeira turma podemos ter efeitos no corpo, são universais e sempre teremos, os sentimentos variam com nosso vocabulário, histórico, experiências, conhecimentos. Ambos são importantes e devemos aprender a reconhecer para que possamos identificar o que nos move.

Reconhecendo essas duas etapas, concordam que seremos mais capazes de exercer o respeito conosco? Se sei o que estou sentindo e o que necessito, fica mais fácil me responsabilizar pelo que faço. Então chegamos nisso que é tão importante: respeito! Quando aprendo a me conhecer, consigo exercitar o autorrespeito e, consequentemente, consigo respeitar o outro. Já aumentam minhas chances de não precisar comer o chocolate inteiro nem pegar o brinquedo do amigo sem a permissão dele.

Algo mais me encanta nesse processo. Consciência. Segundo o dicionário, *consciência* é a "percepção dos fenômenos próprios da existência; opõe-se a inconsciência; capacidade para discernir, bom senso". Eu ainda digo que é o oposto do piloto automático que no meu discernimento é o tal do "bateu-levou". Na psicologia, falamos muito sobre consciente e inconsciente. Mas aqui quero trazer uma visão mais didática.

Chamo de consciente nossa capacidade de **parar, sentir, pensar, decidir** e, então, **agir**. É o não agir por impulso, nem baseado em experiências passadas ou dor. É poder escolher como será cada resolução de situações que aparecem para minha vida. A previsibilidade não é sinal de inteligência emocional. Se agimos sempre do mesmo jeito, ignoramos a grandiosidade da vida e das oportunidades. Parar e fazer todo o processo até a ação final torna possível reconhecer nossas falhas do meio do caminho e escolher mudar, intervir, posicionar-se de modo diferente e assumir a própria responsabilidade sobre o resultado.

Há um ditado que diz: "De boas intenções, o inferno está cheio". Demorei um bocado para entender isso. Como não quero que você sinta o mesmo, já vou logo explicando. *Intenção* diz respeito àquilo que eu planejo alcançar, meu propósito, minha ideia. Diz respeito a mim. Na educação dos filhos também! Temos as melhores intenções para que eles sejam pessoas incríveis. Quantos pais que batem e acreditam que é melhor apanhar em casa do que na rua? Acreditando que essa seja uma ótima intenção de ensinar sobre resiliência. Sim, uma ótima intenção! Porém não saudável, já que violências deixam marcas profundas.

Porém, quando falamos de atenção, falamos de olhar para o outro. É sobre respeito. É sobre entender que nem tudo precisa ser sobre mim e minhas vontades. Que o outro a minha frente também tem importância, sentimentos e necessidades. É também parar para escolher de acordo com cada situação e ajudando o outro a enxergar novos pontos de vista para também ser responsável por si.

Presença. Não somente estar. Mas sendo presente. Pais presentes são atentos porque se alinham também com as outras coisas que descrevi acima. É qualidade de tempo, olhar empático e compassivo, presença amorosa. Essa presença oferece confiança aos filhos. Quando se sentem acolhidos, podem assumir sua vulnerabilidade e suas escolhas sem medo de serem julgados. Sentem verdadeiramente o amor incondicional. Percebem que não precisam sempre acertar ou serem excelentes para receberem amor e pertencimento. Resultados fazem parte do processo e não resumem um ser humano.

A propósito, amor incondicional é algo um tanto desafiador. É muito mais fácil amar o belo e perfeito do que aquilo que nos parece feio e imperfeito. Esquecemos apenas que isso tudo tem a ver com nossas expectativas sobre nossos filhos. O que eu pensei, sonhei e idealizei na minha maternidade diz respeito a mim e às minhas intenções. Como posso exercitar o respeito se fico apegada somente ao que é meu? Respeito é uma via de mão dupla. Olhar para mim e para o outro, buscando a perfeição na imperfeição e no que é real.

Aliás, vamos falar um pouquinho sobre as mães que querem ser perfeitas para seus filhos. De verdade: ter uma mãe perfeita cansa! Ela nunca erra! Sempre dá conta de tudo, sempre resolve, tem soluções, cumpre prazos, é boa em tudo. Ora, se a criança tem os pais como exemplo, figuras de amor incondicional e eles são perfeitos, imaginem o tanto que eles precisam lutar para serem perfeitos também? Agora pasmem: a maioria desiste. Ser perfeito dói demais e cansa. Todo mundo. Filhos e pais. Temos pais exaustos e filhos com autoconfiança zerada. Porque essa é uma realidade impossível de ser mantida de modo saudável a vida toda.

Então, vai um alerta: ter coragem de se vulnerabilizar e mostrar sua imperfeição é mais uma coisa muito importante quando falamos da autorresponsabilidade. Fica muito mais fácil uma criança/adolescente assumir o que fez quando sabe que tem pais que também erram, reconhecem e se perdoam por isso. O nome disso é autocompaixão e ela exerce também um papel fundamental na autorresponsabilidade. É exercitar a aceitação de que minhas escolhas me levaram a algum caminho que pode ser diferente do resultado que planejei. Mas não preciso me violentar por isso, nem acreditar que não sou digno de merecer algo bom e muito menos que não tenho direito de continuar o caminho.

Da adolescência em diante...

Quando tudo isso é respeitado e vivido desde lá de trás, é claro que na adolescência a autorresponsabilidade já fica mais à flor da pele. Uma coisa se alinha com a outra e se complementam para o resultado continuar na vida adulta.

Um dos medos das pessoas em "crescer" e virar adulto de fato é de assumir responsabilidades e isso todos sabemos. Mas a autorresponsabilidade é a parte mais difícil. Lembrar que o que acontece comigo é fruto daquilo que eu escolhi ou deixei de escolher é algo que tem muito valor na vida adulta. Na infância ainda fica mais possível deixar isso para os pais.

Mas será que enquanto pais não assustamos nossos filhos e colaboramos para esse medo quando dizemos: "A vida adulta é muito difícil, viu?", "Crescer dá trabalho". Ou então dizemos: "Por enquanto eu sou responsável por você e será de meu jeito. Quando você for responsável, você faz o que quiser!". Quanta mensagem nessas frases, né? Profetizamos um futuro tão difícil e pesado mesmo antes de eles terem pronta a parte do cérebro responsável por essa perspectiva. Então, a assimilação vai do jeito que dá. E muitas vezes de uma forma não saudável.

Culpar os outros (o mundo, a vida, o chefe, o cônjuge, os filhos) por aquilo que acontece é muito comum. Não significa falta de caráter. Pode esconder medos, falta de autoconfiança, dor de injustiça ou rejeição.

Por falar nisso, vamos voltar em necessidades. Lembra quando eu disse sobre todos nós termos necessidades de amor, pertencimento e importância? Pois bem! Quais riscos alguém corre quando assume responsabilidade sobre situações aparentemente desastrosas ou "erradas"? Quando se cresce em um ambiente com amor condicional, muitos! Principalmente de não ser amado. E entre ter o amor dos pais e o amor-próprio, os filhos escolhem por muito tempo ter a segurança dos pais.

Agora imagine quando esses pais, que deveriam dar amor incondicional, proteção, segurança e aceitação são justamente quem te julga, envergonha, culpa, violenta e não te aceita? Essas pessoas crescem tendo que se defender justamente de sua principal fonte de vida e, quando adultos, continuam atacando ou se defendendo como forma "familiar" de se relacionar. Familiar não significa que é saudável. E sim confortável. E aí a autorresponsabilidade é algo fora de cogitação porque vai lembrá-los da falta de amor e pertencimento, do julgamento e não acolhimento a suas escolhas – e ninguém gosta de passar por isso, não é mesmo? Melhor apontar o dedo mesmo.

Referências

EDUCAÇÃO. *Significados*, 2023. Disponível em: <https://www.significados.com.br/educacao/>. Acesso em: 11 ago. de 2023.

ROSENBERG, M. *Nonviolent Communication: A Language of Life*. 3.ed. [s. l.]: PuddleDancer Press, 2015.

SERÁFICO, M. *Reflexões sobre o ato de educar em tempos difíceis*. Disponível em: <https://www.google.com/url?sa=t&rct=j&q=&esrc=s&source=web&cd=&ved=2ahUKEwi3te6am9WAAxU0STABHRN4AUgQFnoECCIQAQ&url=https%3A%2F%2Fojs.ifes.edu.br%2Findex.php%2Fept%2Farticle%2Fdownload%2F384%2F344%2F1387&usg=AOvVaw1BaNQ0XfCBBgMjAtatwmFH&opi=89978449>. Acesso em: 11 ago. de 2023.

ESCUTA E PRESENÇA

A escuta e a presença constituem *soft skills* extremamente relevantes para a construção e a consolidação de laços entre pais, educadores e adolescentes.

Popularmente, costuma-se dizer que "A natureza, em sua sabedoria, proporcionou dois ouvidos e uma boca aos humanos, deixando clara, na fisiologia, a importância da escuta." Escutar é diferente de ouvir. Escutar é nossa capacidade de se entregar à fala do outro, de ter empatia para compreender o outro lado. É uma *soft skill* muito poderosa, pois quando passamos a desenvolver a escuta mais qualificada conseguimos nos relacionar muito melhor, principalmente com uma geração diferente da nossa, que é a de nossos filhos.

É importante ressaltar que, para se ter uma escuta genuína, precisamos estar plenamente presentes. Muitas pessoas estão presentes fisicamente, mas totalmente ausentes emocionalmente. A verdadeira presença se demonstra pela capacidade de se doar ao outro, de estar atento à sua fala, a gestos e sentimentos. Essa capacidade de presença só se desenvolve a partir de muita observação.

Assim, nos próximos capítulos, Cacá Pediatra e Bettyna Beni falarão sobre essas *soft skills*, a fim de que você pratique uma escuta e uma presença mais qualificada com seus adolescentes, estimulando-os a desenvolvê-las a partir de seu modelo de interação.

Lucedile Antunes e Beatriz Montenegro

25

ESCUTA

>Eu não sei dizer nada por dizer
>Então eu escuto
>Se você disser tudo o que quiser
>Então eu escuto
>Se eu não entender, não vou responder
>Então eu escuto
>Eu só vou falar na hora de falar
>Então eu escuto
>(Secos e Molhados, "Fala", 1973)

CACÁ PEDIATRA

Cacá Pediatra

Contatos
carloseducorrea@gmail.com
11 99908 7199

Poder estar aberto a escutar o que o outro tem a dizer deixa-o mais à vontade para falar de si mesmo, tira do silêncio e da invisibilidade. Escutar lhe dá voz e afirma sua presença. A sua primeira formação ocorreu na Faculdade de Medicina da Universidade de São Paulo (USP) de Ribeirão Preto/SP. Depois, fez residência e trabalhou por dez anos no Hospital de Cotia/SUS, a mais importante formação que teve em UTI neonatal e mudanças nos protocolos de atenção ao recém-nascido. Possui título de especialista em neonatologia, parte da pediatria que estuda o recém-nascido. Trabalhou durante 20 anos em UTI neonatal com o foco na humanização de assistência aos bebês saudáveis e doentes, assim como na inclusão da família desse bebê em seus cuidados dentro do ambiente UTI neonatal, sala de parto e alojamento conjunto. O último curso que realizou foi em: Clínica Interdisciplinar de Primeira Infância no Sedes Sapientiae, com duração de um ano. Atualmente, faz Atualização em Pediatria pelo Centro de Estudos do Instituto da Criança da Faculdade de Medicina da USP. É professor convidado do curso de Psicologia e Psicopatologia da Perinatalidade do Sedes Sapientiae.

Pretendo, neste capítulo, discutir a habilidade de escuta como qualidade socioemocional que algumas pessoas desenvolvem com maior facilidade e outras nem tanto. Essa *soft skill* depende do exercício contínuo na vida e acompanha o amadurecimento como conquista e não como herança garantida pelo envelhecimento.

A escuta é uma ação especialmente importante para quem passa por situações em que seu parceiro/cliente/paciente/amigo está vivendo alguma dor ou sofrimento e pedindo auxílio. Nesses momentos difíceis da vida, pode ser a presença de alguém – que nos acolhe e nos escuta, que dá atenção – o melhor remédio, que conforta e possibilita nossa transformação. Quando podemos viver, de alguma forma, a emoção que uma situação delicada desperta, podemos encontrar novas maneiras de agir e viver, reinventando nosso repertório de comportamentos diante dos desafios que a vida oferece.

Compreendo que nossas emoções despertadas e não vividas integralmente vão se acumulando em um "copinho de emoções" em nosso cérebro. Por não sermos capazes de vivenciá-las integralmente, temos a tendência de reproduzir as mesmas atitudes, sem novidades. Repetimos um padrão de comportamento geralmente conhecido e nem sempre a melhor resposta para aquela ocasião.

É muito difícil sermos criativos quando estamos tentando evitar a expressão de sentimentos intensos e vivos e que estão aprisionados em nossos corações. Depois que a comporta se abre e o sentimento flui, é possível desenvolver "gradientes" ou graus de variação de ações e enxergar melhor outras possibilidades de agir a respeito do que despertou essa emoção. Podemos integrar a experiência viva com a sensação que ela nos traz, construir gradientes de ações e ativar qualidades que se afastam das atitudes repetitivas e travadas. Segundo Denise de Castro (2016, 2022), esses gradientes são formados enquanto somos capazes de habitar um corpo que, ao viver as experiências, se desdobra em novas possibilidades durante o encontro e desencontro consigo mesmo e com os outros.

O papel de alguém que esteja em condições de estar presente e seja capaz de escutar pode ser transformador. Em si, a experiência de alguém que está enfrentando uma situação desafiadora é emocionalmente complicada. Para isso, é necessário aprimorar algumas habilidades, entre elas a capacidade de escutar, de ouvir sem interferir no conteúdo que foi compartilhado. Uma escuta sem julgamentos e com presença.

Neste capítulo, espero poder me aproximar desse conceito e refletir de que maneira é possível despertar essa capacidade. Um olhar atento sobre o que significa escuta se faz necessário.

Trabalho com mães e bebês e vou tomar, como exemplo, minha presença no início da vida deles. Pensemos em uma mãe adolescente. Se essa jovem tem dificuldades em amamentar e eu vivo esse mesmo dilema com outras mães, posso misturar a experiência dessa jovem com o mesmo problema de outras mulheres e dizer que entendo e sei o que é isso, porém, com base nas minhas experiências anteriores. Torno-me empático à questão enfrentada por ela, mas não sou capaz de ouvir o que está realmente acontecendo com ela. Além disso, não estou vendo a possibilidade de ela lidar com a situação, a não ser da forma que eu conheço. Acabo esperando que alcance o mesmo desfecho de outras mulheres ignorando que o que ela está passando tem de singular ou único. Ser mãe na adolescência – momento da vida em que as exigências internas e as do ambiente social já são um imenso obstáculo para qualquer adolescente – requer a presença de um cuidador muito atento às suas necessidades únicas. Recordo-me de uma consulta em que a adolescente pôde me contar que se sentia invisível. Ela não acreditava que estava sendo ouvida nem sequer vista.

A escuta pede diferenciação. Preciso me diferenciar para estar presente e compreender essa mulher em suas especificidades. É desse modo, sem estar misturado e fundido com outras histórias, que posso ouvir com essa mãe e com sua dificuldade singular. Estar presente pode atualizar a escuta. Estar disposto a escutar pode me trazer presença.

Escutar é uma habilidade daquele que consegue se pôr no lugar do outro sem que o outro perca seu lugar de fala. Leio, no dicionário *Michaelis*, os seguintes significados para a palavra escuta: "Ato de escutar, de ouvir prestando atenção para identificar os sons ou compreender o sentido das palavras (como uma música, o pio dos pássaros, ligação telefônica, emissora de rádio etc.); Lugar onde se escuta".

Nessas definições sobre escuta, encontramos semelhanças. Essas qualidades são tidas como uma condição espacial, um lugar onde se realiza a ação de "ouvir prestando atenção", uma ação de quem está envolvido e interessado pelo que alguém fala (SECOS E MOLHADOS, 1973). Presença e escuta interagem, tornando possível ouvir com disposição por estar presente e, mais que isso, se tornar presente por se interessar genuinamente pelo que é dito.

Ouvir remete ao sentido da audição, é aquilo que o ouvido capta. Já o verbo "escutar" corresponde ao ato de ouvir com atenção. Escutar é entender o que está sendo captado pela audição, mas, além disso, compreender e processar a informação internamente.

Segundo Dunker (2019), a capacidade de escutar o outro é um desafio da modernidade. Não temos o hábito de escutar e geralmente não dialogamos bem quando as diferenças surgem. Em vez de abrir a cabeça para novas formas de compreender a realidade e podermos nos transformar por meio do estabelecimento de relações com pessoas diferentes, somos acostumados a defender nossos pontos de vista como verdades únicas.

A verdade que luta contra a mentira é um hábito ancestral em que existe uma hierarquia estabelecida. Um sabe a verdade e a considera única. Como na colonização do Brasil, quando chega um europeu que conhece a verdade e vem ensiná-la aos povos originários. Como nas relações escolares, nas quais um está para ensinar e o outro existe, unicamente, ocupando o lugar de aprendiz, sem o estabelecimento de uma relação em que haja trocas.

Ainda com Dunker (2019), aprendemos que para escutar é preciso sair de si, deixar de lado uma identidade que tem os próprios valores e verdades para se abrir ao outro. Além disso, é necessário tornar-se acessível para o que não se sabe e para a possibilidade de se colocar no lugar do outro. Para isso, é importante entender que em uma situação de conflito talvez ambos estejam errados ou ambos tenham "fragmentos" de verdades.

A ideia de que um tenha a posse do saber gera a impossibilidade de trocas e, por fim, favorece o mal-entendido. A renúncia à posição de poder é o que permite que a linguagem e a experiência atualizem a relação.

Como no exemplo com uma mãe recém-nascida, a qual não tem facilidades para alimentar seu filho, é necessário estabelecer um diálogo que exige presença e escuta para auxiliar de algum modo específico essa dupla mãe-bebê. Problemas com aleitamento materno são bastante comuns nas populações urbanas do mundo todo, mas como essa mulher vai viver suas dificuldades e quais serão elas eu não consigo prever.

Antigamente eram feitas várias orientações durante o pré-natal e logo após o nascimento, utilizando uma relação de poder, na qual o profissional de saúde detinha muitas informações e a mulher recebia esses ensinamentos. Muitos são os pediatras que aprenderam que essa abordagem não é boa e pode gerar a sensação de incapacidade nessas mulheres, que não são atendidas em suas adversidades específicas nem nas emoções mais desafiadoras que essa fase provoca. Hoje, entendemos que, para compartilharmos saberes e podermos nos transformar a partir desse encontro entre o médico e a mulher, interessa exercitar uma escuta sem julgamentos e uma presença com integridade.

Dunker (2019) cita Paul Grice, grande estudioso da arte da conversação. Ele dizia que há dois princípios que deveriam presidir as trocas de palavras. O primeiro é o princípio da caridade, por meio do qual concedemos ao outro e a nós que o sentido e o significado do que se quer dizer são difíceis de serem obtidos. A caridade significa, nesse contexto, a disposição para desculpar e tolerar que o que foi dito se comporta sempre a mais ou a menos do que se quis falar. A caridade é a atitude de reparação constante desse problema estrutural. O segundo princípio indica a atitude de contribuição ou de acréscimo ao que foi dito. Acrescentar informação, dizer algo novo, colaborar para o avanço da série de discursos pronunciados nos remete ao aprimoramento da construção compartilhada de sentido.

Na busca pelo amadurecimento, é a capacidade de estar escutando durante um diálogo que nos encaminha e nos aproxima das ações de generosidade e abnegação. Temos visto que, em vários setores da vida de todos nós, como os ambientes político, corporativo e familiar, essas habilidades são fundamentais para um bom convívio, a fim de que, de fato, as diferenças entre as pessoas não construam muros de isolamento. O convívio com os diferentes e as diferenças torna possível se individualizar sem perder o pertencimento a grupos distintos, haja vista que uma das questões mais árduas no ambiente escolar, hoje em dia, é o *bullying*. Ele é uma demonstração do apego a uma forma de ser ou de se comportar padronizada que exclui outras possibilidades e empobrece o convívio com diferenças e diferentes.

As relações sociais, quando não estão pautadas nas trocas de saberes e no bom convívio entre todos, tendem a provocar um tipo de situação de combate e sofrimento. Por falta do exercício de debate e principalmente de diálogo, aprendemos a defender nosso ponto de vista como uma verdade única e empobrecemos nossa compreensão da realidade, uma vez que conseguimos perceber um fragmento da verdade ou a parte que nos é acessível dessa realidade. Contudo, a contribuição de quem vê ou pensa de outra maneira pode nos dar a oportunidade de enriquecer nossa percepção da vida e de suas diversas expressões.

Renunciar, de modo parcial, ao que sabemos para, então, nos preenchermos com novos saberes pode ser transformador. Facilita um novo encontro de presença e escuta. O encontro acontece, de fato, à medida que aprendo comigo e com o outro. E, ancorado em mim mesmo, posso estar presente diante de alguém e interessado nessa pessoa. Para escutar alguém, preciso me interessar pelo que essa pessoa diz enquanto não me perco de mim.

A tua presença
Entra pelos sete buracos da minha cabeça
A tua presença
Pelos olhos, boca, narinas e orelhas
A tua presença
Paralisa meu momento em que tudo começa
A tua presença
Desintegra e atualiza a minha presença
(CAETANO VELOSO)

Se o encontro acontece, eu me transformo. Como diz Caetano, "o encontro me desintegra e me atualiza".

Fica claro que o desenvolvimento das habilidades de presença e escuta traz uma oportunidade de crescimento e amadurecimento de um indivíduo diante da sociedade da qual faz parte, permitindo maior flexibilidade perante os percalços da vida e presença amorosa ante o sofrimento de seus pares.

Referências

CASTRO, D. *O método corpo intenção: uma terapia corporal da prática à teoria.* São Paulo: Summus, 2016.

CASTRO, D. *O ambiente de cuidado e o jogo de forças: para uma clínica do desdobramento.* Dissertação (mestrado em Psicologia) – Programa de pós-graduação em Psicologia Clínica: PUC-SP, 2022.

DUNKER, C.; THEBAS, C. *O palhaço e o psicanalista: como escutar os outros pode transformar vidas.* Barcelona: Planeta, 2019.

GRICE, H. P. *Lógica e conversação.* Crítica: Filosofia da linguagem, 10 nov. 2016.

26

PRESENÇA

*Sua presença é o presente mais precioso que
você pode dar a outro ser humano.*
MARSHALL ROSENBERG

Eu desejo que você seja presente na própria vida para também estar presente na vida daqueles que escolher amar.

BETTYNA BENI

Bettyna Beni

Contatos
www.evoluigi.com.br
bettyna.beni@evoluigi.com.br
LinkedIn: Bettyna Beni
Instagram: @bettynabeni
11 99357 5379

Mulher, esposa, mãe de dois adolescentes, é mentora de vida e carreira para jovens líderes, suas famílias e seus educadores. Possui experiência de mais de 30 anos com desenvolvimento humano, embasada por algumas ciências da vida, como a psicanálise, as neurociências e a filosofia. Especialista em análise de perfil e comportamento humano, transitou durante muitos anos no mundo corporativo. Em 2016, tornou-se empreendedora em sua própria empresa, a Evoluigi, tendo como sócio o seu marido, parceiro na vida e, desde então, parceiro também nos negócios. Encontrou seu propósito de apoiar e conduzir as pessoas em suas jornadas pessoais e na carreira, buscando despertar a autoconsciência, o autoconhecimento, a autonomia e a autorresponsabilidade. O que a move é o sonho de que todas as pessoas possam conhecer e reconhecer seus recursos, seus talentos, para serem protagonistas de suas histórias e de suas vidas.

P resença, segundo o dicionário, é o ato de uma pessoa estar em um lugar específico. Aqui, trata-se também de nossa capacidade de estar no aqui e agora, de sentir-se inteiro, de se doar ao outro, de estar atento à sua fala, a seus gestos e sentimentos. Cá entre nós, que melhor lugar para estar do que na presença de nós mesmos?

Existe um ditado tibetano que diz: "Só existem dois dias no ano em que nada pode ser feito. Um se chama ontem e o outro se chama amanhã. Portanto, hoje é o dia certo para amar, acreditar, fazer e principalmente viver". Assim, o presente é o único momento para fazermos todas as coisas. Só podemos nos desenvolver e tomar decisões hoje e na presença de nós mesmos. E isso significa nos escutarmos, conhecermos e reconhecermos nossos recursos, nosso potencial, nossos medos, nossas limitações... E entendermos como lidar melhor com tudo isso.

Em meu papel de mãe, muitas vezes precisei respirar fundo antes de dar uma resposta para os meus filhos, antes de tomar uma decisão. E sempre que respirei, que fiz essa pequena pausa para me escutar e entender o que estava sentindo, as minhas respostas foram melhores, mais assertivas, mais congruentes e resultaram em conversas mais saudáveis, em reações e comportamentos mais construtivos por parte deles.

Nossos filhos percebem quando estamos presentes e se sentem escutados (*skill* brilhantemente abordada no capítulo anterior), considerados e amados. Mas somente estaremos, de fato, junto deles, se primeiro estivermos presentes conosco. Uma pessoa só consegue ir com o outro até onde foi consigo mesma.

Estando os meus filhos hoje na adolescência, exercitar esse comportamento é ainda mais importante, porque adolescentes estão descobrindo o mundo e se descobrindo nesse mundo, e o mais comum é que eles experimentem muitas coisas e queiram se adaptar para se sentir pertencentes a um grupo, a uma tribo. Isso é muito desafiador porque, se pode representar perigo por um lado, por outro representa grandes oportunidades para que eles amadureçam.

Muitas vezes me desdobro em meu papel de mãe e de profissional. Como educadora e mentora de jovens, a minha principal ocupação, para não dizer preocupação, é convidar o adolescente para também estar presente consigo mesmo, ensinando a ele essa *soft skill*. Isso também é desafiador porque ele ainda não está com as funções cerebrais totalmente desenvolvidas e ainda não tem as mesmas percepções de mundo que nós, adultos. E, se considerarmos que o adolescente está em busca de sua identidade, com necessidade de pertencimento, pedir que ele se coloque diante de si mesmo pode parecer solitário demais. Porém é possível, mesmo que por alguns breves momentos.

Gosto de contar histórias, pois acredito que elas nos ajudam no processo de entendimento, de conexão e de presença. Os relatos aqui são reais, mas contêm nomes fictícios e alguns ajustes para preservar seus protagonistas.

Conversando com Enrico, um adolescente de 11 anos, ele me revelou o quanto estava triste porque percebia que sua mãe estava ansiosa e preocupada com seu trabalho. Disse que, certa vez, quando sua mãe foi até seu quarto para dar um beijinho de boa noite após chegar do trabalho, ele olhou para ela e perguntou: "Mamãe, o que você está fazendo com você?". A mãe levou um susto, porque ela realmente estava infeliz com seu emprego e jamais poderia imaginar que seu filho havia percebido isso. Afinal, seu salário era muito bom, o que contribuía para uma boa renda familiar, permitindo que Enrico tivesse tudo o que queria. Porém, naquele momento, ele mostrou que estava presente para ela, e isso fez que a mãe acordasse e tomasse uma decisão com relação à sua carreira.

Mesmo a família estando sempre bem amparada pelo pai, eles tiverem que fazer alguns ajustes no orçamento doméstico e Enrico passou a ter algumas restrições em casa. Mas estava tão feliz por ver sua mãe mais leve e livre para buscar uma nova oportunidade de trabalho que nem se incomodou. A mudança na vida deles foi inacreditável!

Já com Antônio, um jovem de 17 anos que começou a fazer uso de drogas, mesmo tendo uma família que podemos entender como amorosa e estruturada, foi necessária muita presença por parte dele e também dos pais para que ele conseguisse se desvincular das amizades que o levaram a ter essa experiência. E um estado de presença ainda mais profundo dos pais para que eles pudessem acessar em si mesmos e reconhecer a responsabilidade deles na forma como Antônio processou sua dor emocional, em busca de uma escuta e pertencimento que ele não encontrou em sua casa.

Antônio conheceu outro adolescente com o qual se identificou rapidamente, pois ambos tinham histórico de adoção e amigos em comum e costumavam sair juntos para encontrar o restante da turma. Os encontros se tornaram mais frequentes e os pais de Antônio chegaram a conhecer esse amigo e os pais dele. Parecia ser uma amizade saudável, até que o irmão mais velho de Antônio começou a notar mudanças no comportamento dele e, em uma atitude superprotetora de irmão mais velho, vasculhou o quarto de Antônio à procura de algo que justificasse sua preocupação. E encontrou. Não somente drogas ilícitas, mas também drogas lícitas, como bebidas alcóolicas. Foi um momento de muita dor para a família porque ninguém imaginava que isso pudesse acontecer bem debaixo dos olhos de todos. E os pais não conseguiam entender os motivos que o levaram a fazer essas escolhas. Uma vez mais, a presença se fez necessária e foi o que permitiu que aquela família começasse a refletir sobre os momentos em que poderiam ter falhado com ele. Antônio, por sua vez, com a oportunidade de falar abertamente sobre o assunto, também foi estimulado a olhar para si, convidado a ter presença consigo mesmo para entender a extensão e as consequências de suas escolhas.

Não foi um período fácil, mas, com essa prática, cada um consigo mesmo e a família como um todo, resgatando seus valores e estabelecendo acordos e limites mais claros, eles saíram fortalecidos da situação. As oportunidades de diálogo, em total estado de presença, de escuta, de verdade, foram fundamentais para o resgate de Antônio.

Uma terceira experiência que gosto de relatar é com Paulo, um jovem adulto, na época com 22 anos de idade, que já estava cursando a faculdade de seus sonhos. Estava indo muito bem em seus projetos, que giravam em torno dos estudos e da dedicação para seu trabalho com voluntariado, apoiando projetos sociais, o que lhe consumia grande parte do tempo livre. Mas ele se sentia feliz e realizado, e ainda mais focado em seu propósito, que tinha a ver com desenvolver as pessoas, atuando com uma liderança altruísta e com muita compaixão. Seu objetivo era dar espaço para que cada membro do time pudesse atingir seu potencial máximo. Para conseguir isso, ele sabia que precisaria continuar com seu autodesenvolvimento, dedicando-se ao máximo ao autoconhecimento, que representa muito bem essa *soft skill*.

Paulo sempre foi autêntico, bem-humorado e entusiasmado e por isso era querido e respeitado por todos. Então, não faltavam elementos para que sua comunicação conectasse de fato. Demonstrava resiliência e sensibilidade para lidar com os desafios do dia a dia, utilizando a sua já bem desenvolvida inteligência emocional. Suas atitudes eram assertivas, assim como sua tomada de decisão, porque demonstrava autoconfiança e autoestima, com autocontrole e responsabilidade por suas ações, sempre com muita coragem e equilíbrio.

Com todas essas *soft skills* já bem exercitadas para sua idade, sempre contando com a mentoria de pessoas que o inspiravam e imbuído desse espírito de liderança, Paulo se formou e logo foi contratado por uma empresa bem estruturada, com boas oportunidades de crescimento.

Ele nunca deixou de se desafiar para continuar aprendendo, sem perder sua autenticidade. Como resultado, ele continua conquistando novas oportunidades e, recentemente, migrou de área, para uma oportunidade que fazia mais sentido para seu momento de carreira. Toda essa trajetória não seria possível se Paulo não tivesse tido sempre a presença de sua família apoiando-o em sua jornada e ensinando-o também a estar consigo mesmo. Por suas bases sólidas, fez as escolhas certas, que o levaram a mergulhar de cabeça em seu processo de autoescuta e autodesenvolvimento. Ele continua se desafiando, em um processo de aprendizado contínuo, consegue reconhecer seus recursos internos e exercer todo o seu potencial.

Três histórias sobre essa *soft skill*, nem todas felizes ao longo da jornada, mas com grandes aprendizados para seus protagonistas e para o entorno.

Trago comigo a crença profunda de que presença é sobre isso: estar presente, por inteiro, seja em uma relação, em uma situação do dia a dia, em um desafio. Ainda que não acertemos sempre (a perfeição não existe, certo?), estar presente nos possibilita entender mais rápido e, portanto, errar e corrigir a rota mais rápido, o que nos permite buscar continuamente melhores resultados para nossas vidas.

Porém como podemos aprender essa habilidade? Em primeiro lugar, é importante reconhecermos e confessarmos para nós mesmos que não é fácil estarmos ou entrarmos em estado de presença. Com tanta informação e tantos estímulos externos, estarmos focados no que estamos fazendo naquele determinado momento parece impossível, não é mesmo? Entretanto, ainda que seja muito desafiador, sim, é possível alcançar esse estado. Assim como praticamos exercícios físicos e, aos poucos, percebemos o ganho de músculos, podemos exercer a presença e ir ganhando essa "musculatura", até que o hábito se torne cada vez mais fácil, até não sabermos mais como ser ou fazer diferente.

A forma mais simples de iniciar é prestando atenção às pequenas ações que já realizamos no dia a dia, como escovar os dentes, por exemplo. Da próxima vez que fizer isso, procure fechar seus olhos e escutar os sons, tanto os de sua escovação quanto os externos. Depois tente isolar os diferentes sons. Escolha um deles e foque sua atenção aí. Perceba o gosto e a textura do creme dental em sua boca. Você aprecia esse gosto? Repare na temperatura da água, nos movimentos e no esforço de sua mão para fazer esses movimentos. Pronto! Você já começou sua jornada.

Em seu livro *Inteligência positiva*, Shirzad Chamine (2012) fala da importância de prestarmos atenção a nossas ações, focando em nosso corpo e em cada um de nossos cinco sentidos, por, pelo menos, 10 segundos, tempo equivalente a cerca de três respirações. Passa muito rápido, certo?

E, por falar em respiração, se eu tivesse que deixar uma única dica para exercitar a presença, seria: respire!

Flávia Lippi, uma cientista do comportamento em quem me inspiro muito, traz a importância de respirarmos profundamente durante 1 minuto a cada 1 hora. A respiração nos coloca em estado de atenção e equilíbrio. Ela representa uma pausa valiosa ao longo de nosso dia. E frequentemente nos esquecemos de dar a devida atenção a algo tão simples e natural.

Sabe aquela história de contar até 10? Aquela que nossas mães e avós falavam quando éramos crianças? É exatamente isso: parar, contar até 10 e fazer uma respiração profunda. É isso! Estado de presença.

#ficaadica: Inspira, respira, não pira.

Simples assim!

Referências

CHAMINE, S. *Inteligência positiva*. Rio de Janeiro: Fontanar, 2012.

LIPPI, F. *A equação*. Disponível em: <https://aequacao.com.br>. Acesso em: jun. de 2023.

ROSENBERG, M. *Comunicação não violenta*. São Paulo: Ágora, 2021.

CARTA AOS ADOLESCENTES

MARIA FERNANDA MASETTO
MONTENEGRO

Maria Fernanda Masetto Montenegro

Contatos
mfernanda.mmontenegro@gmail.com
@psico.mafemontenegro

É psicóloga e atua em consultório, no atendimento de crianças, adolescentes e seus familiares há mais de 20 anos. Acredita que, na vida, podemos aprender a ser livres e a deixar os outros serem livres também. Preza muito pela sua liberdade e a dos outros. Adora andar de bicicleta, andar a cavalo e nadar. Nesses momentos, sente-se livre e muito feliz. É grata pela sua família, tendo três filhos, três netos e boas histórias para contar. Nessa fase da sua vida, voltou para o lugar onde começou sua trajetória profissional, a escola. É fundadora da ONG A Escola Que Eu Quero SER, criada em 2022. O objetivo da ONG é poder ser uma assessoria educacional para escolas públicas, procurando desenvolver projetos que possam ser significativos para a comunidade escolar, seja com os alunos, com professores, pais e demais funcionários. Afinal, todos os funcionários da escola são educadores.

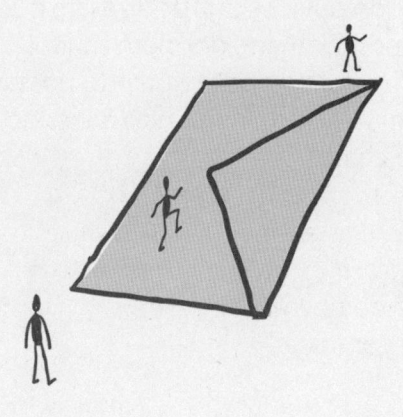

Você já ouviu: "O primeiro beijo nunca se esquece..."?
Romântico, né? Mais do que isso, é real. A primeira vez que fazemos algo importante e significativo para nós mesmos, na nossa vida, não esquecemos, porque guardamos em um lugar especial dentro de nós e tem quem diga que nossas lembranças estão gravadas em nossas células.

Quanto de primeira vez tem na adolescência?

Muitas e muitas e muitas...

Conclusão: é uma das fases mais gostosas da nossa vida e, por isso, acredito eu, a mais invejada, rs.

Você está estranhando o que eu disse?

Bem, não é o que você ouve e sente na maioria das vezes. Eu sei pois existem muitos desafios na adolescência; estrear novos papéis na vida:

- De aluno do fundamental 2, médio e faculdade.
- De integrante ativo na família, trazendo opiniões e se posicionando nos assuntos familiares.
- De namorado.
- De namorada.
- De começar a dirigir.
- De ir sozinha ao shopping com os amigos.
- De viajar com as amigas.
- De dar o primeiro beijo.
- De iniciar no primeiro emprego.

Maria Fernanda Masetto Montenegro

E como é incômodo ouvir os outros dizerem que é uma fase chata, que os adolescentes reclamam, dormem muito...

Parece que sempre tem alguém vigiando nossas atitudes quando somos adolescentes, e ficam orientando, dizendo o que fazer...

Isso sim é muito chato!

"Não foi assim que te ensinei!"
"Isso é jeito de falar?"
"Comendo doce de novo?"
"Esta roupa não combina!"

"Você sempre se atrasa!"
"Percebi como falou com seu amigo... Não foi legal!"
"Vai sair de novo?"

"Será que antes de dar opinião alguém poderia me perguntar como estou me sentindo?"

"Se, pra mim, foi fácil fazer o que pediram e até se eu tenho certeza do que quero vestir?"

Sim, existem grandes desafios na adolescência, internos e externos e, muitas vezes, sentimos que não conseguimos controlar nenhum deles.

Viver, refletir, sentir, perceber o que sentimos, trocar experiências, isso sim vai nos ajudar a entender as novas situações que passamos a viver na adolescência.

De repente, um vulcão de emoções, raiva, medo e, logo depois, alegria e vontade de realizar tudo o que não fez o mês todo.

Quem falar que é fácil esqueceu o que foi ser adolescente.

Ou só está se lembrando dos momentos muito legais com os amigos, passeios, conversas intermináveis na garagem da casa de um amigo.

Idas ao shopping, assistir aos jogos das meninas e torcer, jogar bola e sair com os meninos... Bom demais!

Imagine quantas pessoas adultas, incluindo seus pais, gostariam de reviver alguns desses momentos e, talvez, em algumas situações, modificar escolhas, ou atitudes.

Tudo bem, entendemos, mas agora a bola é sua! Então, o espaço de dizer o que quer e o que precisa é seu. A experiência da sua adolescência é única e toda sua.

Sim, correr na chuva, ligar para uma garota e não ter coragem de falar com ela, suar frio antes de entrar no palco para se apresentar, sendo que é sua paixão, jogar bola até não conseguir mais andar.

Odiar fazer lição de casa, mas não perder nenhuma aula da professora de Matemática. Enfim, estas e muitas outras situações vão ser vividas por você e não importa se hoje está dizendo algo contrário ao que disse ontem. Afinal, hoje, você enxergou outras situações e sua opinião mudou.

Eu vejo a adolescência como uma grande cachoeira, de onde a água desce com muita força e rapidez. Assim são as ideias, as falas e os comportamentos na adolescência. Vivos, fortes e vigorosos. Lindo demais, não é? Como as cachoeiras!

Imagine como a cachoeira se sente perto do rio. Ela deve pensar: "Por que ele vai tão devagar? Será que ele não tem pressa de chegar?".

Enquanto o rio olha para a cachoeira e se surpreende com sua força e beleza. Na sua calma, o rio acolhe a cachoeira e a conduz para a experiência única de encontro com o mar.

Os adultos, apesar de parecerem chatos e, muitas vezes, um pouco lentos, podem ser muito importantes nessa sua caminhada. Podem ser o rio que acolhe... Ah, espero que sim! Que você tenha esses adultos-rio ao seu lado.

O que acontece na adolescência?

Dúvidas

Se existe muito do novo e não viemos com um manual para conhecer todas as situações, isso significa que dúvidas e medos podem acontecer nessa fase e que não há nada de errado com você. Aliás, nessa e em todas as outras fases, pois somos indivíduos em desenvolvimento; ninguém está pronto ou detém todo o conhecimento.

É isso mesmo! Os adultos têm dúvidas, medos, angústias... A diferença é que muitas vezes não falam sobre elas. Isso não faz deles indivíduos mais seguros.

Voltando para as dúvidas, para que elas servem mesmo? É o lugar onde ficamos antes de decidir qual escolha fazer. Se queremos tudo, nossa dúvida aumenta, pois não pretendemos abrir mão de nada. Nesse momento, paralisamos e acontece uma coisa difícil de assumir, ficamos sem atitude.

Quando ficamos na dúvida, paralisamos. Quando queremos tudo, estamos parados e sem nada.

Sim, a escolha é importante, é boa, é amiga, ela nos faz andar para a frente. O primeiro momento da escolha é dolorido, pois algo vai ficar para trás, mas logo depois vem a alegria de viver a escolha feita.

Escolheu? Vá em frente. Viva intensamente sua escolha.

Como saber se não vamos nos arrepender?

Não saberemos, mas respeitar o tempo que precisamos para avaliar as opções e escolher ajuda a fazer a escolha certa para nós.

Usar nossa bagagem interior vai nos ajudar a fazer escolhas significativas. Muitas vezes, a opinião de pessoas nos ajuda, mas, quando perguntamos para muitas pessoas, aí a dúvida aumenta. Pois cada pessoa enxerga um pedaço da verdade, ficamos com tantas possibilidades, e tão distantes daquilo que queríamos, que nenhuma dessas opiniões fará sentido.

Nosso espaço interno

"Hoje eu estou desanimado!"

"É, eu percebi. Mas perguntei o que você leva sempre consigo, dentro de si; sabe, como se houvesse uma mochila para levar emoções e pensamentos."

"Hummm... Hoje minha mochila não tem nada que eu gosto... Tem tristeza, raiva, arrependimento por não ter estudado para a prova."

"E o que mais?"

"Mais nada!"

"Impossível!"

"Tô falando..."

"Acredito que você se sinta assim, mas todo adolescente tem na sua mala:"

- Curiosidade.
- Vontades.
- Necessidades.
- Medos.
- Família.
- Valores.
- Verdades.
- Herança familiar.
- Alegria.
- Amor.
- Raiva.
- Culpa.

"Então, tudo isso também está aí dentro de você, mas não está percebendo porque essa tristeza cresceu demais e encobriu todas as outras coisas. É hora de tirar essa tristeza do conforto, empurrá-la para um canto, para acessar sua alegria, motivação e continuar vivendo sua vida. Bora sair?"

Vamos falar de emoções?

Somos seres sociáveis, por mais que sejamos tímidos, esperamos reconhecimento do outro. Um olhar, um sorriso que recebemos muda tudo, aquece nosso coração, acalma nossa mente.

Mas quando o reconhecimento e o olhar do outro não vêm, emoções de raiva, tristeza e medo podem aparecer...

Quando começamos a desconfiar das pessoas, estamos nos afastando de uma característica básica nossa – de sermos sociáveis – estamos nos afastando de nossa essência e, assim, estamos deixando entrar sentimentos nocivos que passam a ocupar nossos espaços internos, onde a motivação, a alegria e o amor deveriam estar.

Dois objetos não podem ocupar o mesmo lugar ao mesmo tempo!

É isso, se estou muito triste, o amor fica longe... Mas se me percebo triste, posso me empenhar para abrir espaço em mim para emoções positivas.

Às vezes, acreditamos que, da mesma forma que a tristeza surgiu e não sabemos de onde, a alegria vai voltar e tudo ficará bem de novo.

Pode ser que isso aconteça, uma vez ou outra, mas na maioria das vezes cuidar de nossas emoções é o que vai nos trazer bem-estar.

"Não, não queremos falar de medo. É chato, é ruim e vergonhoso ter medo".

Sério? Vergonhoso?

Medo é a emoção que nos faz cuidar de nós, ter cautela, cuidado e instinto de proteção.

Quando alguém diz: "ele amarelou, não quis entrar no racha". Deveríamos entender: "ele percebeu que poderia não ser bom e, hoje, ele prioriza sua vida".

Muitos de nós perdemos amigos, por overdose, em acidentes ou em brigas. É claro que, nessas situações, não só o instinto de sobrevivência foi negligenciado, havia, com certeza, dores emocionais muito grandes e não temos como avaliar o que aconteceu.

Mas estamos aqui. Vivemos a dor de perder amigos queridos e podemos usar essa experiência para nos proteger de situações que nos coloquem em risco.

Não gostamos da dor, mas ela vem e aprendemos ou achamos que já sabemos lidar com ela.

O segredo para a dor não crescer e ocupar muitos espaços internos é estarmos atentos e, se uma dor persistir alguns dias, devemos olhar para esse sentimento e refletir: "Em que ela vai nos ajudar?".

Enfrentando a dor

Quando falamos na dor, sempre um lado nosso se desespera e quer, subitamente, tirá-la de quem a sente.

Somos seres que fogem da dor, não queremos sofrer, parece que apesar das inúmeras provas de o quanto crescemos na dor isso não é suficiente para que nos aproximemos dela com mais tranquilidade.

O que fazer?

Parece que nunca mais seremos felizes.

Parece que nada vale a pena. Que o lindo sol lá fora é cinza, gelado e, muitas vezes, procuramos as pessoas, os amigos, a família, aquele professor superlegal e ninguém entende. Todos dizem que vai passar.

Sinto dizer que "saber disso não diminui minha dor".

"Será que as pessoas não percebem que faz tempo que dói?" Que não foi uma tristezinha que me fez contar? NÃO!"

"Faz tempo que estou assim!"

"Faz tempo que demoro para dormir e o medo me consome..."

"Vou para a escola cansado, me sentindo péssimo, desvalorizado... minha ex já tá namorando e eu tô aqui mal"

"Parece que o peito vai rasgar. Nada faz melhorar"

"Sair e beber agora não alivia e não sei mais o que fazer..."

"Não quero ficar sozinho"

"Tenho medo das ideias que vêm na minha cabeça"

"Quando essa dor vai parar?"

Busque ajuda real, fale com alguém importante para você, busque ajuda de um profissional. Enfim, comunique a sua dor para pessoas em quem você sabe que pode confiar.

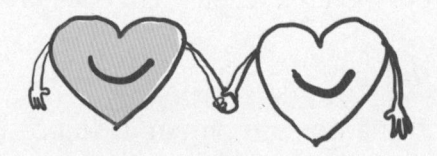

Meditação: um encontro com a sua essência

Fechar os olhos e prestar atenção na sua respiração. Este espaço que você sente é o seu interior; aí dentro está todo o seu tesouro, está quem você é realmente.

Sua essência tem uma sabedoria que pode ajudá-lo em momentos difíceis, tirá-lo de perigos e de dúvidas.

Mostrar o que você realmente quer.

Viver é um grande desafio. Costumo dizer que é uma viagem sem roteiro predeterminado. Para se chegar aonde queremos, a bússola pode ser uma grande aliada.

Na viagem da vida, nossa bússola, nosso guia está na região peitoral: sentiu o peito apertado, doendo, uma angústia, um mal-estar?

Não siga por essa rota, não faça o que não quer, não concorde com o que não acredita.

Muitas vezes, em uma viagem, contratamos um guia, alguém que conhece o lugar para aonde vamos, que pode nos ajudar a ter uma experiência mais gostosa.

Na viagem da Vida, recebemos esses guias quando nascemos e, apesar de não estarem o tempo todo conosco ou de não serem exatamente como queríamos, nossos pais ou os adultos significativos de nossa vida podem nos proporcionar uma experiência incrível e nos ajudar a chegar aonde queremos. Conte com esses guias!

Siga viagem, leve sempre sua bússola interior, consulte-a sempre que necessário e leve seus guias no seu coração.

Seja fiel a você mesmo... Vá!

Fortaleça sua essência e siga viagem rumo ao sucesso de ser quem você é!

Gratidão imensa por poder escrever para vocês, seres do mundo novo.

Energia e puro Amor na forma de Jovens.

Adolescentes, eu tenho muito orgulho de vocês.

Um forte abraço!

Com carinho,

Mafe Montenegro

CARTAS AOS PAIS

Quando eu e a Lucedile Antunes nos sentamos para organizar a estrutura do livro, dividi com ela um desejo meu: que tivessem vozes adolescentes neste livro!

Escrever o livro *Soft skills teens* e não contar com a colaboração deles era algo que para mim não fazia muito sentido. A Lu, apaixonada como eu pelo ser humano, na hora concordou com essa ideia, o que nós duas não imaginávamos era a grandiosidade das próximas páginas!

As cartas foram escritas a partir de um direcionamento que demos aos adolescentes, com apoio da equipe da Play, garantindo assim que eles pudessem ter um norte de como caminhar e encaminhar sua escrita; porém, você verificará cartas muito diferentes, com escritas particulares e que revelam um mundo interno de cada um deles, na voz de toda adolescência!

Convidamos quatro jovens, de idades distintas, com experiências diversas, assim como os autores. A beleza está na diversidade, na composição que é feita com cada nota. Cada jovem aqui representa uma multidão, pois trazem a voz de amigos, de experiências e, claro, da idade que possuem. Um jovem adulto traz um olhar muito diferente de uma adolescente que está iniciando nessa fase da vida.

O objetivo das cartas é que elas possam conectar cada adulto ao adolescente que ele partilha, como também dar voz a você, adolescente que nos lê!

Não era nosso objetivo que as cartas fossem padronizadas, ou com estruturas muito similares, pois acreditamos que, pelo fato de terem idades muito diferentes, situação econômica diversa e não serem todos residentes da capital de São Paulo, cada um trouxe aqui seu maior ouro, como diz a Lu, aquilo que tocará você e lhe permitirá, ouvindo um jovem, auxiliar o processo de desenvolvimento daquele que convive consigo.

Que você se encante!
Com carinho,

Beatriz Montenegro

JULIA MENDES ANTUNES

Quero dedicar esta carta a todos os pais que procuram ser pessoas melhores, que procuram ter uma relação de afeto e conexão com seus filhos. Nesta carta, vou compartilhar minha história real, que poderá ser uma fonte de inspiração para a relação com o seu filho, com o objetivo de termos famílias cada vez mais unidas e conectadas.

Julia Mendes Antunes

Meu nome é Julia Mendes Antunes, tenho 15 anos e, atualmente, estou no primeiro ano do ensino médio. Sou escoteira do 1º Grupo Escoteiro de São Paulo, tenho um perfil de liderança, adoro ler livros de romance e fazer festas. Tenho como hobby fazer amigurumis. Gosto de fazer cartinhas para as pessoas que são especiais para mim, gosto de sair e de viajar para a praia, tomar sol e me reconectar com a natureza. Desde pequena, tenho contato com a língua inglesa e com a prática da natação. Meus amigos me definem como uma pessoa empolgada, perseverante, muito verdadeira e que sempre vê o lado positivo das coisas. Eu me considero carinhosa, organizada e criativa. Adoro planejar minha semana e programar meu fim de semana.

Contatos
11 96764 0587
Instagram: @juuu.antunes

Você gostaria de ter uma relação melhor com seu filho?
Você sente que não pode confiar 100% nas ações dele?
Às vezes você pensa: "Faço de tudo pelo meu filho e, mesmo assim, ele é distante de mim?"

Será que o que você considera "faço de tudo", como sair com ele, dar presentes e cuidar, é o que ele realmente quer e precisa?

Neste caso, uma relação afetuosa, alguém em quem possa confiar sem se sentir criticado, talvez seja o que ele mais precise.

A adolescência é um período de construção de identidade própria, quando o adolescente tenta encontrar seu lugar no mundo, entender tudo e todos, incluindo seu núcleo familiar, e perceber as desconexões, principalmente de si mesmo, começando a questionar o mundo ao seu redor, com o objetivo de formar a sua própria ótica sobre o mundo.

Algo muito comum que ocorre nesta fase é um certo distanciamento, eu diria, uma desconexão com os próprios pais, que, muitas vezes, vai aumentando. Entretanto, mesmo fazendo parte de uma naturalidade nesta fase, é algo que afeta ambos os lados e abala as relações entre pais e filhos.

Quando os adolescentes começam a se distanciar dos seus pais, eu noto que acontece um movimento natural desses pais, na tentativa de proibir e limitar o adolescente quanto a seus desejos, como uma forma de protegê-lo do mundo à frente, e esse é o maior erro!

Julia Mendes Antunes

A adolescência é a idade das descobertas e curiosidades, pois está diretamente ligada com a puberdade e o aumento drástico da produção de hormônios que afeta os sentimentos, surgindo vários questionamentos. Portanto, ser proibido de algo sem uma explicação ou sem se sentir na liberdade de expressar seu verdadeiro "eu" causa um distanciamento ainda maior.

Os pais tendem a proteger seus filhos sobre o que vem adiante. Entretanto, esquecem-se de ensiná-los como encarar os desafios da vida.

Vou trazer uma metáfora para explanar com mais riqueza de detalhes o que quero expressar. Vamos imaginar um filhote de passarinho, que vai crescendo, desenvolvendo-se e criando lindas asas. Você, como responsável por esse animalzinho, ao atingir essa fase da vida dele, tem duas opções: deixá-lo voar, ser livre, afinal ele pode se machucar, ou a opção de cuidar dele e mantê-lo próximo a você.

A segunda opção nos parece mais segura, não é mesmo? Porém, ela tem consequências muito maiores, que podem gerar traumas, problemas sociais e até adolescentes conturbados com sua própria vida. Entendendo que o ato de voar representa a liberdade, ou seja, a possibilidade de conhecer e explorar um mundo ao seu redor e trazer a realidade, em vez de blindar os adolescentes, os pais devem ensinar os perigos e as consequências dos atos aos seus filhos, gerando assim um senso de responsabilidade e uma certa maturidade. Isso permitirá aos jovens criar uma proximidade ainda maior, pois sabem que têm alguém para quem eles possam contar seus anseios, angústias, curiosidade e, além disso, confiar.

Vamos usar as drogas como um exemplo. A adolescência é como uma "montanha-russa de emoções", e assim nós precisamos de muita compreensão. Sabemos que os pais que querem preservar demais seus filhos fazem isso pelo medo que sentem do mundo e que, no fundo, querem ter a certeza de que os seus filhos estão bem. Fazem isso por amor e preocupação, mas o filho que é preservado quanto ao assunto das drogas pelos pais não sabe as consequências do uso em curto e longo prazo. Já um outro adolescente que foi ensinado quanto a esses perigos tem menos probabilidade de usá-las.

Considerando esse ponto da compreensão, já os pais opostos que agem de maneira liberal demais causam uma impressão de "falta de amor" no seu filho, de que não se importam com eles. Afinal, tudo pode. Todos os adolescentes querem uma coisa em comum: serem vistos, ouvidos e respeitados!

Agora você deve estar pensando: "Adolescentes são muito complicados, como vou achar esse meio-termo, se adolescentes vivem em questionamentos constantes? Como consigo criar essa relação tão esperada e ainda educar meu filho?"

Acho mais fácil de entender se eu contar um trecho da minha história que levo como transformação e construção da minha maturidade. Quando eu tinha 13 anos, no auge da pré-adolescência, que coincidiu com o período em que vivemos na pandemia, percebi que eu havia crescido.

Eu sentia um misto de desejos. Ao mesmo tempo que ainda queria brincar de bonecas, minhas amigas já estavam pensando em meninos. Eu me sentia triste, pois sentia dentro de mim um desejo de ainda ser uma criança, evoluir parecia algo muito difícil.

Aos poucos, fui ficando mais triste e perdendo meus amigos que iam se distanciando dessa fase de criança. Esse foi o momento em que meus pais entraram em ação e me acolheram muito. Quando criança, a relação com seus pais era totalmente diferente, pois se baseava na educação básica, coisas como sim e não, esperar a vez para falar, comer de boca fechada, receber atenção...

Como adolescente essa relação muda totalmente, e é justamente nesse período que existe um risco maior dessa desconexão entre pais e filhos.

Se você vive essa desconexão com o seu filho, o mais importante é encontrar o caminho de volta, entender como reconstruir essa relação. Eu noto nos meus amigos que, muitas vezes, apenas o adolescente percebe essa desconexão.

Voltando à minha história, quando percebi que tinha saído definitivamente da infância e estava entrando na adolescência, comecei a contar para meus pais o que eu estava sentindo, o que eu pensava. Eles foram entendendo tudo, acolhendo essa minha nova fase com muita empatia e a nossa conexão foi se fortalecendo ainda mais. Na minha visão, a principal coisa que ajudou a nossa relação a se manter forte, enquanto eu passava por esse turbilhão de emoções, foi a capacidade de mudança dos meus pais.

Eles entraram de mente aberta e conseguiram ser compreensivos, entendendo exatamente o que eu estava passando. Quando me frustrava com eles, por exemplo, quando minha mãe tinha um dia estressante e descontava sua tristeza em mim, ela tinha a capacidade de parar, repensar seus comportamentos, me ouvir, sobre quais atitudes estavam me magoando e perguntar "o que posso fazer para melhorar?".

A humildade de reconhecer suas próprias imperfeições fez da minha mãe uma pessoa que se superou e evoluiu, quebrando muitos paradigmas, pois recebeu uma educação muito tradicionalista e rigorosa, com pouca, eu diria, nenhuma abertura para diálogos. Por diversas vezes, eu ouvi minha mãe me dizer: "Filha, me ensina a ser uma mãe melhor, nesta sua nova fase de vida!" Eu também a acolhia, compartilhando com ela o que ela poderia fazer diferente. E, assim, caminhamos juntas nesta evolução.

Cada adolescente tem percepções diferentes sobre seus pais, o mais importante é que haja compreensão, empatia, mente aberta para o novo, para compreender as necessidades dessa geração e, principalmente, do seu filho. É muito importante que se tenha humildade para aprender a desaprender e, então, reaprender.

Sem perceber – e até de modo inconsciente –, muitos pais acabam tendo atitudes que fazem que o adolescente tenha um pé atrás, rompendo essa relação de confiança. Os pais tendem, muitas vezes, a julgar comportamentos e pensamentos sem entender o outro lado da história, sem conversar para entender o porquê e chegam até a invadir a privacidade do adolescente.

As conversas que vêm do coração – aquelas que você está lá para realmente entender os dois lados da história – são o que, cada vez mais, vai fortalecendo qualquer relação.

Considerações finais

Você que se interessou por este livro procura o melhor para seu filho, não é mesmo? Então, para que você possa apoiar o desenvolvimento das *soft skills* nos seus filhos para serem melhores pessoas e profissionais no futuro faz-se necessário desenvolvê-las, primeiramente, em si mesmo.

Principalmente a empatia, que consiste em se colocar no lugar do outro. Nesse caso, os pais podem se colocar no lugar dos filhos, buscando uma compreensão do que eles possam estar passando, suas vontades, sentimentos e se lembrando de que um dia também já foram adolescentes e também se frustravam com seus pais.

Essa é a hora de tirar seu chapéu de pai, mãe ou educador e colocar o chapéu de amigo, de alguém que, genuinamente, está ali para ouvir sem julgar, entender sem dar lições de moral e dar abertura ao seu filho.

Claro, os pais têm um grande papel de educar seus filhos e prepará-los para o mundo. Ao tomar uma decisão, envolva-o, explique os motivos. "Por que não posso sair hoje?"; "Por que não posso faltar na aula hoje?". Explique o porquê das coisas tentando entender o outro lado também.

Em vez de tentar ensinar algo, sempre busque ouvir seu filho e entender o que ele sente, as suas frustrações e também o que lhe frustra.

Peça ajuda, peça conselhos: "como posso ser um pai ou uma mãe melhor?". Isso foi a principal coisa que ajudou a mim e meus pais a construirmos uma ótima relação, com muita confiança e maturidade.

Hoje, conversamos muito sobre todos os assuntos, temos combinados, como ter a liberdade de sair quando quiser, pois coloco os estudos na frente e cumpro com tudo o que foi combinado. Algo que jamais eu faço é mentir nem esconder nada. Com isso, mantenho meus direitos de ir para festas e fazer as coisas de que gosto.

Hoje, eu tenho a certeza de que, além de ser uma filha carinhosa em quem os meus pais podem confiar, sou muito próxima deles e os considero as primeiras pessoas com quem eu posso contar.

Dedico esta cartinha para os meus pais!

Com carinho,

Julia Antunes

ANA CLARA BERTOLINO LEPSCH

Nesta carta, eu divido com você o meu olhar sobre a construção de uma relação saudável.

Ana Clara Bertolino Lepsch

Sou a Ana Clara. Tenho 12 anos, dois irmãos, estou no 7º ano e amo ler. Minha matéria preferida é matemática e, recentemente, comecei a gostar um pouco de ciências.

Eu escrevo abaixo o que vejo nas relações entre pais e filhos: o que prejudica e o que pode ser mais saudável.

Minha animação *vs.* a animação dos meus pais (adulto)

Uma coisa que me incomoda bastante é quando eu fico SUPER animada com uma coisa e vou, super feliz, falar pros meus pais, mas a reação não é bem a que eu esperava, sabe? Às vezes, nem sabem do que eu estou falando ou não se animam. Mesmo que não saibam, a minha expectativa era que eles falassem algo do tipo: "Nossa, filha! Como é que você conseguiu isso?" Ou então: "Já conseguiu?" Eu entendo que, muitas vezes, não tem como porque vocês estão trabalhando. Até dá para entender, mas é uma expectativa minha e que, talvez, seja a de outras pessoas. Não tem como falar com os pais sobre isso. Então, não esperem que seu filho consiga ir até você e fale que se sente incomodado com tal coisa. Muitas vezes, com muitas coisas, eu até consigo dizer que não gosto, mas tem coisas que eu não consigo. Essa é uma delas.

Pressão *vs.* sensação do adolescente

Outra coisa é quando ficam falando ou pressionando muito a pessoa, com as provas, por exemplo (não é meu caso). Os meus pais já não são assim EM RELAÇÃO À PROVA, mas eu vejo nos meus amigos

Ana Clara Bertolino Lepsch

essa questão de quem não tira nota boa por causa da pressão dos pais. A mãe ou o pai pode brigar, bater ou não dar a recompensa. Essa recompensa por ter tirado 10 na prova, às vezes, faz seu filho se desesperar com medo de não conseguir. Depende muito da pessoa, mas eu não consigo fazer prova com pressão, nem outras coisas. Uma forma de ajudar talvez seja apoiando, explicando que "tudo bem errar", para o seu filho se sentir melhor, e que o erro está aqui para aprendermos com ele. Agora que a pessoa viu que tem dificuldade, que vocês podem estudar juntos, poderão ver o que a pessoa entendeu e, assim, ela vai conseguir fazer a prova numa boa.

Quando, por exemplo, você fala para seu filho que ele não faz nada em casa ou que ele só tem uma obrigação que é estudar, não ajuda, porque (pelo menos eu) não acho fácil estudar. Até porque cada um tem seu tempo. Eu sou adolescente e não daria conta de fazer tudo o que meus pais fazem, mas duvido que, na minha idade, eles conseguiriam. Então, uma coisa muito boa na minha relação com meus pais (principalmente com a minha mãe) é essa aceitação de quem é seu filho, de como ele vai na escola, bem, mal; o que for, sabe? Uma relação sem críticas do tipo "seu filho não está indo bem na escola?" Ok! Ao invés de criticar, vamos ajudá-lo a entender por que isso está acontecendo. Ele ou ela está bem? Está conseguindo entender? Tudo tem um motivo. A pessoa não tirou 5 porque quis.

O poder do diálogo

Ter uma relação com seus pais, na qual vocês podem conversar sobre o que quer que seja´, também é muito importante! Minha mãe ajuda MUITO nisso. Ela sempre está aqui para conversar e é importante também entender quando a pessoa não quer falar. Se, por exemplo, a sua filha ou filho está chateado e não quer conversar, dar um espaço para relaxar e acalmar, não deixar de castigo ou bater na criança, ajuda bastante. Às vezes, os pais tentarem procurar não só no que a criança errou, mas também o que o adulto falou ou fez para ela, ir até o quarto ou onde quer que esteja a criança e falar com ela, pedir desculpa... Por outro lado, falar também que a criança ou o adolescente está errado e que também precisa melhorar, deixar que a criança entenda em que está errada e deixá-la decidir o que vamos fazer para tentar não brigar mais. Pensar juntos em uma técnica ou uma coisa que possamos fazer quando percebermos que não estamos sendo legais na forma de falar ou outra coisa, ou, ainda, como que a mãe ou o pai pode falar que não está gostando, de uma maneira que a criança não se incomode.

A promessa vs. a relação

Outra coisa é a promessa. Se você prometeu é porque pode cumprir. A sua filha ou filho está contando com você. Não dá pra você falar que vai fazer tal coisa, que vai comprar tal coisa, que vai ajudar em tal coisa e depois vir com um compromisso ou um problema. Uma vez? Ok! Duas? Ok! Mas se você for indo nessa de "só mais uma vez" vai acabar que seu filho não vai confiar mais em você e vai chegar uma hora que você vai falar "prometo" e seu filho só vai conseguir pensar que você não vai fazer. Então, precisa cumprir! Ou então não faça promessas.

Pontos importantes:

- Aceitar quem seu filho é e amá-lo do jeito que for. Sempre dizer suas opiniões, mas nunca impedir o filho de vestir a roupa em que se sente confortável ou que acha bonita. Nunca impeça seu filho de arrumar o cabelo do jeito que gosta e outras coisas.
- Cumprir promessas; ou é melhor não fazê-las!
- Ajudar a decidir quais tarefas domésticas (se acharem que precisa) que seu filho gosta mais de fazer, para que a contribuição na casa seja gostosa e não só um monte de afazeres chatos.
- Brincar juntos (se for criança). Pelo menos para mim, se a mãe ou pai não brincam NUNCA, é como se não estivessem presentes. Tente brincar um pouco com ele, pelo menos 10 minutos.
- Contar histórias antes de dormir (se precisar comprar um livro ok, mas particularmente eu prefiro histórias inventadas ou contadas sem auxílio de folha/livro).
- Ouvir, falar, entender (seja por escola, algo com professores ou alunos; seja algo em casa, insatisfação com alguém ou sobre uma briga entre irmãos/pais e filhos etc.).
- Ajudar na lição de casa ou estudo para prova.
- Tentar estabelecer uma rotina ou um dia para fazer uma coisa diferente (trilha, noite de jogos, noite da pizza, dia de filme com pipoca, passeio na praça, festa do pijama, entre outros).

Ana Clara Bertolino Lepsch

MUITO IMPORTANTE: deixar sua filha(o) dormir na casa dos amigos, brincar, sair com os amigos (principalmente se for adolescente); fazer um passeio, participar das excursões da escola (se possível) e não ser tão implicante em relação a coisas parecidas (por exemplo, deixar amigos vir na própria casa).

Para melhorar a confiança entre os filhos e a convivência de pai e mãe, talvez a melhor forma seja ser mais calmo, perguntar como seu filho está, deixar claro que vocês têm esse espaço para conversa e deixar que ele fale com você normalmente. Não sei muito bem porque sempre tive esse espaço, então não sei muito o que os pais podem fazer pela confiança. Mas acredito que seja isso.

Espero ter ajudado! Beijos,

Ana Clara bertolino lepsch

BRUNO NAPOLITANO GIUDICE

Nesta carta, conto como eu enxergo as relações entre pais e filhos, e falo sobre a importância do apoio e dos amigos.

Bruno Napolitano Giudice

Oi, meu nome é Bruno Napolitano Giudice, tenho 18 anos e estou cursando Relações Internacionais na Anhembi Morumbi. Meu passatempo favorito são os assuntos relacionados a futebol, anime e geopolítica.

Por que gosto de...

Geopolítica? Essa área me traz felicidade, pois eu consigo ter uma noção do mundo gigante em que a gente vive, além de ser a maior ferramenta da minha vida econômica. Eu vejo as notícias do mundo quase todos os dias.

Futebol? Para mim, de longe, o melhor e mais completo esporte do mundo (torcedor do São Paulo e do Arsenal da Inglaterra). Ver os meus times jogarem é outra emoção, pois nada me distrai durante esses momentos. Eu sinto que estou jogando junto aos jogadores.

Animes? É também um hobby. Eles, na minha visão, são melhores do que várias novelas ou séries, pois os japoneses sabem fazer enredos maravilhosos.

Nesta carta, trarei meu olhar sobre as relações entre pais e filhos com base na relação que tenho com os meus pais. Eu acredito que, para construir uma boa relação entre pais e filhos, é importante que cada um entenda o lado do outro. Por exemplo, quando o filho quer sair, os pais não deixam, pois eles já viveram essa experiência e não querem que isso aconteça com o seu filho. Meus pais sempre demonstram preocupação com o lugar e o horário e isso acaba impedindo que eu saia mais.

Acredito que entender o estilo do seu filho é o ideal para permitir que ele viva experiências sozinho. Como eu me apresentei, gosto de futebol, anime e geopolítica. Os pais que sabem o que o filho gosta e seu estilo são capazes de agradá-lo, sem preconceito. Isso aproxima pais e filhos.

Depois que você conhece seu filho, consegue agradá-lo. Na minha visão, o passo 3 é ajudar com os problemas da vida dele, pois existem jovens que não possuem esse apoio e acabam se prejudicando. Acredito que o passo 4 é resolver as coisas no diálogo, sem agressões (bater nunca é a solução).

Eu vejo que a melhor forma de conversar com o filho é entender o lado dele, sem impor o seu lado sobre ele, pois isso gera uma ignorância entre ambos. Isso depende também do ambiente que criaram dentro do lar. Se os pais e os filhos construírem um ambiente

Bruno Napolitano Giudice

saudável, a discussão também será saudável e ambas as partes vão se respeitar; o ambiente e o respeito favorecem uma relação de diálogo.

Os meus pais notam, na maioria das vezes, se eu estou com algum problema; apesar de ter diálogo, sou o tipo de pessoa que esconde o que está sentindo e, com isso, nem sempre eles conseguem descobrir rapidamente. Isso é importante de você perceber no seu filho, como ele é. Um exemplo foi a vez que eu quebrei o meu dedo e fiquei três dias suportando a dor. Quando a minha mãe viu que o meu dedo estava roxo, ela foi me perguntar o que havia acontecido e eu contei que tinha batido. Só depois fomos ao hospital e descobrimos a fratura.

Os amigos são essenciais na adolescência, porém, sem descartá-los, quero dizer que a forma como os pais agem com os filhos é muito mais importante. Pais rígidos trazem para os filhos sabedoria do mundo lá fora, preparam esses filhos. Agora, pais super rígidos, não acredito ser o caminho, pois eles extrapolam a sua autoridade com os filhos e, normalmente, prendem esses filhos numa própria bolha social.

Na questão do relacionamento com outros adolescentes, é importante que os pais não falem mal dos amigos, pois os filhos geralmente ficam a favor deles, não escutam os pais nem criam diálogo saudável. Quando forem amizades tóxicas, os pais têm de contornar a situação aconselhando o filho. Como eu já disse nos passos que coloquei.

Eu faço curso de Relações Internacionais. O meu curso aborda essa ideia de evolução geracional, pois a vida, há 50 anos, era completamente diferente da atual. Um exemplo é a liberação do trabalho de mulheres, que aconteceu em 1970. Então, a partir desse exemplo, podemos enxergar nos pais uma ideia mais conservadora de ver o mundo. Enquanto, na atualidade, essas visões mudaram muito, como a questão da sexualidade, veganismo, estilos emos, entre outros. Então, na maioria das vezes, os pais vão ter dificuldade de compreender algumas coisas dos filhos. A ideia não é pensar como o filho, mas conseguir ter empatia e ouvir o que ele tem a dizer.

Eu não sou um jovem com muitos medos, mas confesso ter medo de ser uma poeira na terra, passar por ela sem ter reconhecimento, além de medo de cachorro e insetos voadores. Sempre senti meus pais ao meu lado nessas situações. Inclusive eu tenho dislexia e eles (meus pais) sempre me apoiaram, procuraram fono, psicopedagoga, conversavam com a escola, pois a dislexia afeta a minha leitura e meus estudos. Esse apoio deles sempre foi fundamental.

Quando estou num ambiente, se ele começa a se tornar tóxico, fico extremamente incomodado, já se estou num ambiente e minha presença traz bem-estar ao outro, isso me anima.

Em relação aos amigos, acredito que eles tenham de ficar mais presentes e atentos uns aos outros, principalmente quando há crises emocionais, pois nesses momentos as pessoas precisam de atenção. É isso que eu espero dos meus amigos e, coincidentemente, também os trato dessa mesma maneira. Além disso, os amigos são essenciais para a diversão, são pessoas que te conhecem bem e os momentos com eles costumam ser memoráveis.

Finalizo assim a minha carta. Espero que ela tenha feito sentido para você na relação com seu filho.

Bruno Napolitano Giudice

VITÓRIA TITO DE PAULA

É nessa carta que mostro um pouco da minha história e como é importante a relação saudável com base na confiança e no diálogo.

Vitória Tito de Paula

Meu nome é Vitória Tito de Paula. Tenho 21 anos e trabalho como jovem aprendiz em uma seguradora. Estou cursando Processos de Seguros na Escola de Negócios e Seguros (ENS). Gosto de dançar e ouvir músicas de todos os gêneros, cozinho bem, mesmo não sendo meu forte; e desenhar é uma terapia. Conhecer pessoas e ter longas conversas com amigos e familiares tornou-se um hábito. Astrologia me atrai e peças de teatro me encantam. Meu hobby favorito é trançar (box braids, enraizadas e embutidas).

Inicio a minha carta falando um pouquinho sobre ruídos de comunicação, que é o termo usado quando nos referimos às falhas na comunicação entre duas ou mais pessoas, pois, num diálogo, podemos ter a mesma visão ou visões diferentes do outro.

Então, você já se perguntou como isso pode afetar as relações com a sua família?

Bom, desde pequena tenho muita intimidade com a minha mãe; sou a caçula de três filhos. Minha mãe sempre nos ensinou a sermos honestos. Ela sempre explicou o que é certo e errado, mostrou que o mundo tem suas maldades, mas que nada nos afeta se tivermos a nossa verdade.

Aos 14 anos de idade, passei a ajudar minha mãe e meus tios a cuidarem do meu avô, que estava com uma doença grave. Ele era a visão paterna, para mim, visto que nunca tive um pai presente.

Minha mãe sempre foi muito criticada pela família e pelos vizinhos durante toda a vida. Porém, aprendi que, no momento mais delicado de saúde do meu avô, foi ela que estendeu seus braços e coração para acolhê-lo e cuidar dele. Com isso, compreendi que nunca sabemos o que o amanhã nos reserva. Mesmo com todas as críticas recebidas, minha mãe me ensinou a respeitar e amar ao próximo.

Nessa jornada de cinco anos em que acompanhei e cuidei de perto do meu avô, pude aprender muitas coisas com ele. Uma das que mais me marcaram foi que desistir é uma opção, porém a mais covarde,

Vitória Tito de Paula

diante do nosso esforço. Aprendi também a respeitar meus limites para, acima de tudo, cuidar do meu físico e emocional. Quando o meu avô partiu, eu chorei muito, pois – como disse – ele era minha referência de pai. Aprendi com essa experiência toda que é importante chorar e ser intensa. Isso não me tornará mais fraca, mas sim uma pessoa que sabe expressar as emoções.

Eu e meu irmão fomos muito rotulados, pelas pessoas de fora, como adolescentes folgados e acomodados. Porém, isso nos deu uma força ainda maior para que nunca desistíssemos dos nossos sonhos. Somos de uma família de uma classe social muito humilde. Minha mãe trabalha em casa de família. De origem negra e com muito orgulho, nós dois estamos hoje na faculdade.

Minha mãe se chama Mônica. Ela é uma figura de pessoa, porém tem a fisionomia que muitos temem, pois parece brava. Ama conversar e sabe se comunicar muito bem; ela é uma referência para mim em comunicação.

Ela não teve a oportunidade de concluir o ensino médio e criou três filhos sozinha com o apoio de seus irmãos e pai adotivo. Ela é minha maior inspiração. Sei que soa clichê, mas eu e meus irmãos sempre tivemos abertura da parte dela para abordar qualquer assunto. Isso tudo começou com ela contando sobre sua infância e juventude, sempre mostrou que temos possibilidades de escolhas e que podemos criar nosso caminho, independentemente de críticas.

Ela explicou como nossos corpos funcionam, de modo descontraído, e mostrou que somos perfeitos. Mas, afinal, qual é a mãe que não fala isso? Porém, as palavras que saíam da boca dela nos deram o maior impulso para esquecer situações de *bullying* sofridas na escola e tornaram nossa autoestima inabalável, sendo felizes do nosso jeito. Juntamente à minha mãe, minha tia e meu tio ajudaram na nossa criação e ensinaram valores incríveis.

Ambos têm personalidades diferentes. Enquanto meu tio é mais pulso firme, a minha tia é tranquila e calma. Os dois têm visões diferentes diante de uma situação. Por exemplo, meu tio sempre mostrou como devo me portar e dizia que ser confiante era ter postura, respeito ao próximo, manter sua verdade e não mudar seu jeito de ser por ninguém.

Já minha tia fala "os calados vencem" e, para falar a verdade, nunca tinha parado e refletido sobre. Aos 13 anos, observei as situações de outro modo, apenas ficando calada, porém, até um certo ponto, pois a frase é para ser cautelosa e verdadeira com suas crenças, mas nunca abaixar a cabeça. Eles nunca foram perfeitos, mas diante dos meus olhos também são minhas referências.

A confiança e a conexão só cresciam com o tempo, porém quando meu avô adoeceu, como mencionei, eu e meus irmãos começamos a ajudar a cuidar dele. Com isso, os meus tios e minha mãe tiveram ainda mais certeza de que nós estávamos juntos para o que desse e viesse e que, sem confiança, nada fluiria. Nós também mostramos que ser jovem era difícil, mas que entendíamos as preocupações vindas deles, que a nossa mentalidade era diferente e que a família unida era uma dádiva. Ali, um laço e mudanças de comportamento foram surgindo nas nossas relações.

Bom, meu avô Antônio – muito conhecido no bairro onde moramos – era uma pessoa admirada. Sempre ouvi das pessoas que ele foi homem de respeito e digno, o pai que nunca tivemos, o avô brincalhão, a alegria e puxões de orelha diárias. Falar do meu avô é doloroso, pois sempre fui muito apegada e passava todos os dias com ele. Eu chegava da escola ansiosa para me sentar ao lado dele e assistir a Os Sete Monstrinhos, programa que passava na TV Cultura. Ele sempre falava de cada personagem e o quanto eram engraçados. Aos sábados, a gente assistia ao Zorra Total, que era um dos programas preferidos dele e isso se tornou uma rotina para nós.

Ele sempre mostrou que era aberto a qualquer pergunta e sempre se interessava por qualquer bobagem que falávamos. Ele nos apoiava diante de qualquer desafio, até mesmo para montar um quebra-cabeça ou brinquedos de garrafas *pet*. Sentia prazer em se sentar diante de nós e falar sobre times famosos e de como sua infância foi sofrida no interior da Bahia. Que foi corajoso ao se mudar para São Paulo, onde não conhecia ninguém e que, com passar dos tempos, conseguiu um emprego e formou sua família.

Em suas palavras, eu via tamanho amor pela vida e a alegria que ele trazia para todos os dias ruins, mas também a solidão de ter perdido sua amada cedo e ver que, anos depois, sofreria com a mesma doença, o quanto isso o afetou e que ninguém de fora percebeu. Ele não escondia isso da sua família, mas falava que Deus era justo e que seu propósito era para o bem. Eu via sua dor de perto e acompanhava, sempre quando eu podia, as idas ao médico, consultas, tratamentos dolorosos e noites em claro. Ele continuava a agradecer por cada gesto feito, por cada apoio e ali eu aprendi uma lição de vida: não importa a sua dor, siga de cabeça erguida, mantenha a humildade e confie na sua força. A vida não vai ser boa com você, mas nem por isso deve se abater. Porém, saiba pedir ajuda ao seu porto seguro. Seu porto seguro, até seu último fôlego, fomos nós, sua família, em quem ele tanto confiava.

Como meu avô dizia: "não é tarde para ser você!".

Compartilhei com vocês um pouquinho da minha história, para dizer algumas coisas importantes. Primeiro de tudo, dê espaço para seus filhos, porém não abra mão de restrições diante das idades. Converse sem julgamentos, traga momentos sem opinar e brigar, saia com eles e mostre seus gostos e suas paixões. Assim, eles perceberão seu jeito de agir em um ambiente relaxado e espontâneo. Sejam amigos!

Mas e agora? Como posso aplicar isso?

Falar é bem fácil, mas a prática sempre será trabalhosa e difícil. É uma construção juntos! Permita-se viver novos horizontes, interesse-se e seja curioso em aprender mais sobre o seu filho. Será que os anos estão passando e você nem se interessou em saber mais sobre ele? Sobre qual é o estilo de música que dá ânimo ou o deixa pensativo? Sobre a realidade do mundo? Sobre qual série ele mais gosta e qual é o motivo de ser tão especial? Sobre as comidas que lembram vocês juntos? (pois um jovem tem aquela comida favorita da qual se recorda até da roupa no momento em que experimentou pela primeira vez) Sobre suas escolhas de futuro, pois diante dos desafios de cada fase da vida sua percepção muda e muitas dúvidas são geradas... se deve seguir ou não... Porém, se você estiver lado a lado com ele, será um apoio para que aprendam juntos, a partir dos erros. Acredite... isso será inesquecível.

Saibam que, para mim, uma das coisas mais importantes foi a comunicação e o fato de receber o apoio da minha família, diante das mudanças que fui vivenciando na adolescência, até chegar onde estou hoje, até o meu ingresso na minha vida profissional. O apoio e a confiança que construímos apenas com diálogo foram minhas maiores conquistas.

    A minha recomendação final para você é: Crie vínculo! Divirta-se! Sei que a correria do dia a dia é desafiadora. Trabalhar fora, cuidar da casa etc. No entanto, mesmo com todos esses desafios, crie momentos com seu filho com jogos, noites temáticas, passeios a museus e teatros e o prepare para a tamanha diversidade do mundo, sem julgamentos, absorva. Não grite! Ouça! Pratique a comunicação assertiva. Com seu filho adolescente, você pode obter conhecimentos inimagináveis, que poderão fazer você mudar a forma como enxerga o mundo.

    Bom, espero que de algum modo esta carta amplie sua visão sobre o que observar na construção das relações com seu filho.

    Assim, eu me despeço!

Com amor,

Vitória Tito de Paula

VAMOS PRATICAR?

Para encerrar, vou compartilhar ferramentas que o auxiliarão a refletir e a criar o plano de desenvolvimento das suas *soft skills*.

LUCEDILE ANTUNES

Lucedile Antunes

Contatos
www.lantunesconsultoria.com.br
lucedile@lantunesconsultoria.com.br
LinkedIn: Lucedile Antunes
Instagram: @lucedileantunes
11 98424 9669

Sua essência é visionária e seu maior propósito é ter influência na construção de um futuro, provocando, nas pessoas, a busca pelo autoconhecimento e a expansão de consciência, para obterem melhores resultados. As pessoas a consideram um ser humano com uma energia contagiante. Curiosa e apaixonada pelo aprendizado contínuo, todos dizem que ela nunca para! Mãe da Julia e do Raphael, filhos maravilhosos que ensinam a cada dia o que é a amorosidade e a flexibilidade para lidar com os desafios da vida . Uma das referências no Brasil no desenvolvimento de *soft skills*. Palestrante, fundadora da L. Antunes Consultoria & Coaching, mentora e *coach* reconhecida internacionalmente pela International Coach Federation (ICF), autora de mais de dez livros e diversos artigos sobre o tema "pessoas e organizações". Idealizadora da série *Soft skills*, reconhecida em 2020 e 2021 como best-seller pela revista *Veja*.

Neste livro, você teve a oportunidade de conhecer diversas *soft skills* importantes para a vida. Minha intenção agora é ensinar a você pai, mãe, educador e, também, a você, adolescente, como buscar seu autoconhecimento e construir um plano de desenvolvimento das suas *soft skills*.

Bem-vindos à sua trilha do autoconhecimento!

Você já fez uma trilha? Imagine que estamos agora preparando a nossa mochila para esta viagem. O que normalmente levamos? Água, repelente, lanches, mapa, protetor solar, roupa para troca... Mas aqui faremos um outro tipo de trilha. Uma trilha de autoconhecimento. Então, o que você acha importante levar?

Mente aberta para aprender coisas novas? O desejo de evoluir? A vontade de sair da zona de conforto?

> *A vida não é sobre metas, conquistas e linha de chegada. É sobre quem você se torna durante a sua caminhada. Portanto, o gostoso não é a chegada, mas sim a jornada.*
> LUCEDILE ANTUNES

O futuro

Para que possa se tornar um profissional de sucesso na fase adulta, você precisa desenvolver suas *soft* e *hard skills*. Como vimos aqui no livro, as *soft skills* são habilidades humanas e comportamentais muito importantes para o nosso sucesso. Mas não se esqueça de que as *hard skills*, que são as nossas habilidades técnicas, também são importantes e se completam. Eu sei o quanto é desafiador para você escolher o que quer ser na vida. Será na faculdade, nos cursos complementares e na sua vivência profissional que você irá adquirir novas *hard skills*, mas é no convívio pessoal que você irá desenvolver suas *soft skills*.

Uma pesquisa recente publicada pela Axios, que identificou os principais motivadores de carreira e, também, listou quais são as profissões mais sonhadas por esses jovens, aponta que, para 49% dos entrevistados, o principal motivador da carreira é a realização pessoal e que os jovens irão escolher o que cursar na faculdade com base no estilo de vida que esperam ter no futuro. Esta é uma nova tendência, porque um dos grandes desejos dessa geração é construir uma carreira mais integral, ou seja, trabalhar, mas ter tempo para viver bem, cuidar da saúde física e mental, curtir família e amigos, enfim, o trabalho como sendo um dos meios para se atingir algo.

A importância do desenvolvimento das *soft skills*

A tecnologia e a inteligência artificial avançam rapidamente, porém sabemos que as *soft skills* dificilmente serão copiadas pelos robôs. Estudos da PageGroup apontam que 91% dos profissionais são contratados pelo currículo e pelas experiências, mas demitidos por problemas comportamentais.

Pesquisa publicada pela Deloitte sobre as tendências globais do capital humano apontam que 80% das pessoas não têm as habilidades necessárias para 60% dos empregos para os próximos cinco anos. Já um estudo feito pelo IBM (*Institute for Business Value*) apontou que, nos próximos três anos, 120 milhões de trabalhadores, nas dez maiores economias do mundo, precisarão de recapacitação profissional, para a qual as habilidades comportamentais conhecidas como *soft skills* aparecem como as mais essenciais.

Bem, estes são apenas alguns fatos que trago sobre as grandes tendências. Vamos agora entender como o desenvolvimento das *soft skills* acontece no nosso cérebro?

De acordo com a Neurociência, o nosso cérebro tem a capacidade de se modificar a partir de novos estímulos. Então, vamos exemplificar: se tem uma comunicação prolixa, ou seja, pouco clara e objetiva, você pode desenvolver a sua capacidade de se comunicar de maneira assertiva.

Como a mudança de comportamento acontece?

Vou compartilhar com vocês os quatro passos para este desenvolvimento, dentro da minha metodologia de coaching.

- Passo 1: buscar o seu autoconhecimento e identificar os seus comportamentos, ou seja, suas *soft skills* que precisam ser modificadas para que você tenha melhores resultados nas suas relações, na vida pessoal e profissional.
- Passo 2: reconhecer as *soft skills* que precisam ser desenvolvidas.
- Passo 3: identificar os passos para a mudança.
- Passo 4: colocar-se em ação, praticando novos hábitos, com disciplina, até virar um novo comportamento.

Estudos referenciados no livro *O poder do hábito* apontam que se adquire um novo comportamento quando praticamos novos hábitos por 66 dias, em média (DUHIGG, 2012). Gosto muito de fazer uma analogia com os músculos do nosso corpo. Cada um de nós temos músculos bem desenvolvidos e outros que precisam se desenvolver, certo? Então, devemos reconhecer nossos músculos mais fracos, ou seja, as *soft skills* que requerem mais desenvolvimento, conhecer o seu treino muscular e praticar com constância.

A expansão de consciência é o passo inicial
para a sua transformação.
LUCEDILE ANTUNES

Partindo para a ação

Agora que você sabe que SIM: é possível desenvolver novas *soft skills* e que isso é importante para você, vamos partir para a ação.

Vou aplicar agora com você algumas etapas para que consiga mergulhar no seu autoconhecimento, reconhecer o que precisa desenvolver, reconhecer os resultados que tem hoje e traçar o plano de desenvolvimento das suas *soft skills*.

Gosto desta figura para ilustrar que o nosso primeiro desafio é enfrentar a nossa "zona de conforto".

Ilustração: divulgação internet

> *Só mudamos nossos comportamentos quando experimentamos fazer diferente.*
> LUCEDILE ANTUNES

Passo 1: tomar consciência

Nesta etapa, vou aplicar com você algumas metodologias para que possa reconhecer os comportamentos que precisam ser modificados a fim de que obtenha melhores resultados nas suas relações, na vida pessoal e profissional.

> *Insanidade é querer um resultado diferente fazendo sempre igual.*
> ALBERT EINSTEIN

A primeira reflexão que quero convidá-lo para fazer é pensar em pessoas que você admira muito. Liste três a quatro nomes. Agora, escreva ao lado o que você admira nelas.

Pessoas que admiro e o que admiro nelas	
Quem admiro?	O que eu admiro nessa pessoa?

Agora, pegue duas canetinhas de cores diferentes e grife com uma cor as características que essas pessoas possuem e que você reconhece que também tem. Exemplo: uma das pessoas que eu listei como alguém que admiro é a minha mãe. Admiro nela a sua capacidade de ser focada nos objetivos. Com a outra canetinha, você vai grifar aquelas características que ainda não possui e que admira nessas pessoas.

Nós aprendemos sempre por padrões e é maravilhoso reconhecer isso a partir das pessoas que você admira.

Com base nesta reflexão acima, você conseguiu reconhecer aquilo que admira nas pessoas e já possui, bem como, também pode reconhecer aquilo que admira nas pessoas, e que gostaria de ter. Elas passarão a ser referencias para você.

A segunda reflexão que iremos fazer é o SWOT Pessoal. SWOT é uma ferramenta para mapearmos seus pontos fortes, seus pontos a melhorar, suas oportunidades e ameaças.

VOCÊ JÁ FEZ SUA ANÁLISE SWOT PESSOAL?

FORÇAS (STRENGHTS)	FRAQUEZAS (WEAKNESSES)
OPORTUNIDADES (OPPORTUNITIES)	AMEAÇAS (THREATS)

Vou explicar o que significa cada ponto:

Forças: liste quais são seus pontos fortes. Uma dica valiosa aqui é fazer uma pesquisa com amigos, pais, familiares, professores, enfim, pessoas que convivem ou conviveram com você, para mapear suas maiores características positivas, o que te torna diferente, no que as pessoas acham que você é bom.

Exemplos de pontos fortes comportamentais: focada(o), disciplinada(o), organizada(o), determinada(o), líder, comunicativa(o) etc.

Exemplos de outros pontos fortes: tem habilidades esportivas, é muito bom em exatas, tem habilidades manuais, tem talentos para artes ou música etc.

Fraquezas: eu gosto de chamar de pontos a melhorar. Da mesma forma que orientei nas "Forças", além da sua autoanálise, que é extremamente importante, converse com pessoas ao seu redor, que poderão complementar com outros pontos sob a ótica delas.

É de fundamental importância entrar de coração aberto para ouvir com atenção e anotar. Esta atividade é nobre demais e requer humildade e abertura para ouvir e identificar em que você necessita melhorar.

Quanto mais rico este mapeamento, melhor para que possamos ter dados a fim de construir o seu plano de desenvolvimento pessoal, ou seja, seu "plano muscular". OK?

Oportunidades: neste quadrante, você vai refletir e registrar: seus maiores desejos para o futuro, que carreira gostaria de trilhar, que transformações gostaria de provocar por onde passar ou até mesmo na sociedade, seus objetivos de vida a curto e longo prazo, entre outras oportunidades que você tem, como estudar fora do país.

Ameaças: neste quadrante, você deve registrar possíveis cenários que podem atrapalhar os seus planos (por exemplo, mudar de cidade, de colégio ou de país, perder uma bolsa de estudos do atual colégio ou até mesmo seus pais perderem o emprego e vocês terem de fazer uma reorganização financeira na família).

A seguir, vou deixar para você o modelo do SWOT a fim de que possa utilizá-lo:

Lucedile Antunes DESENVOLVIMENTO HUMANO	SWOT pessoal
Forças (manter)	Fraquezas (agir)
Oportunidades (agir)	Ameaças (monitorar/agir)

Com o SWOT finalizado, olhe agora para os pontos a melhorar e as oportunidades. Reflita sobre o salto de evolução que você tem a possibilidade de dar e vamos, juntos, para o próximo passo.

Passo 2: reconhecer as *soft skills* que precisam ser desenvolvidas

Com base nas duas reflexões propostas no Passo 1, somadas ao conteúdo deste livro, você já tem consciência das *soft skills* em que precisa evoluir. Escolha duas ou três em que escolhe se desenvolver e que, nesse momento de vida, irão somar muito e lhe trazer resultados ainda melhores nas suas relações pessoais e, também, na sua autoestima.

Passo 3: construindo seu plano de desenvolvimento pessoal

Muito bem! Até aqui, como está esta jornada? Espero que esteja gostando. Bem, agora que você já escolheu, no passo anterior, o que precisa desenvolver, liste a seguir:

Lucedile Antunes	Meu plano de desenvolvimento pessoal
O quê?	Por quê?
Quais *soft skills* escolho desenvolver? (escolha de 2 a 3)	Por que elas são importantes para o meu momento de vida?

Agora, chegamos a uma etapa muito importante, que consiste em traçar suas ações, ou seja, o que você vai passar a fazer de diferente para desenvolver as *soft skills* que escolheu.

Para esta etapa, selecionei uma ferramenta também muito simples e eficaz. Ela se chama *Feedforward*.

Liste, a seguir, as *soft skills* que escolheu desenvolver e pense em pessoas que você conhece (pode ser amigos, familiares, pais, professores etc.) que as possuem.

Exemplo: vamos imaginar que eu coloquei que uma das *soft skills* que quero desenvolver é ter uma comunicação mais assertiva. No meu convívio, quem eu admiro que se comunica muito bem? O meu professor "José", minha mãe e um grande amigo de infância chamado "Pedro".

Muito bem, então, agora vá até essas pessoas, conte a elas que você reconheceu que precisa desenvolver essas habilidades, conte que as admira muito na capacidade de se comunicar bem (neste exemplo que eu trouxe = comunicação assertiva) e peça a elas que lhe deem ideias do que pode passar a fazer para se comunicar melhor.

Anote as ideias a seguir:

Lucedile Antunes	**Como me desenvolver?** *Feedforward*		
Pontos a desenvolver			
Anote as ideias	*Soft skills* 1	Ideia 1	Ideia 2
		Ideia 3	Ideia 4
Anote as ideias	*Soft skills* 2	Ideia 1	Ideia 2
		Ideia 3	Ideia 4

Então, vamos exemplificar: quando fui conversar com o José, que é uma das pessoas que admiro, ele me deu a dica de passar a estruturar com mais clareza o que quero falar, antes de me expressar. Para mim, fez total sentido. Então, escolho começar a praticar isso. E assim, sucessivamente, com as outras dicas que coleto com as pessoas que admiro.

No *Feedforward*, estão as estratégias que nada mais são do que os passos do seu "treino muscular" daqui para a frente.

Passo 4: colocar-se em ação, praticando novos hábitos, com disciplina, até virar um novo comportamento

Agora é praticar, experimente. Todos os dias são uma nova oportunidade, nas diversas cenas do seu cotidiano, para experimentar fazer diferente.

Lembre-se:

> *Se quer um resultado diferente, faça diferente.*
> LUCEDILE ANTUNES

Conforme vai praticando essas ideias que você coletou de quem admira, surgem os novos resultados. Isso vai lhe deixando ainda mais motivado a melhorar.

É muito importante que você peça a algumas pessoas com quem convive bastante e que confie para que observem seus comportamentos e posturas que lhe deem um *feedback*, ou seja, um retorno do que elas já estão notando de diferente em você.

Mas, além disso, deve se observar sempre. Por exemplo, se a sua comunicação antes não era assertiva e você notava que isso magoava algumas pessoas, ou muitas vezes, não era compreendido, passe a notar se esses reflexos agora melhoraram, se está conseguindo prender a atenção das pessoas com a sua fala, se passou a não magoar mais as pessoas com seu jeito de se expressar. Observe todos esses indicadores.

Reconheça cada passo da sua evolução e comemore!

Fico por aqui. Espero ter contribuído um pouquinho para essa jornada de desenvolvimento das suas *soft skills*.

Com carinho,

Lucedile Antunes

Acesse as planilhas deste capítulo pelo QR code abaixo

Referências

ANTUNES, L. *Soft skills: competências essenciais para os novos tempos.* São Paulo: Literare Books Internacional, 2020.

ANTUNES, L. *Soft skills: habilidades do futuro para o profissional do agora.* vol. 2. São Paulo: Literare Books Internacional, 2021.

DUHIGG, C. *O poder do hábito.* São Paulo: Objetiva, 2012.

EPÍLOGO

**LUCEDILE ANTUNES
E JUSLEY VALLE**

Lucedile Antunes

Sua essência é visionária e seu maior propósito é ter influência na construção de um futuro, provocando, nas pessoas, a busca pelo autoconhecimento e a expansão de consciência, para obterem melhores resultados. As pessoas a consideram um ser humano com uma energia contagiante. Curiosa e apaixonada pelo aprendizado contínuo, todos dizem que ela nunca para! Mãe da Julia e do Raphael, filhos maravilhosos que ensinam a cada dia o que é a amorosidade e a flexibilidade para lidar com os desafios da vida. Uma das referências no Brasil no desenvolvimento de *soft skills*. Palestrante, fundadora da L. Antunes Consultoria & Coaching, mentora e *coach* reconhecida internacionalmente pela International Coach Federation (ICF), autora de mais de dez livros e diversos artigos sobre o tema "pessoas e organizações". Idealizadora da série *Soft skills*, reconhecida em 2020 e 2021 como best-seller pela revista *Veja*.

www.lantunesconsultoria.com.br
lucedile@lantunesconsultoria.com.br
LinkedIn: Lucedile Antunes
Instagram: @lucedileantunes
11 98424 9669

Jusley Valle

Determinação é meu segundo nome. Não meço esforços para concretizar meus projetos e aquilo que me realiza. Sou uma estudiosa e, há mais de oito anos, me dedico à educação e ao desenvolvimento de soft skills nas crianças e jovens. Meu papel nessa jornada é estimular o potencial dos pais na formação de seus filhos, contribuindo com a educação socioemocional, gestão de comportamentos e emoções, desenvolvendo cooperação, responsabilidade, autorregulação e inteligência emocional para a vida adulta. Autora dos livros *Competências socioemocionais: apontando para o futuro* e *Educação socioemocional: memória afetiva, acolhimento e escuta*. Coautora do livro *Soft skills kids* e fundadora da Academia de Pais Conscientes. *Coach* credenciada pela International Coach Federation (ICF), pós-graduada em Pedagogia, educadora parental, professora de inglês voluntária e psicanalista em formação. Mulher, empreendedora e mãe da Juliana – minha fonte de inspiração, com quem aprendo sempre.

jvconseducacional@gmail.com
LinkedIn: Jusley Valle
Instagram: @jvconseducacional | @academiadepaisconscientes
YouTube: Academia de Pais Conscientes
21 99719 7909

Parabéns por concluir esta leitura!

Neste livro, trouxemos *insights* construtivos e conclusivos, visões plurais e multifacetadas, relatos de experiências enriquecedoras e estratégias realistas e factíveis para que possamos apoiar o desenvolvimento de importantes habilidades humanas nos nossos adolescentes.

Ao olhar pelo retrovisor, vemos uma obra construída por um time de especialistas primorosos que entregou capítulos potentes sobre as habilidades humanas, também conhecidas como *human skills* ou habilidades interpessoais, que são importantes de serem desenvolvidas nessa fase tão desafiadora, tanto para pais e educadores quanto para adolescentes.

Cumprimos nossa missão de pavimentar todas as páginas, sob a inspiração e a liderança da idealizadora **Lucedile Antunes** e de **Beatriz Montenegro**, coordenadora da obra. Caminhar de mãos dadas com elas permitiu a este time a construção potente desta obra, capítulo por capítulo, pautados em histórias do nosso dia a dia, com dicas e *insights* importantes aos pais e educadores.

Com a escrita de diversos profissionais da área, traduzimos as *soft skills* que são fundamentais para se relacionar melhor consigo mesmo e com seu entorno. Por isso, ressaltamos sua importância no mundo contemporâneo e na adolescência, quando os jovens começam a desenvolver sua identidade e a se preparar para ingressar na vida adulta. Com tantos estímulos e volume de informações, o *Soft skills teens* condensa de maneira flexível, plural e dinâmica uma gama de conhecimento que torna a parentalidade mais positiva e assertiva, ao proporcionar aos pais e responsáveis beber da fonte em um único lugar.

É claro que não acreditamos em verdades absolutas ou fórmulas prontas, quando o tema é educação e, principalmente, adolescentes. Sabemos o quanto essa fase é volátil e, por isso, buscamos o olhar para fora, o pensar disruptivo e adaptável para educar. Educar é construção diária. É regar as mentes dos nossos jovens aos poucos, sem superproteger e afogar de tanta água ou negligenciar e deixar as raízes secarem.

Novas perspectivas

Cada gota é um aprendizado sobre as *soft skills* que vale questionar e refletir:

- Como posso contribuir com o autodesenvolvimento do adolescente de modo que tenha condições de tomar decisões com segurança?
- Dentro dos padrões exigidos pela sociedade, meus filhos serão autônomos, mantendo sua essência?
- É possível lidar com os desafios de maneira leve e bem-humorada, preservando o entusiasmo dos adolescentes pela vida e garantindo a saúde mental?
- Será mesmo que a boa comunicação com meus filhos adolescentes interfere positivamente na integração deles com o mundo, aprimora a inteligência emocional e amplia a habilidade de se relacionar?
- Entendi que organização e flexibilidade caminham juntas e sem a necessidade de engessar comportamentos para se atingir objetivos? Percebi que manter a organização gera liberdade para ser flexível, quando necessário?

• Em que medida olho para as dores e emoções dos meus adolescentes de modo que se inspirem no meu exemplo como líder altruísta e tenham compaixão pelos outros?
• Como a resiliência, associada à sensibilidade, amplia a capacidade de adaptação do adolescente diante das mudanças sem caracterizar falta de personalidade?
• Por que a empatia facilita a tomada de atitude assertiva? É possível fazer melhores escolhas quando entendemos o universo do outro?
• Pais com vida equilibrada têm maior chance de educar adolescentes equilibrados. Mas como fazer escolhas genuínas para manter o fiel da balança nas nossas vidas e dos nossos filhos?
• Com os padrões a serem seguidos, é desafiador manter a autoestima e a autoconfiança a ponto de não se deixar levar pelas cobranças. O autocuidado dos pais, servindo como exemplo aos filhos, incentiva a autoaceitação e o fortalecimento dessas duas *soft skills*?
• Como o cérebro ainda não está totalmente desenvolvido na adolescência, até que ponto os jovens mantêm o autocontrole sem perder as rédeas em situações de estresse? E em que medida os pais auxiliam no desenvolvimento da autorresponsabilidade dos filhos pelos seus atos?
• Espremidos pelas agendas, alguns pais acreditam que podem substituir a presença por presentes. Como equilibrar e compensar a ausência com tempo de qualidade e escuta ativa, demonstrando interesse genuíno e presença efetiva, valorizando o adolescente?
• Se ter coragem é agir com o coração, vale enfrentar tudo a qualquer preço sem a avaliação de riscos? Ou encarar o desafio, sabendo que há um porto seguro para onde retornar, caso algo não saia como esperado? É possível oferecer aos adolescentes asas para voos mais altos?

O *Soft skills teens* se soma aos volumes da série dedicada às *soft skills* e completa, em especial, o *Soft skills kids*. Mais do que nunca, é necessário o olhar cuidadoso para a educação dos jovens e para o desenvolvimento de habilidades interpessoais cruciais que serão úteis ao longo de suas vidas pessoais e profissionais.

Lembre-se sempre de reconhecer e comemorar cada evolução nesta jornada.

Toda e qualquer conquista começa com um simples
ato de acreditar que ela é possível.
Lucedile Antunes & Jusley Valle

Conheça os outros livros da série

Para nós, é muito importante o seu *feedback*! Conta pra gente como foi esta experiência?

É simples e rápido. Só acessar o QR code abaixo:

Muito obrigada,

Lucedile Antunes